一問一答シリーズ

一問一答

令和3年改正 個人情報保護法

前内閣官房情報通信技術(IT)総合戦略室審議官
冨安泰一郎
前内閣官房情報通信技術(IT)総合戦略室企画官
中田　響
編著

商事法務

●はじめに

本書は、令和３年５月19日に公布された「デジタル社会の形成を図るための関係法律の整備に関する法律」によって行われる、個人情報保護制度の改正の主なポイントを一問一答形式で解説したものです。

従来、我が国の個人情報保護に関する法律は、個人情報保護法、行政機関個人情報保護法、独立行政法人等個人情報保護法の３法に分かれており、各法の所管も、個人情報保護委員会と総務省とに分かれていました。また、地方公共団体等における個人情報の取扱いについては、各地方公共団体が自ら制定する条例により規律されてきました。その結果、近年、制度の縦割りに起因する不均衡や不整合が様々な場面で顕在化し、データ利活用に支障をきたすとともに、独立規制機関である個人情報保護委員会の監視監督が公的部門には及ばないため、制度に対する国際的な信頼性の確保という点でも、課題が指摘されていました。

今回の個人情報保護制度の改正は、このような問題を解決すべく、個人情報保護法、行政機関個人情報保護法、独立行政法人等個人情報保護法の３法を統合して１本の法律とするとともに、地方公共団体等における個人情報の取扱いについても統合後の法律の中で全国的な共通ルールを設定し、独立規制機関である個人情報保護委員会が、我が国全体における個人情報の取扱いを一元的に監視監督する体制を構築するものであり、我が国の個人情報保護法制史上、一つの画期を成すものです。

このような個人情報保護制度の改正は、様々なデータが官民や地域の枠を越えて流通する「デジタル社会」の到来に備えた法的な基盤整備の一環と位置付けられるため、改正案の具体的内容の検討や国会における審査への対応は、現行制度を所管する総務省及び個人情報保護委員会の全面的な協力を得つつ、内閣官房情報通信技術（IT）総合戦略室が中心となって行いました。

改正法の施行後は、独立規制機関である個人情報保護委員会が、国会審査を通じて明らかにされた立法の趣旨を踏まえつつ、統合後の個人情報保護法の解釈・運用を一元的に担うこととなります。したがって、本書の記述のうち意見にわたる部分は、国会における政府答弁と重なる部分を除けば、改正法の立案実務を担った者としての個人的見解を表したものに留まり、いわゆる有権解釈を成すものではありませんが、そうであっても、今回の法改正の

背後にある考え方を理解する上での一助とはなり得るものと考えています。

なお、本書では、改正案検討の過程で主要な論点となった事項については、改正前後で実質的な変更が生じない事項であっても、取り上げるようにしました。これは、検討過程では世上で大いに議論された事項も、ひとたび改正法案が成立すると、議論があったことを含めて忘れ去られる場合が少なくないことを踏まえ、後世への記録の意味も込めて、敢えて記述することにしたものです。

末尾となりますが、関係各位、執筆者各位のご協力と株式会社商事法務の尽力に対し深甚な謝意を表します。

令和３年６月

内閣官房情報通信技術（IT）総合戦略室審議官　冨安 泰一郎
内閣官房情報通信技術（IT）総合戦略室企画官　中田　響

一問一答 令和3年改正個人情報保護法

もくじ

●凡　例

1　法令の略称は、以下のとおりです。

個人情報保護法／個情法	個人情報の保護に関する法律（平成 15 年法律第 57 号）
行政機関個人情報保護法／行個法	行政機関の保有する個人情報の保護に関する法律（平成 15 年法律第 58 号）
独立行政法人等個人情報保護法／独個法	独立行政法人等の保有する個人情報の保護に関する法律（平成 15 年法律第 59 号）
改正法	デジタル社会の形成を図るための関係法律の整備に関する法律（令和 3 年法律第 37 号）
平成 27 年個人情報保護法改正法	個人情報の保護に関する法律及び行政手続における特定の個人を識別するための番号の利用等に関する法律の一部を改正する法律（平成 27 年法律第 65 号）
令和 2 年個人情報保護法改正法	個人情報の保護に関する法律等の一部を改正する法律（令和 2 年法律第 44 号）
平成 28 年行政機関個人情報保護法改正法	行政機関等の保有する個人情報の適正かつ効果的な活用による新たな産業の創出並びに活力ある経済社会及び豊かな国民生活の実現に資するための関係法律の整備に関する法律（平成 28 年法律第 51 号）
行政機関情報公開法	行政機関の保有する情報の公開に関する法律（平成 11 年法律第 42 号）
マイナンバー法	行政手続における特定の個人を識別するための番号の利用等に関する法律（平成 25 年法律第 27 号）
行政機関電算処理個人情報保護法	行政機関の保有する電子計算機処理に係る個人情報の保護に関する法律（昭和 63 年法律第 95 号）

GDPR	EU 一般データ保護規則 REGULATION (EU) 2016/679 OF THE EUROPEAN PARLIAMENT AND OF THE COUNCIL of 27 April 2016 on the protechtion of natural persons with rogard to the processing of personal data and on the free movement of such data, and repealing Detective 95/46/EC (General Data Protection Regulation)

2 「個人情報保護条例」とは、名称の如何を問わず、地方公共団体が制定する個人情報の保護に関する条例をいいます。

3 本文中、「第○条」又は「第○章」とあるのは、特記の無い限り、改正法第51条による改正後の個人情報保護法の条又は章の番号を表します。

●執筆者一覧

[編著者]

冨安 泰一郎　内閣官房情報通信技術（IT）総合戦略室審議官、室長代理（副政府 CIO）

中田 響　内閣官房情報通信技術（IT）総合戦略室企画官

[著者]

冨安 泰一郎　内閣官房情報通信技術（IT）総合戦略室審議官、室長代理（副政府 CIO）

中田 響　内閣官房情報通信技術（IT）総合戦略室企画官

廣瀬 一朗　内閣官房情報通信技術（IT）総合戦略室参事官補佐

伊地知 寛光　内閣官房情報通信技術（IT）総合戦略室参事官補佐

伊山 遼　内閣官房情報通信技術（IT）総合戦略室参事官補佐

長島 寛人　内閣官房情報通信技術（IT）総合戦略室主査

深井 祐希　内閣官房情報通信技術（IT）総合戦略室室員

＊　執筆者の肩書きは令和 3 年 6 月時点。

第1章　改正の概要及び経緯

Q1　今回の個人情報保護制度の改正は、何を目指したものですか。改正により、どのような効果が期待されますか。

A　1　今回の個人情報保護法制の一元化は、個人情報保護法、行政機関個人情報保護法、独立行政法人等個人情報保護法の３法を統合して１本の法律とするとともに、地方公共団体等(注1)における個人情報の取扱いについても統合後の法律の中で全国的な共通ルールを設定し、独立規制機関である個人情報保護委員会が、我が国全体における個人情報の取扱いを一元的に監視監督する体制を構築するものです。

2　これにより、

① 高い独立性を保障された個人情報保護委員会が、国の行政機関、独立行政法人等(注2)、地方公共団体等における個人情報の取扱いを監視監督することで、これらの機関に対する監視監督の中立性・客観性が向上する

② 我が国の個人情報保護の体制が国際的な趨勢にも合致したものとなることで、我が国の個人情報保護法制に対する国際的な信頼が高まり、国境を越えたデータ流通が円滑化する

③ 現行の個人情報保護法制の縦割りに起因する規制の不均衡や不整合（法の所管が分かれていることに起因する解釈上の不均衡や不整合を含みます）が是正され、官民や地域の枠を越えたデータ利活用が活発化する

といった効果が期待されます。

3　特に、最後の点については、従来、国立病院と公立病院、民間病院では、同じ「病院」であっても適用される規律が大きく異なることや、1700以上ある地方公共団体のそれぞれが、個人情報保護について異なる規律やその解釈を採用していることに起因して、新型コロナウイルス感染症への対応を始めとして、様々な場面でデータ連携に支障が生じていました。今回の改

正は、この「2000 個問題」を解消するものです。

4　これにより、例えば、

①　複数の医療機関の間での連携医療や共同研究がスムーズに行われる

②　感染症の流行や大規模災害への対応等の全国的課題について、迅速な対応が可能になる

といった効果が期待されます。

（注 1）　地方公共団体等とは、地方公共団体及び地方独立行政法人をいいます。

（注 2）　独立行政法人等とは、独立行政法人等個人情報保護法の適用対象となる法人をいいます。

（参考）　個人情報保護制度見直しの全体像

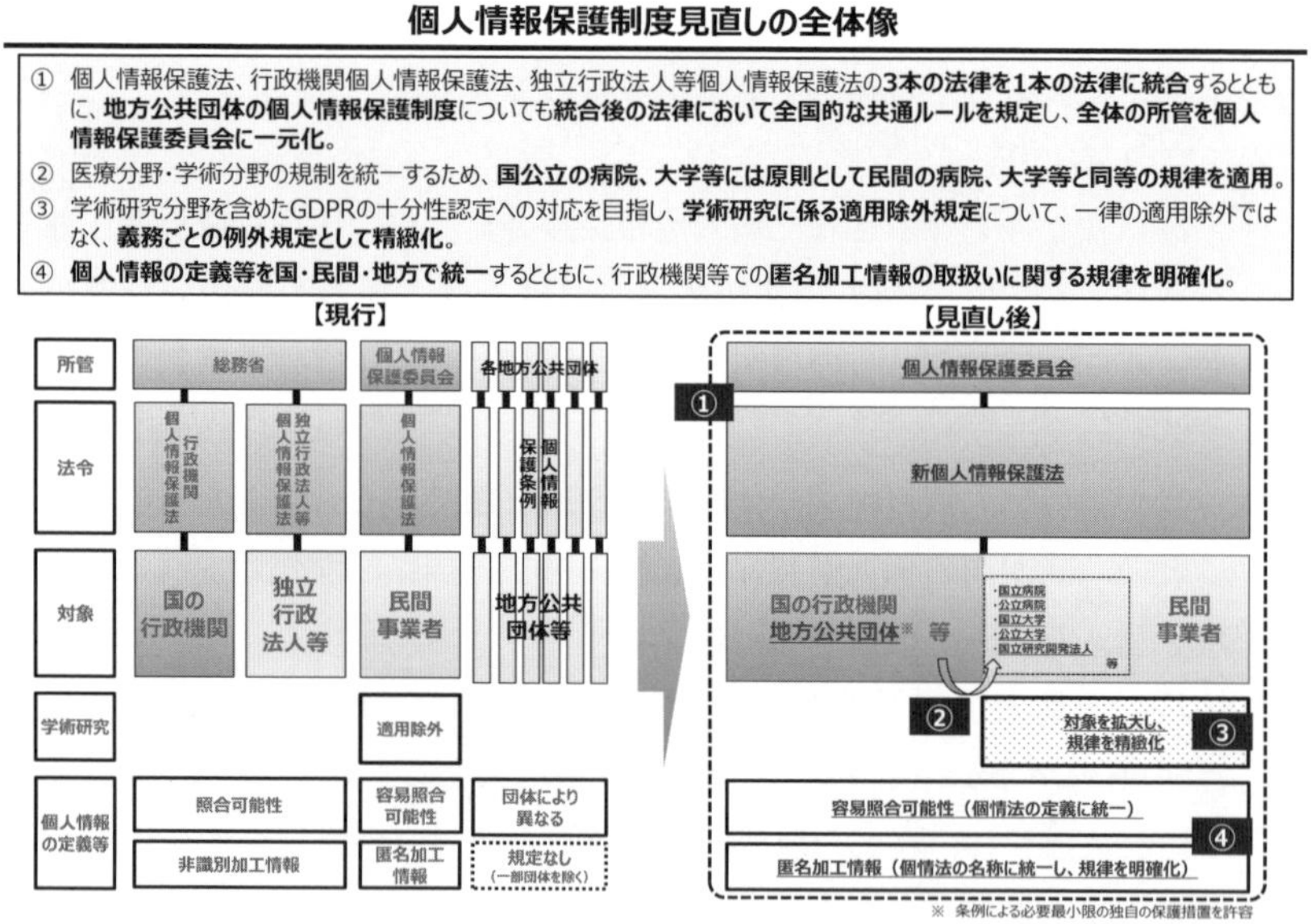
個人情報保護制度見直しの全体像
① 個人情報保護法、行政機関個人情報保護法、独立行政法人等個人情報保護法の3本の法律を1本の法律に統合するとともに、地方公共団体の個人情報保護制度についても統合後の法律において全国的な共通ルールを規定し、全体の所管を個人情報保護委員会に一元化。
② 医療分野・学術分野の規制を統一するため、国公立の病院、大学等には原則として民間の病院、大学等と同等の規律を適用。
③ 学術研究分野を含めたGDPRの十分性認定への対応を目指し、学術研究に係る適用除外規定について、一律の適用除外ではなく、義務ごとの例外規定として精緻化。
④ 個人情報の定義等を国・民間・地方で統一するとともに、行政機関等での匿名加工情報の取扱いに関する規律を明確化。
【現行】
所管
法令
対象
学術研究
個人情報の定義等
総務省
個人情報保護委員会
各地方公共団体
行政機関個人情報保護法
独立行政法人等個人情報保護法
個人情報保護法
個人情報保護条例
国の行政機関
独立行政法人等
民間事業者
地方公共団体等
適用除外
照合可能性
容易照合可能性
団体により異なる
非識別加工情報
匿名加工情報
規定なし
（一部団体を除く）
【見直し後】
個人情報保護委員会
①
新個人情報保護法
国の行政機関
地方公共団体※ 等
・国立病院
・公立病院
・国立大学
・公立大学
・国立研究開発法人
等
民間事業者
②
対象を拡大し、規律を精緻化
③
容易照合可能性（個情法の定義に統一）
④
匿名加工情報（個情法の名称に統一し、規律を明確化）
※ 条例による必要最小限の独自の保護措置を許容

Q2 今回の個人情報保護制度の改正案の政府内における検討の経緯は、どのようなものでしたか。

A 1　平成27年個人情報保護法改正法の附則第12条第6項において、「政府は……個人情報及び行政機関等保有個人情報の保護に関する規定を集約し、一体的に規定することを含め、個人情報の保護に関する法制の在り方について検討する」ことが規定されました。

2　これを踏まえ、令和元年12月、民間部門、行政機関、独立行政法人等に係る個人情報の保護に関する規定を集約し、一体的に規定すること等について検討するため、関係省庁から成る「個人情報保護制度の見直しに関するタスクフォース」（議長：内閣官房副長官補（内政担当）。以下「タスクフォース」といいます）が内閣官房に設置されました。

3　令和2年3月、タスクフォースに対して有識者としての提言を行うため、憲法・行政法の専門家や消費者団体の代表、産業界の代表等から成る「個人情報保護制度の見直しに関する検討会」（座長：髙橋滋法政大学法学部教授。以下「検討会」といいます）が内閣官房に設置されました。検討会では、計11回にわたり議論が行われ、このうち第4回には医療分野・学術分野の関係者へのヒアリングが、第7回と第10回には地方三団体（全国知事会、全国市長会、全国町村会）へのヒアリングが実施されました。

4　検討会は、令和2年8月に「個人情報保護制度の見直しに向けた中間整理案」を、同年12月に「個人情報保護制度の見直しに関する最終報告案」を取りまとめ、タスクフォースに提出しました。タスクフォースは、これらを基に、令和2年8月に「個人情報保護制度の見直しに向けた中間整理」（以下「中間整理」といいます）を、同年12月に「個人情報保護制度の見直しに関する最終報告」（以下「最終報告」といいます）を取りまとめ、公表しました。なお、タスクフォースでは、中間整理と最終報告のそれぞれについて、パブリックコメント手続を実施しました。

5　その後、内閣官房情報通信技術（IT）総合戦略室において、最終報告の内容を基に法制化作業を進めた結果、個人情報保護制度の改正案は、令和3年2月9日に「デジタル社会の形成を図るための関係法律の整備に関する法律案」の一部として閣議決定され、同日に第204回国会に提出されました。

Q3　今回の個人情報保護制度の改正案の国会における審議の状況は、どのようなものでしたか。

A　1　今回の個人情報保護制度の改正案は、令和３年２月９日に「デジタル社会の形成を図るための関係法律の整備に関する法律案」の一部として閣議決定され、同日、第204回国会に提出されました。同年３月９日、衆議院本会議において趣旨説明がされた後、それに対する質疑が行われ、同法案は同日、衆議院内閣委員会に付託されました。その後、同月10日に同委員会において同法案の提案理由の説明がなされ、同月12日、17日、19日、24日、31日及び同年４月２日に政府に対する質疑(注1)が行われた後、同法案は賛成多数で原案のとおり可決（附帯決議あり）され、同月６日の本会議に上程され、賛成多数で可決されました。

2　参議院においては、同月14日に本会議において趣旨説明がされた後、それに対する質疑が行われ、同法案は同日、参議院内閣委員会に付託されました。その後、同月20日に同委員会において同法案の提案理由の説明がなされ、同日、同月22日、27日及び同年５月11日に政府に対する質疑(注2)が行われた後、同法案は賛成多数で原案のとおり可決（附帯決議あり）され、同月12日の本会議に上程され、賛成多数で可決され、成立しました。同月19日に、「令和３年法律第37号」として公布されました。

（注1）　令和３年３月24日に衆議院内閣委員会と衆議院総務委員会との連合審査会が行われました。また、政府に対する質疑のほか、同月18日に衆議院内閣委員会において、参考人に対する質疑が実施されました。

（注2）　令和３年４月27日に参議院内閣委員会と参議院総務委員会との連合審査会が行われました。また、政府に対する質疑のほか、同年５月６日に参議院内閣委員会において、参考人に対する質疑が実施されました。

第2章　医療分野・学術分野における規制の統一

Q4　今回、医療分野・学術分野の個人情報保護に関する規律を官民で統一したのは、どのような理由によるものですか。現行制度の下で、どのような支障が生じていたのですか。

A　1　現行の個人情報保護制度では、国立病院と公立病院、民間病院は、同じ「病院」であっても適用される個人情報保護に関する規律が大きく異なり、国立大学と公立大学、私立大学は、同じ「大学」であっても適用される個人情報保護に関する規律が大きく異なっています。

2　このように、医療分野・学術分野では、実質的に同等の立場で個人情報を取得・保有していても、公的部門に属するか民間部門に属するかによって適用される法律上の規律が大きく異なっており、このことが、公的部門と民間部門との垣根を越えた連携医療や共同研究の実施を躊躇させる一因となっていました（注）。

3　そこで、今般の個人情報保護制度の一元化の機会に、抜本的な形で医療分野・学術分野における規律の不均衡を是正することとしたものです。

4　具体的には、医療分野・学術分野の独立行政法人等及び地方独立行政法人や、地方公共団体の運営する病院・診療所及び大学については、原則として民間部門の規律を適用することとしています。

（注）　医療分野・学術分野における規制の不均衡を、現行法制の制約下で可能な限り是正するため、政府では、「人を対象とする生命科学・医学系研究に関する倫理指針」（令和３年文部科学省・厚生労働省・経済産業省告示第１号）等の指針やガイドラインを定め、研究主体が公的部門に属するか民間部門に属するかにかかわらず共通して適用される個人情報の取扱いに関するルールを定めてきました。しかしながら、このような指針等による規律の平準化という手法には、①適用される法令の間で規制の強弱や広狭に差がある場合には、最も強い規制や最も広い規制に全体を揃えざるを得ず、結果として規律の厳格化を招く、②その反面、法令上の規制を越え

て上乗せ的に課される規律については、裁判規範としての効力や法令上のエンフォースメントの手段を欠く、といった内在的な問題や限界がありました。

（参考1）　医療分野・学術分野における規制の統一（現在の状況）

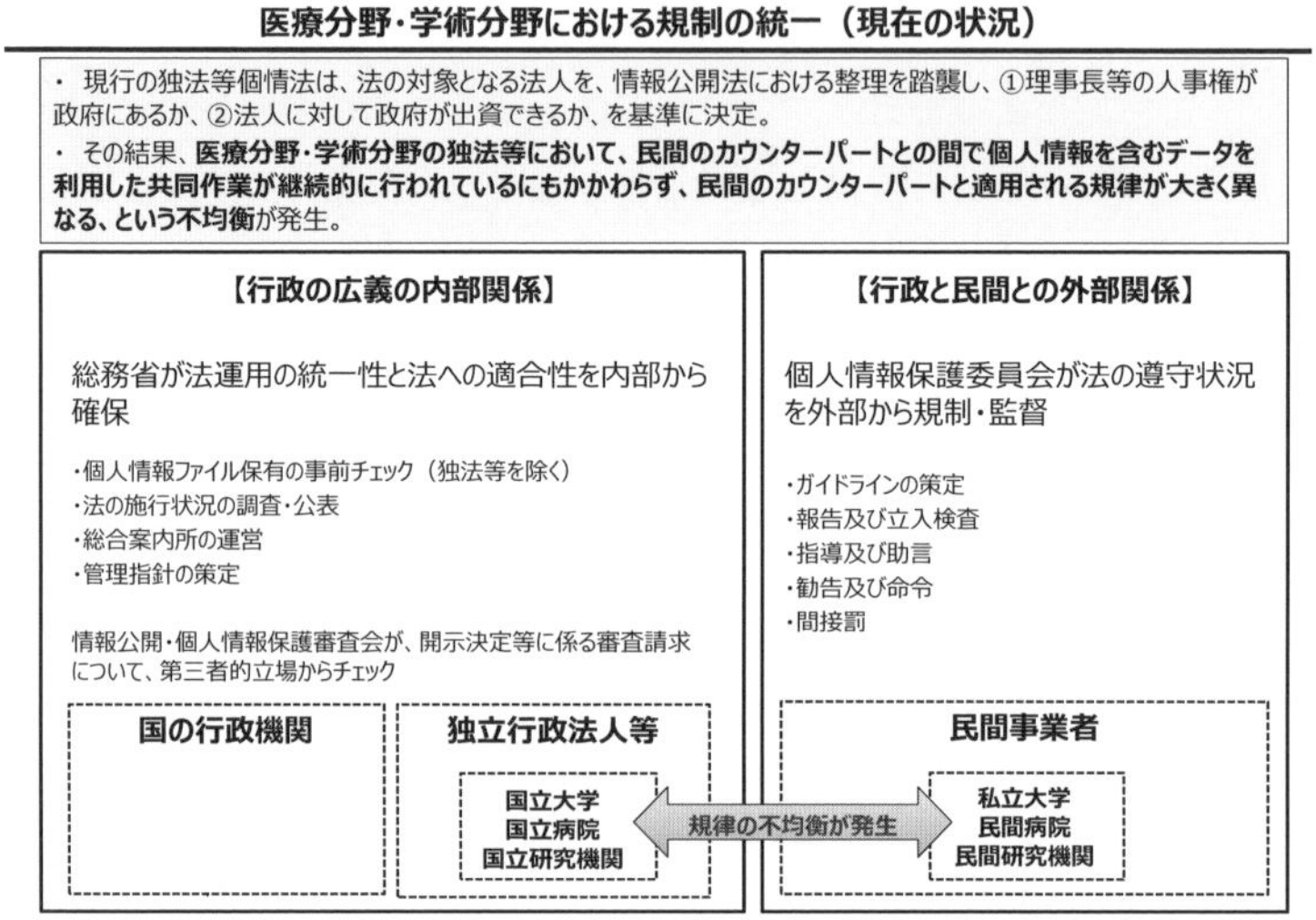

（参考2）　医療分野・学術分野における規制の統一（改正の考え方）

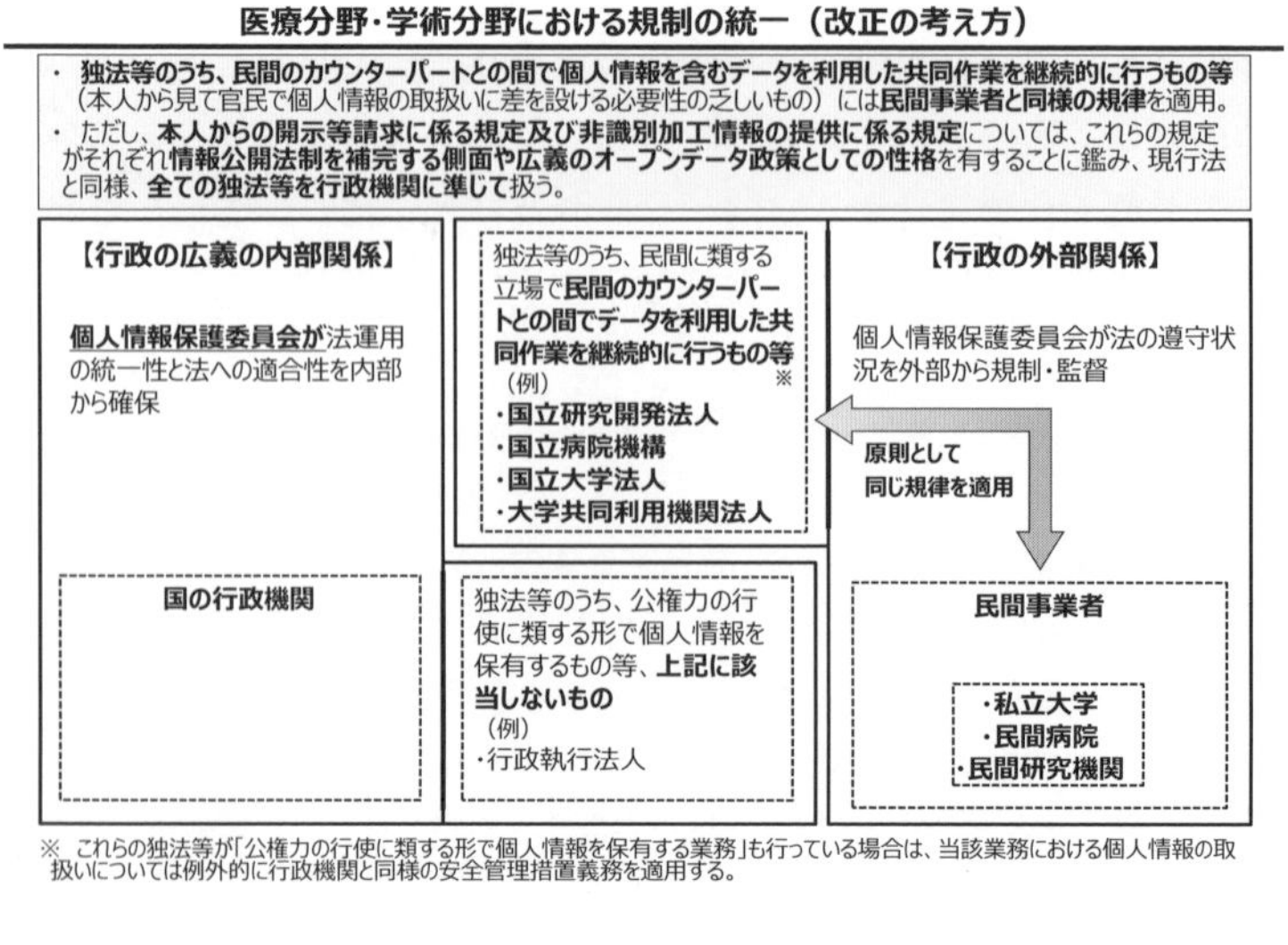

Q5　今回の改正により、どのような法人等に民間部門の規律が適用されるのですか。

A　1　独立行政法人等のうち、今回の改正により原則として民間部門の規律を適用することとなるものは、以下の7種類の法人です（第2条第11項第3号、別表第2）。

①　国立大学法人に該当する法人（85法人）

②　国立研究開発法人に該当する法人（27法人）

③　大学共同利用機関法人に該当する法人（4法人）

④　独立行政法人国立病院機構

⑤　独立行政法人地域医療機能推進機構

⑥　放送大学学園

⑦　沖縄科学技術大学院大学学園

2　以上に加えて、独立行政法人労働者健康安全機構の病院部門（労災病院）に対しても、原則として民間部門の規律が適用されます（第58条第2項第2号）。

3　また、地方独立行政法人のうち、医療事業を行うもの（61法人）及び学術研究を行うもの（87法人）に対しては、原則として民間部門の規律が適用されます（第2条第11項第4号）。

4　更に、地方公共団体が自ら運営する病院（約800箇所）・診療所（約3200箇所）や、地方公共団体が自ら設置する大学（10大学）に対しても、原則として民間部門の規律が適用されます（第58条第2項第1号）。

（参考）規律移行に関する整理

		基本的な属性	例外処理	再例外処理
①	医療分野・学術分野の独立行政法人等	個人情報取扱事業者	本人開示等請求と匿名加工情報、個人情報ファイル簿については、行政機関等としての規律を適用	
			法令に基づく業務であって政令で定めるものについては、行政機関等と同じ安全管理措置等も適用	
②	医療分野・学術分野の地方独立行政法人	個人情報取扱事業者	本人開示等請求と匿名加工情報、個人情報ファイル簿については、行政機関等としての規律を適用	
			法令に基づく業務であって政令で定めるものについては、行政機関等と同じ安全管理措置等も適用	
③	地方公共団体の機関	行政機関等	病院・診療所及び大学の運営における個人情報の取扱いについては、個人情報取扱事業者としての規律を適用	左の場合も、本人開示等請求と匿名加工情報、個人情報ファイル簿については、行政機関等としての規律を適用
				左の場合も、法令に基づく業務であって政令で定めるものについては、行政機関等と同じ安全管理措置等も適用
④	独立行政法人労働者健康安全機構	行政機関等	病院の運営における個人情報の取扱いについては、個人情報取扱事業者としての規律を適用	左の場合も、本人開示請求等と匿名加工情報、個人情報ファイル簿については、行政機関等としての規律を適用
				左の場合も、法令に基づく業務であって政令で定めるものについては、行政機関等と同じ安全管理措置等も適用

Q6　民間部門の規律に移行する法人等の範囲は、どのような基準で判断したのですか。

A　1　今回の改正では、

①　民間部門において同種の業務を行う法人等（カウンターパート）との間で個人情報を含むデータの流通が継続的に行われているなど、官民の規律を統一すべき実際上のニーズがあるか、

②　本人の同意や期待を重視する民間部門の規律と、法令上の業務の遂行に必要かどうかを重視する公的部門の規律のいずれが、当該法人等における、個人の権利利益の保護のための実効的な規律となるか、

といった観点から、実質的に検討し、民間部門の規律に移行する法人等の範囲を判断しました。

2　その結果、

①　医療分野・学術分野の独立行政法人等及び地方独立行政法人（独立行政法人労働者健康安全機構については、その病院部門）

②　地方公共団体の運営する病院・診療所及び大学

に対し、原則として民間部門の規律を適用することとされたものです。

Q7

国に直属する医療機関（例：自衛隊病院）や研究機関（例：国立感染症研究所）については、民間部門の規律に移行しないのは、どのような理由によるものですか。

A

1　国に直属する医療機関は、実施する業務の内容が高度に政策的な要素を含んでおり、組織としても各府省と不可分一体であるため、引き続き公的部門の規律を適用することとしています。

2　また、国に直属する研究機関も、実施する研究の内容が各府省の政策実施と密接に関連しており、組織としても各府省と不可分一体であるため、引き続き公的部門の規律を適用することとしています。

Q8 今回の改正で、教育分野や交通分野については、官民の規律を統一しないのは、どのような理由によるものですか。

A　1　教育分野や交通分野についても、公的部門と民間部門の間で個人情報を含むデータの流通が継続的に行われる可能性はありますが、医療分野や学術分野と異なり、官民の個人情報保護に関する規律が異なることによる弊害が現時点では顕在化していません。このため、関係者が制度変更に対応するためのコストも考慮し、今回の改正ではこれらの分野の規律は変更しないこととしています。

2　規律移行法人等（注）の範囲については、官民のデータ流通の進展等を踏まえた定期的な見直しが必要と考えており、個人情報保護法全体の定期的な見直しの中で、必要に応じ、規律移行法人等の範囲についても所要の見直しが行われるものと考えられます。

（注）　本書において、「規律移行法人等」とは、今回の改正によって、原則として民間の個人情報取扱事業者と同様の規律が適用されることになる法人等をいい、具体的には、①医療分野・学術分野の独立行政法人等及び地方独立行政法人（独立行政法人労働者健康安全機構については、その病院部門）と②地方公共団体の運営する病院・診療所及び大学をいいます。

Q9　今回の改正で、官民の規律全般を統一しないのは、どのような理由によるものですか。

A　1　一般に、公的部門と民間部門では、「利用者がサービスの供給者を選択できるかどうか」という点で基本的な性格の違いがあり、その結果として、個人情報の取得や利用、提供に関し、民間部門では、本人の同意や期待を重視した規律が採用されているのに対し、公的部門では、法令上の事務の遂行に必要かどうかを重視した規律が採用されています(注1)(Q49、Q75、Q76参照)。

2　また、公的部門と民間部門では、

①　公的部門の個人情報保護法制が情報公開法制と沿革的に密接な関連を有しているのに対し、民間部門の個人情報保護法制にはそのような事情は存在しない

②　公的部門の規律が、行政主体（国）の広義の内部関係としての側面を有するのに対し、民間部門の規律は、行政主体と民間事業者との外部関係に当たる

といった点でも性格の違いが認められ、それぞれ、両部門の間における規律の相違につながっています(注2)(Q14、Q67、Q68参照)。

3　このような公的部門と民間部門の性格の違いは、少なくとも近い将来において変わるとは想定されないため、今回の改正は、官民の規律全般を統一するものとはなっていません。

（注1）民間部門では、利用者がサービスの供給者を選択できることを前提に、本人の同意や期待を重視した規律が採用されており、実際の運用としては、サービスの供給者である事業者が、サービス提供の前提条件として、利用者から個人情報の利用目的等について同意を得ることが広く行われています。これに対し、公的部門では、利用者がサービスの供給者を選択できない以上、行政機関等がサービス提供の前提条件として利用者の同意を取得しても、本人の真意に基づく同意とはなり得ません。公的部門では、こうした事情も踏まえ、法令上の業務の遂行に必要かどうかを重視した規律が採用されています。

なお、公的部門の個人情報保護法制にも本人の同意に基づく目的外での利用・提供を許容する趣旨の規定は存在しますが（行個法第8条第2項第1号等）、あ

くまで例外的な規定であり、本人から見て民間サービスに類するサービスの選択可能性が認められる場合（例：行政機関がイベントの開催や実証事業の実施に伴い参加者の個人情報を取得する場合）や、同意がサービス提供の前提条件となっておらず、同意・不同意に関わらず同じ内容のサービスが受けられる場合等を主として想定した規定であると考えられます。

（注2）　例えば、現行の行政機関個人情報保護法は、個人情報ファイルの保有に関する総務大臣への事前通知義務（行個法第10条第1項）を定めていますが、これは、行政全体としての内部統制的規律を法律で定めたものと理解できます。また、行政主体の内部関係と外部関係では、エンフォースメントの在り方も当然に異なってきます（Q67参照）。

Q10　規律移行法人等に公的部門ではなく民間部門の規律を適用すると、これらの組織における個人情報保護の水準が低下する可能性はありませんか。

A　1　民間部門と公的部門の個人情報保護に関する規律の違いは、一方が他方よりも厳しいというものではなく、「利用者がサービスの供給者を選択できるかどうか」という点に起因する、規律の性格の違いであると考えられます。

2　民間部門の規律は、GDPR 第45条に基づく個人データ越境移転に関する十分性認定（以下「GDPR 十分性認定」といいます）を受けていることからも示唆されるように、国際的にも十分な水準となっており、規律移行法人等に民間部門の規律を適用しても、保護水準が低下することにはなりません。

3　また、規律移行法人等には、

①　利用者によるサービス供給者の選択可能性を一定の範囲で認め得る

②　法令上の業務の定め方が必ずしも個別具体的ではない

といった特徴があり、個人情報の取扱いに関する限りでは、法令上の業務の遂行に必要かどうかを重視した公的部門の規律よりも、本人の同意や期待を重視した民間部門の規律に適合する面があります。このため、今回の改正により、これらの組織における個人情報保護に関する規律がより業務の実態に合ったものとなると考えられます。

Q11

民間部門の規律では、データベース等を構成しない個人情報（いわゆる散在情報）は安全管理措置の対象とならないため、規律移行法人等に民間部門の規律を適用すると、個人情報保護の水準が低下する可能性はありませんか。

A　1　個人情報がデータベース等に体系的に構成され、機械的に処理可能となっている場合は、当該個人情報が単体では機微性の高いものではなくても、当該個人情報が他の情報と共に解析・利用されることで、本人に予期せぬ影響が及ぶリスクが発生します。これに対し、いわゆる散在情報が悪用されるリスクについては、情報の機微性や行為の悪質性に応じて個別に規律を設ければ足りると考えられます。このため、民間部門の個人情報保護法では、原則として、データベース等を構成する個人情報（個人データ）を規律の対象としています。

2　このような趣旨は、規律移行法人等が保有する個人情報の取扱いについても妥当すると考えられるため、今回の改正では、規律移行法人等については、一般の個人情報取扱事業者と同様、原則として、個人データを規律の対象としています。

3　ただし、極めて例外的にではありますが、規律移行法人等が、法令に基づく業務として公権力性の高い業務を行っている場合（例：国公立の病院が医療観察法[注]に基づく入院処遇を行っている場合）には、公権力行使の適正性への信頼確保に万全を期す観点から、当該業務を通じて取得した個人情報を散在情報まで含めて漏えい等の生じないよう厳正に管理する必要性が完全には否定できません。そこで、このような業務における個人情報の取扱いについては、政令で当該業務を指定した上で、公的部門の安全管理措置を準用することとしています（第66条第2項第3号・第4号）。

（注）　心神喪失等の状態で重大な他害行為を行った者の医療及び観察等に関する法律（平成15年法律第110号）。

Q12　地方公共団体が運営する病院・診療所は、個々の病院・診療所が「個人情報取扱事業者」とみなされるのですか、それとも、全体が１つの「個人情報取扱事業者」とみなされるのですか。独立行政法人労働者健康安全機構の病院部門についてはどうですか。

A　１　１つの地方公共団体が運営する病院・診療所は、通常、その全体が１つの個人情報取扱事業者とみなされます（第58条第２項第１号）。

２　その結果、１つの地方公共団体が運営する病院・診療所の相互間での個人情報の流通は、個人情報の外部提供ではなく、内部利用となります。

３　独立行政法人労働者健康安全機構の病院部門についても、同様の整理です。

Q13

地方公共団体が運営する病院・診療所と当該地方公共団体の他の部門との間での個人情報の流通は、個人情報の外部提供になるのですか、それとも、内部利用になるのですか。独立行政法人労働者健康安全機構の病院部門とそれ以外の部門との間についてはどうですか。

A　1　改正後の個人情報保護法において、地方公共団体の機関は一般には「行政機関等」(注1)に該当しますが（第2条第11項第2号)、地方公共団体が運営する病院・診療所は「個人情報取扱事業者」とみなされます（第58条第2項第1号)。そして、「個人情報取扱事業者」と「行政機関等」は排他的な関係にあるので（第2条第11項、第16条第2項)、地方公共団体が運営する病院・診療所と当該地方公共団体の他の部門とは別の主体と観念され、両者の間での個人情報の流通は、内部利用ではなく、外部提供となります。

2　なお、地方公共団体が運営する病院・診療所から当該地方公共団体の他の部門への個人情報の提供については、第27条第1項第4号（地方公共団体の事務への協力）の適用があり得ます。また、地方公共団体の他の部門から当該地方公共団体が運営する病院・診療所への個人情報の提供については、第69条第2項第3号（「相当の理由」に基づく提供）の適用があり得ます。

3　独立行政法人労働者健康安全機構の病院部門とそれ以外の部門との間についても、基本的に同様の整理です(注2)。

(注1)　改正後の個人情報保護法において、「行政機関等」とは、国の行政機関、地方公共団体の機関、独立行政法人等及び地方独立行政法人であって、地方議会及び規律移行法人等以外のものをいいます。ただし、本人からの開示等請求、匿名加工情報及び個人情報ファイル簿に係る規律との関係では、規律移行法人等を含みます。

(注2)　ただし、独立行政法人労働者健康安全機構の病院部門からそれ以外の部門への個人情報の提供については、第27条第1項第4号は基本的に適用されません。

Q14　規律移行法人等に対しても、本人からの開示等請求に係る規律については、引き続き公的部門の規律を適用するのは、どのような理由によるものですか。

A　1　公的部門の個人情報保護法制における本人からの開示等請求に係る規律は、情報公開法制において本人開示が認められない点を補完する側面を有しています(注1)。

2　このため、本人からの開示等請求に係る規律まで民間部門と同じにすると、規律移行法人等が保有する散在情報については、情報公開法制でも個人情報保護法制でも本人に開示されないことになってしまい、「制度の谷間」が生じてしまいます。

3　このような不都合を避けるため、今回の改正では、規律移行法人等に対しても、本人からの開示等請求に係る規律については、引き続き公的部門の規律を適用することとしています(注2)。

4　なお、公的部門における本人からの開示等請求の対象は、行政文書等に記録された「保有個人情報」に限られており、行政文書等については、個人情報を含むかどうかに関わらず、その内容等に応じて適正に管理することとされています(注3)。したがって、規律移行法人等において散在情報が安全管理措置の対象となっていなくても、本人からの開示等請求への対応には特段の支障は生じないと考えられます。

(注1)　情報公開法制は開示請求者の属性を問わない建前であるため、不開示情報である「個人に関する情報」は、たとえ本人に対してであっても開示することが認められません。他方、現行の行政機関個人情報保護法の前身である行政機関電算処理個人情報保護法の時代には、同法に基づく本人からの開示等請求の対象は個人情報ファイルに記録された「処理情報」に限られていたため、いわゆる散在情報の本人開示について、「制度の谷間」が生じていました。これを解決するため、現行の行政機関個人情報保護法は、本人からの開示等請求の対象を散在情報を含む「保有個人情報」に拡大した経緯があります。

(注2)　散在情報の本人開示については情報公開法制に移管するという選択肢も考えられますが、この場合、「開示請求者の属性を問わない」という情報公開法制の基本的な構造を変更することになるため、制度全体への影響について慎重な検討が

必要となります。このため、今回の改正はそのような選択肢を採るものとはなっていません。

(注3)　公文書等の管理に関する法律（平成21年法律第66号。以下「公文書管理法」といいます）第11条及び第4条から第6条まで。

Q15 規律移行法人等に対しても、匿名加工情報の提供に係る規律については、引き続き公的部門の規律を適用するのは、どのような理由によるものですか。

A　1　公的部門における非識別加工情報（改正後は匿名加工情報）の提供制度は、公的部門が有するデータを広く民間事業者に開放し活用を促す広義のオープンデータ政策（注1）としての性格を有しています（注2）。

2　このような制度の趣旨は規律移行法人等にも等しく妥当するため、今回の改正では、規律移行法人等に対しても、匿名加工情報の提供に係る規律については、引き続き公的部門の規律を適用することとしています（注3）。

（注1）　非識別加工情報の提供制度は、契約に基づき特定の事業者に提供するものである点や一定の手数料を徴収するものである点で、データの無償公開を前提とするオープンデータとは厳密には異なります。

（注2）　一般に、個人情報保護法制では、自らが保有する情報を本人以外の者に提供する義務を負うことはありません。非識別加工情報の提供制度は、公的部門が保有するデータに国民の共有財産としての性格があることに鑑み、このような一般原則に対する例外として、公的部門の主体に対して非識別加工情報の提供に向けた提案募集等を行う義務を課しています。

（注3）　ただし、地方公共団体については、当分の間の経過措置として、都道府県及び指定都市に対してのみ匿名加工情報の提供に係る提案募集義務を課すこととし、その他の地方公共団体は任意で提案募集を実施することとしています。また、地方独立行政法人も任意で提案募集を実施することとしています（Q42参照）。

Q16 規律移行法人等に対しても、個人情報ファイル簿の作成・公表に係る規律については、引き続き公的部門の規律を適用するのは、どのような理由によるものですか。

A　個人情報ファイル簿の作成・公表については、①個人情報ファイル単位で利用目的が公表されるという点で、個人情報保護法制の本来的趣旨に照らし、望ましい規律であること、②本人からの開示等請求に係る規律と一定の関連性を有していることから、引き続き同様の規律を全ての独立行政法人等に課すこととしています。

（参考）　一元化後の規律の適用関係

一元化後の規律の適用関係

	民間事業者	規律移行法人等※1	行政機関等※2
個人情報取扱事業者に係る規律（現行個人情報保護法第4章第1節及び第2節を基本的にスライド）			
・利用目的の特定等、適正取得	○	○	
・正確性確保、安全管理措置	○	○	
・第三者提供制限	○	○	
・開示等請求	○		
・匿名加工情報の作成・提供	○		
行政機関等に係る規律（現行行政機関個人情報保護法・独立行政法人等個人情報保護法第2章～第4章の2を基本的にスライド）			
・保有制限、目的明示			○
・正確性確保、安全確保措置			○
・利用・提供制限			○
・個人情報ファイル保有の事前通知			○※3
・個人情報ファイル簿の作成・公表		○	○
・開示等請求		○	○
・匿名加工情報の作成・提供		○	○※4

※1　規律移行法人等とは、医療分野・学術分野の独立行政法人等及び地方独立行政法人（独立行政法人労働者健康安全機構については、その病院部門）並びに地方公共団体が運営する病院・診療所及び大学をいう。
※2　行政機関等とは、国の行政機関、地方公共団体の機関、独立行政法人等及び地方独立行政法人であって、地方議会及び規律移行法人等以外のものをいう。
※3　事前通知の制度の対象は、国の行政機関のみ。
※4　当分の間、都道府県及び指定都市以外の地方公共団体並びに地方独立行政法人には、匿名加工情報の提案募集義務は適用しない（任意で募集可能とする）。

Q17

今回の改正の結果、公的部門の個人情報保護に関する規律が適用される独立行政法人等の範囲が、情報公開法制や公文書管理法制の適用される独立行政法人等の範囲と異なることになりますが、問題はありませんか。

A

1　政府に対する民主的統制の手段である情報公開法制や公文書管理法制と、個人の権利利益を保護することを目的とする個人情報保護法制とは、制度の基本的な趣旨が異なるため、適用対象に差が生じても特に問題はないものと考えられます。

2　一般に、①情報公開や公文書管理といった公的部門に固有の規律をどこまで独立行政法人等にも及ぼすかという問題と、②労働者保護や個人情報保護のような官民共通の課題について、行政機関の特性に応じた特則的規律をどこまで独立行政法人等にも及ぼすかという問題は、性質の異なる問題であり、前者の基準と後者の基準が一致しなければならない理由は存在しないものと考えられます。

3　ただし、公的部門の個人情報保護に関する規律のうち、本人からの開示等請求に関する規律については、情報公開法制及び公文書管理法制との関連性を有しているため、今回の改正後も、引き続き、全ての独立行政法人等について、公的部門の規律を適用することとしています（Q14参照）。

Q18 国公立の病院に民間部門の規律を適用すると、個人情報の利用に本人の同意が必要となる場面が増加し、かえって治療や研究がやり難くなる可能性はありませんか。

A 1　民間部門の個人情報保護法では、一般に、医療機関が、患者の個人情報を、治療目的で取得・利用することや、治療目的で他の医療機関に提供すること（1次利用）については、本人の明示又は黙示の同意があると考えられています（注1）。

2　また、大学病院等の学術研究機関が、学術研究目的で患者の個人情報を利用・提供すること（2次利用）については、改正後の個人情報保護法において、学術研究に係る例外規定が用意されており（Q22参照）、例外規定が適用される場合には、本人の同意を得ることは不要です。

3　なお、学術研究機関に該当しない医療機関が、研究開発目的で患者の個人情報を利用・提供すること（2次利用）については、原則として本人の同意が必要となりますが、この点は、現行の公的部門の個人情報保護法の運用においても基本的に同じと考えられます（注2）。

4　このため、今回、国公立の病院に民間部門の規律が適用されることで、かえって治療や研究がやり難くなるとは想定されません。

（注1）「医療・介護関係事業者における個人情報の適切な取扱いのためのガイダンス」（平成29年4月14日個人情報保護委員会・厚生労働省）。

（注2）現行の独立行政法人等個人情報保護法は、規定上は、「相当な理由」や「特別の理由」があれば、本人の同意がなくとも利用目的以外の目的で保有個人情報を利用・提供することを認めていますが、総務省が毎年度実施している施行状況調査によれば、これらの規定を根拠に医療機関が患者の個人情報を研究開発目的で利用・提供している例は実際にはほとんど見られません。

第3章　学術研究に係る適用除外規定の見直し（精緻化）

Q19　今回、学術研究に係る適用除外規定の見直しを行うのは、どのような理由によるものですか。現行制度の下で、どのような支障が生じていたのですか。

A　1　我が国の民間部門の個人情報保護法制は、平成31年1月にGDPR十分性認定を受けています。

2　しかしながら、現行の個人情報保護法が、学術研究機関が学術研究目的で個人情報を取り扱う場合を一律に各種義務の適用除外としている結果（改正前の個情法第76条第1項第3号）、我が国の学術研究機関にEU圏から移転される個人データについてはGDPR十分性認定の効力が及ばず、EUから個人データを移転するためには個別の契約の締結等が必要となっています。

3　このような事態は、我が国の学術研究機関がEUの学術研究機関と個人データを用いた共同研究を行う際の支障となり得ることから、改善を求める声が現場の研究者から多数寄せられていました。

4　そこで、今般の改正において、学術研究に係る適用除外規定の内容を見直し、我が国の学術研究機関に移転された個人データについてもGDPR十分性認定の効力が及ぶようにするための素地を作るものです。

5　具体的には、

○　現行の個人情報保護法第76条から、学術研究に係る適用除外規定を削除し、学術研究機関等が学術研究目的で個人情報を取り扱う場合にも一般的には第4章に定める各種義務の適用があり得るとした上で、

○　学問の自由の中核である研究活動の自由及び研究結果の発表の自由を引き続き十全に確保する観点から、第4章に定める各種義務のそれぞれについて、所要の例外規定を置く

こととしています。

Q20

今回、学術研究に係る適用除外規定の見直しを行うことにより、学術研究分野にも GDPR 十分性認定の効力が及ぶようになるのですか。

A　1　GDPR 十分性認定の範囲が拡大するかどうかは、改正法の施行後、EU 当局との協議を経て決まるため、現時点で可否を確答することはできません。

2　しかしながら、今回の改正により、学術研究機関等が学術研究目的で個人情報を取り扱う場合にも個人情報保護委員会の監督が及ぶようになることから、GDPR 十分性認定の範囲を拡大するための協議を EU 当局と行う素地が整うものと考えられます。

Q21　GDPRやEU各国の個人データ保護法では学術研究についてどのような例外規定が置かれているのですか。

A　1　GDPRは、加盟国に対し、第85条において、学術表現の自由と個人データ保護の調和のため必要な例外規定を置くことを求めており、第89条において、科学研究目的で行われる個人データの取扱いに関して一定限度での必要な例外規定を置くことを認めています。

2　例外規定の具体的な内容については、加盟国の裁量が認められており、各国で相当程度異なる例外規定が置かれています。

（参考）　GDPR及びEU各国法における学術研究例外

GDPR及びEU各国法における学術研究例外

<GDPRにおける学術研究例外>

第85条第２項：加盟国は、学術上の表現（academic expression）等の目的のためのデータの取扱いに関して、表現及び情報の自由と個人データ保護の権利を調和させるために必要な例外を定めるものとする。

第89条第２項：加盟国は、科学研究（scientific research）等の目的のためのデータの取扱いに関して、権利を認めることがその目的の達成を妨げる場合等には、第15条（アクセスの権利）、第16条（訂正の権利）、第18条（取扱いの制限の権利）及び第21条（異議を述べる権利）の例外を定めることができる。

	各国法における学術研究例外の概要
フランス	・学術上の表現等について、表現及び情報の自由と個人データ保護の権利を調和させるために必要な場合は、多くの規律を適用除外。 ・科学研究等について、権利を認めることがその目的の達成を不可能又は深刻に妨げる可能性があり、目的達成のために権利の制限が不可欠な場合には、GDPR第15条等の権利規定の適用を除外。
ドイツ	・学術上の表現等及び科学研究等について、連邦法及び州法において、目的の達成を不可能とするか深刻に損なう場合には、GDPR第15条等の権利規定の適用を除外。
【参考】英国	・学術上の表現等について、ほぼ全ての規律を適用除外。完全性・機密性、アカウンタビリティ、透明性のある情報提供、データ取扱活動の記録等の規定は適用。なお、学術資料の公表を視野に入れて行われるものであり、かつ、管理者が、行動規範等を考慮した上で、資料の公表が公共の利益になると合理的に信じていることが必要。 ・科学研究等について、権利を認めることがその目的の達成を妨げる場合等には、GDPR第15条等の権利規定の適用を除外。

Q22　学術研究について包括的な適用除外を行っている現行規定を見直すことにより、学問の自由が十分に保障されなくなる可能性はありませんか。

A　1　今回の改正では、学問の自由を引き続き十全に確保する観点から、改正後の第４章に定める各種義務について、所要の例外規定を置いています。

2　具体的には、①利用目的による制限（第18条）、②要配慮個人情報の取得制限（第20条第２項）、③個人データの第三者提供の制限（第27条）の３つの義務について、これらの義務が研究データの利用や流通を直接制約し得るものであることに鑑み、「学術研究機関等が学術研究目的で個人情報を取り扱う必要がある場合」等を例外とする趣旨の規定を置いています。

3　これらの例外規定により、現行法の下で実施可能な研究活動は改正後も実施可能となることから、学問の自由が不当に制約される事態は生じないと考えられます。

（参考）　学術研究に係る適用除外規定の見直し

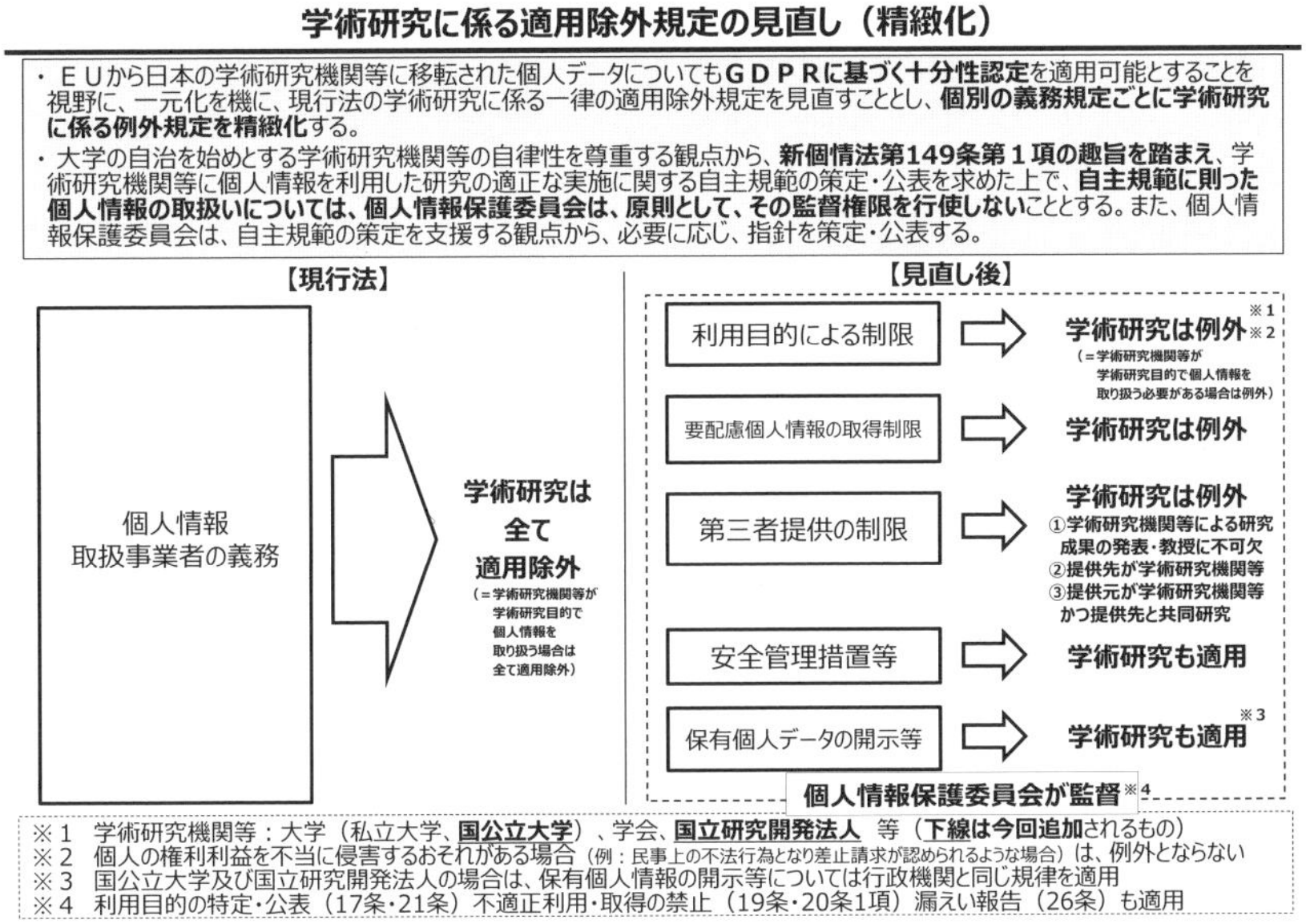
学術研究に係る適用除外規定の見直し（精緻化）
・ＥＵから日本の学術研究機関等に移転された個人データについてもＧＤＰＲに基づく十分性認定を適用可能とすることを視野に、一元化を機に、現行法の学術研究に係る一律の適用除外規定を見直すこととし、個別の義務規定ごとに学術研究に係る例外規定を精緻化する。
・大学の自治を始めとする学術研究機関等の自律性を尊重する観点から、新個情法第149条第１項の趣旨を踏まえ、学術研究機関等に個人情報を利用した研究の適正な実施に関する自主規範の策定・公表を求めた上で、自主規範に則った個人情報の取扱いについては、個人情報保護委員会は、原則として、その監督権限を行使しないこととする。また、個人情報保護委員会は、自主規範の策定を支援する観点から、必要に応じ、指針を策定・公表する。
【現行法】
個人情報
取扱事業者の義務
学術研究は
全て
適用除外
（＝学術研究機関等が
学術研究目的で
個人情報を
取り扱う場合は
全て適用除外）
【見直し後】
利用目的による制限
学術研究は例外※1 ※2
（＝学術研究機関等が
学術研究目的で個人情報を
取り扱う必要がある場合は例外）
要配慮個人情報の取得制限
学術研究は例外
第三者提供の制限
学術研究は例外
①学術研究機関等による研究
成果の発表・教授に不可欠
②提供先が学術研究機関等
③提供元が学術研究機関等
かつ提供先と共同研究
安全管理措置等
学術研究も適用
保有個人データの開示等
学術研究も適用※3
個人情報保護委員会が監督※4
※１　学術研究機関等：大学（私立大学、国公立大学）、学会、国立研究開発法人　等（下線は今回追加されるもの）
※２　個人の権利利益を不当に侵害するおそれがある場合（例：民事上の不法行為となり差止請求が認められるような場合）は、例外とならない
※３　国公立大学及び国立研究開発法人の場合は、保有個人情報の開示等については行政機関と同じ規律を適用
※４　利用目的の特定・公表（17条・21条）不適正利用・取得の禁止（19条・20条1項）漏えい報告（26条）も適用

Q23　安全管理措置や本人からの開示等請求に関する義務が、学術研究機関に対する過度の負担となり、研究活動の自由を実質的に阻害する可能性はありませんか。

A　1　安全管理措置や本人からの開示等請求に関する義務は、研究データの利用や流通を直接制約するものではないため、義務の内容を学術研究活動の特性を踏まえて解釈・運用することにより、学術研究機関等に対する過度の負担が生じる事態は回避し得ると考えられます。

2　なお、これらの義務の解釈・運用の具体的なあり方については、個人情報保護委員会が策定するガイドライン等の中で、明らかにされるものと考えられます。

Q24 個人情報保護委員会が大学等に対して立入検査や勧告・命令等の監督権限を行使し得るようになること自体が、学問の自由や大学の自治を脅かす可能性はありませんか。

A　1　現行の個人情報保護法は、第43条第1項において、「個人情報保護委員会が監督権限を行使するに当たっては、学問の自由を妨げてはならない」旨を明記しています。

2　当該規定については、改正後も、当然に維持することとしており（第149条第1項）、学術研究機関等に対する監督権限の行使に当たっては、当該規定の趣旨を踏まえ、学術研究機関等の自律性を最大限に尊重することになります。

3　具体的には、

- ○　学術研究機関等に対して、個人情報を利用した研究の適正な実施のための自主規範を単独で又は共同して策定・公表することを求めた上で(注)（第59条）、
- ○　学術研究機関等による個人情報の取扱いが当該自主規範に則っているときは、個人情報保護委員会は、原則として、その監督権限を行使しないものとする

ことを想定しており、これにより、大学の自治を含む学問の自由は、引き続き十全に保障されることになります。

（注）　分野によっては、学術研究機関等が、関係省庁が策定した指針をそのまま自主規範として採用する旨を宣言する（それによって自主規範の策定・公表に代える）ことも考えられます。

Q25

「学術研究の成果の公表又は教授のためやむを得ないとき」（第27条第１項第５号）とは、どのような場合に適用されることを想定した規定ですか。

A

１　論文の公表や大学での講義の際に個人情報の提供が行われるとしても、当該個人情報が提供元において個人情報データベース等を構成していない場合には、当該個人情報の提供は「個人データの提供」に該当しないため、そもそも第27条の適用を受けません。

２　また、論文の公表等の際に行われる個人データの提供が、「著述を業として行う者」による「著述の用に供する目的」での個人情報の取扱いに該当するときは、当該行為は引き続き改正後の第４章の義務の適用除外となります。

３　本規定は、以上のいずれにも該当しない場合に補充的に適用されることを想定した規定であり、学問の自由及び表現の自由の確保に万全を期すための規定です。

Q26

他の例外規定は「……する必要があるとき」となっているのに、学術研究の成果の公表・教授に係る例外規定だけが「やむを得ないとき」となっているのは、どのような理由によるものですか。

A

1　個人データの第三者提供が学術研究の成果の公表又は教授のために行われるときは、当該個人データは広く一般に入手可能となり、他の例外規定よりも影響が大きいことから、特にその適用を「やむを得ないとき」に限っています。

2　なお、本規定は、あくまでQ25の1及び2に該当しない場合に補充的に適用されることを想定した規定であることから、その適用を「やむを得ないとき」に限ったとしても、学問の自由及び表現の自由の保護に欠けるところはないと考えられます。

Q27　第18条や第20条、第27条における「個人の権利利益を不当に侵害するおそれがある場合」としては、どのような場合が想定されますか。

A　1　一般に、学術研究活動は、普遍的な知見の獲得を目的として行われるものであり、特定の個人に対して何らかの影響を及ぼすことを目的として行われるものではないため、学術研究目的での個人情報の利用が「個人の権利利益を不当に侵害するおそれがある場合」に該当するのは例外的なケースに限られます。

2　具体的には、例えば、

① 医学研究において、本人の同意なく介入研究を行う場合（第18条第3項第5号の場合）

② 本人に差別等の重大かつ回復困難な不利益が生じることが明らかに見込まれる情報を、仮名化等の措置を何ら講ずることなく公表する場合（第27条第1項第5号の場合）

③ 個人データの取扱いを適正に実施していないと疑われる者に対して、個人データを提供する場合（第27条第1項第6号及び第7号の場合）

が、「個人の権利利益を不当に侵害するおそれがある場合」に該当するものと考えられます。

Q28

個人データの提供先が学術研究機関等である場合には本人の同意なく個人データの提供を可能とすると（第27条第1項第7号）、個人情報保護の水準の低下につながる可能性はありませんか。

A

1　現行の個人情報保護法でも、個人データの提供先が学術研究機関等である場合には個人情報保護委員会は権限を行使しないこととなっています（改正前の個情法第43条第2項）。また、現行の個人情報保護法の解釈として、非学術研究機関であっても、学術研究機関等との「1つの主体」とみなすことができる場合には、学術研究に係る適用除外の対象となり得るとされています。

2　今回の改正は、このような現行の個人情報保護法の規定及び解釈との連続性を意識しつつ、「学術研究機関等における学問の自由を確保する」という例外規定の本来の趣旨に立ち返り、ルールの明確化を図るものであり、個人情報保護の水準を低下させるものではありません。

3　なお、改正後は、学術研究機関等に対しても安全管理措置や保有個人データの開示等の規律が法律上の義務として課されるため、提供先が学術研究機関等である場合を例外としても、個人の権利利益を不当に侵害する可能性は低いものと考えられます。

Q29　今回の改正は、学術研究に係る例外を広く認めすぎではないでしょうか。

A　1　現行の個人情報保護法が学術研究分野について包括的な適用除外を認めていることを踏まえると、今回の改正が一種の規制強化であることは否定できず、学問の自由や表現の自由の過度の制約とならないよう、特に慎重な検討が必要となります。

2　また、一般に、個人情報保護法を含む行政取締法規は、一定の定型的に危険な行為を防止しようとするものであり、危険な結果を生じ得る行為を網羅的に規制しようとするものではない点にも留意が必要です。

3　今回の改正で例外とした行為からプライバシー侵害等の結果が生じる可能性は完全には否定できませんが、そのような事態への対処は、学術研究コミュニティによる自主的な対応や、民事上の不法行為責任等の枠組みによって図られるべきものと考えられます。

Q30 今回の改正の結果、研究倫理指針に基づき行われてきた学術研究分野の個人情報保護のための取組が、かえって後退する可能性はありませんか。

A 1　現行の個人情報保護法は、第 76 条第 1 項第 3 号で、学術研究機関等が学術研究目的で個人情報等を取り扱う場合について各種義務の適用を包括的に除外している一方、同条第 3 項で、学術研究機関等に対し、個人情報等の取扱いの適正を確保するために必要な措置を自ら講じ、公表する努力義務を課しています。研究倫理指針に基づく個人情報保護のための取組は、個人情報保護法上は、この努力義務に基づくものと位置付けられています。

2　改正後の第 59 条では、学術研究機関等がこれまで研究倫理指針に基づき実施してきた個人情報保護のための取組が後退することのないよう、現行の個人情報保護法に引き続き、学術研究機関等に対する努力義務を明記し、安全管理措置等の法律上の義務を遵守するだけでなく、個人情報の取扱いの適正を確保するために必要な措置を自ら講じ、公表することを求めています。

3　したがって、今回の改正の結果として、研究倫理指針に基づき行われてきた個人情報保護のための取組が後退することは想定されません。

Q31　今回の改正の前後で、「学術研究機関」の範囲は変わるのですか。

A　1　現行の個人情報保護法では、大学、学会等の学術研究を主たる目的とする機関を適用除外の対象となる「学術研究機関」と解しており、この考え方自体は改正の前後を通じて変わりません。

2　その一方、現行の個人情報保護法では、国公立の大学や独立行政法人・地方独立行政法人である研究機関は「個人情報取扱事業者」に当たらないことから学術研究に係る適用除外の対象となっていませんが、改正後は、これらの組織も「個人情報取扱事業者」に当たるため、学術研究に係る例外規定の適用があり得ることとなります。

Q32 今回の改正の前後で、「学術研究目的」の範囲は変わるのですか。

A 1 現行の個人情報保護法では、個人情報等を取り扱う目的の全部又は一部が学術研究の用に供する目的である場合を適用除外の対象と解しており、この考え方は改正の前後を通じて変わりません。

2 なお、学術研究目的について、「商用目的との境界が不分明な場合など、学術研究目的に該当するかどうか判断が難しい場合がある」との意見が寄せられていることを踏まえ、今後、個人情報保護委員会が策定するガイドライン等を通じて、必要な情報提供がなされるものと考えられます。

Q33　今回の改正は、「人を対象とする生命科学・医学系研究に関する倫理指針」にどのように影響するのですか。

A　１　現行の「人を対象とする生命科学・医学系研究に関する倫理指針」（令和３年文部科学省・厚生労働省・経済産業省告示第１号）は、公的部門と民間部門とで適用される個人情報保護に関する規律が異なることや、学術研究機関が学術研究目的で個人情報を取り扱う場合には個人情報保護法上の義務が及ばないことを前提としているため、今回の改正を踏まえ、個人情報の取扱いに関する記述の位置付けも含め、見直しが必要となると考えられます。

２　見直しの具体的な内容については、今後、関係省庁（現行の倫理指針を所管する文部科学省、厚生労働省及び経済産業省）において、検討が行われる予定です。

第4章　個人情報の定義の統一

Q34　今回、官民の個人情報の定義を統一するのは、どのような理由によるものですか。

A　1　現行制度では、主として経緯上の理由により、公的部門と民間部門における「個人情報」の定義が異なっています。

2　具体的には、現行の個人情報保護法における個人情報（1号個人情報）が「他の情報と容易に照合することができ、それにより特定の個人を識別することができることとなるものを含む」と規定されているのに対し、行政機関個人情報保護法等（注）における個人情報（1号個人情報）は「他の情報と照合することができ、それにより特定の個人を識別することができることとなるものを含む」と規定されています。その結果、例えば、個人情報を匿名加工して作成した情報の位置付けが、官民で大きく異なっています。

3　このような定義の違いは、国民の目から見て分かりにくいだけでなく、民間部門と公的部門との間での円滑なデータ流通の妨げともなり得るものです。そこで、今回の法制の一元化の機会に、官民の個人情報の定義を統一することとしたものです。

4　その際、定義を変更することに伴う影響を最小化する観点から、一元化後の個人情報の定義は、現行の個人情報保護法の定義（容易照合可能性を要件とするもの）を採用することとしたものです。

（注）　行政機関個人情報保護法等とは、行政機関個人情報保護法及び独立行政法人等個人情報保護法をいいます。

Q35 現行制度において、公的部門では「個人情報」に該当するが、民間部門では「個人情報」に該当しない情報としては、どのような情報がありますか。

A 1　現行制度において、公的部門では「個人情報」に該当するが、民間部門では「個人情報」に該当しない情報としては、以下の3種類の情報があります（注1）。

① 匿名加工情報（注2）

② 外部から取得した仮名加工情報（照合表を取得していない場合）

③ 提供元では個人を識別できないが提供先で個人を識別可能となる情報

2　これらの情報は、改正後は、公的部門においても「個人情報」には該当しなくなりますが、①及び②の情報については、識別行為禁止義務及び安全管理措置義務等（第121条、第123条及び第73条）を、③の情報については、提供先への措置要求義務（第72条）を、それぞれ、権利保護のための新たな規律として導入するため、権利保護の水準が低下することはありません（Q39、Q76、Q77参照）。

3　なお、国の行政機関は、全体が内閣の統轄の下にある一体の組織であるため（国家行政組織法（昭和23年法律第120号）第2条参照）、ある行政機関から見て他の行政機関が保有する情報は「容易に照合」が可能であり、個人の識別のために他の行政機関への照会を要する情報は、改正後の定義においても引き続き「個人情報」に該当するものと考えられます。

（注1）　これら以外のものは、概念上はあり得ても、実際には想定されません。

（注2）　匿名加工情報は、現行の公的部門の定義上も常に個人情報に該当する訳ではありませんが、個人情報に該当し得るため、個人情報と同様に取り扱うこととされています。

（参考）　個人情報の定義の統一

個人情報の定義の統一

1．**公的部門と民間部門とで個人情報の定義が異なる**ことは、国民の目から見て極めて分かりにくく、両部門の間でのデータ流通の妨げともなり得ることから、一元化の機会に、**両部門における「個人情報」の定義を統一**する。

2．定義変更に伴う影響を最小化する観点から、**一元化後の定義は、現行の個人情報保護法の定義（＝容易照合可能性を要件とするもの）を採用**する。

3．定義変更に伴い公的部門における権利保護が後退することを防ぐため
① **匿名加工情報・仮名加工情報**の識別行為禁止義務等
② **提供先で個人情報となる情報**の外部提供に係る規律
を公的部門にも導入する。

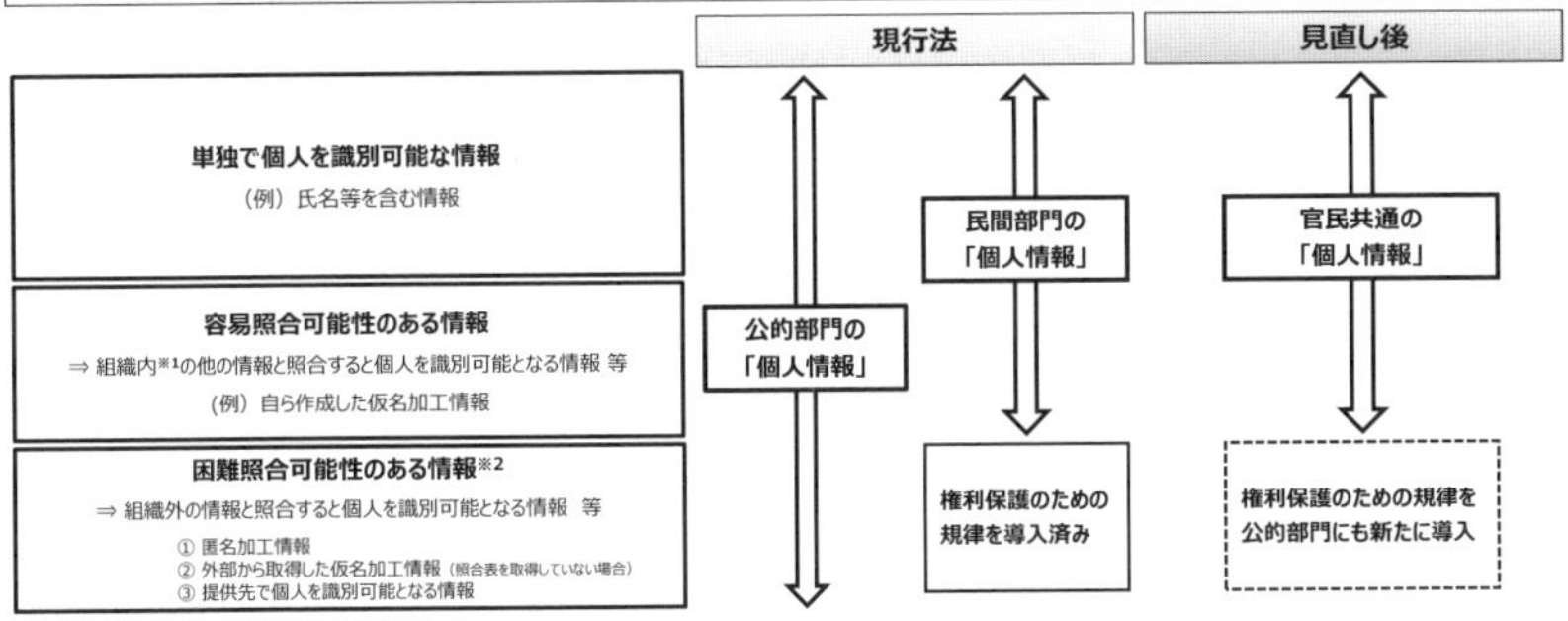

※1：国の行政機関は、全体を1つの組織と考える。
※2：①～③以外のものは、観念的にはあり得ても、現実には想定されない。

Q36　公的部門における個人情報の定義を民間部門に揃えると、容易照合可能性のない情報が本人からの開示等請求の対象から外れてしまい、開示等請求の対象となる情報の範囲が縮小する可能性はありませんか。

A　1　現行の行政機関個人情報保護法等における個人情報の定義が照合の容易性を要件としていない結果として、行政機関や独立行政法人等は、本人からの開示等請求の場面においては、情報の開示先における照合可能性も考慮して個人情報該当性（開示等請求の対象情報としての該当性）を判断する必要があるとの理解があります。

2　しかしながら、容易照合可能性のない情報は、行政機関や独立行政法人等において本人を識別することができないものであるため、そもそも開示等請求の前提としての本人性の確認（行個法第13条第1項第2号等）を行うことが事実上極めて困難であり、このような情報は、現行制度においても、開示等請求の対象とはなっていないものと考えられます。

3　なお、開示等請求の不開示情報の一つである開示請求者以外の個人に関する情報（行個法第14条第1項第2号等）については、改正後も現行法の文言及び解釈が維持され、不開示情報としての該当性は、引き続き、情報の開示先における照合可能性も考慮して判断されることとなります。

Q37 改正後の個人情報保護法において、死者に関する情報を「個人情報」に含めていないのは、どのような理由によるものですか。

A 1　個人情報保護法制は、プライバシーを始めとする個人の権利利益を保護することを第一義的な法目的としていますが、死者はこのような意味での権利利益の主体にはなり得ません。また、個人情報保護法制は、開示請求等の本人の関与を重要な仕組みと位置付けていますが、死者はこのような関与の仕組みの主体にもなり得ません。

2　このため、改正後の個人情報保護法では、現行の個人情報保護法及び行政機関個人情報保護法等に引き続き、「個人情報」は「生存する個人に関する情報」に限ることとしています。

3　なお、現行の個人情報保護条例において、死者の情報を「個人情報」に含めている例が少なからず見られますが、改正法の施行後に、地方公共団体が、条例で、死者に関する情報を「個人情報」に追加することは、保有主体の属性に関わらず「個人情報」の意味を統一するという今回の法改正の趣旨に適合しないものと考えられます。また、そのような内容の条例を制定することが、地域の特性に照らし特に必要があるとも想定し難いところです(Q57参照)。

4　その一方、地方公共団体が、条例で、個人情報保護とは異なる観点から、死者に関する情報の取扱いについて定めることは妨げられません(Q60参照)。

第5章　行政機関等における匿名加工情報の取扱い

Q38

今回、公的部門においても、従来の「非識別加工情報」に代えて、「匿名加工情報」という用語を使うことにしたのは、どのような理由によるものですか。

A

1　現行制度では、官民の個人情報の定義の相違に起因して、個人情報保護法における「匿名加工」が個人情報を非個人情報化して外部に提供する仕組みであるのに対し、行政機関個人情報保護法等における「非識別加工」は個人情報を個人情報としての性質を部分的に残したまま外部に提供する仕組みであると整理されています。

2　その結果、現行の個人情報保護法における「匿名加工情報」と行政機関個人情報保護法等における「非識別加工情報」は、情報の内容としては同じ（個人情報に対して同じ基準に従って加工を行ったもの）であるにもかかわらず、別の名称が与えられています。

3　改正後は、個人情報の定義を官民で統一する結果、非識別加工情報も非個人情報となり、匿名加工情報と区別する理由がなくなることから、両者の名称を「匿名加工情報」に統一するものです。

Q39　今回の改正で、公的部門における匿名加工情報の取扱いに関する規律はどのように変わるのですか。

A　1　現行の行政機関個人情報保護法等では、非識別加工情報（改正後は匿名加工情報）は個人情報に該当し得るとされているため、基本的に個人情報と同様に取り扱うこととされており、その結果、非識別加工情報の取得や利用は、個人情報としての利用目的の範囲内でのみ可能とされています。

2　また、民間部門と異なり、非識別加工情報を通常の個人情報に復元すること（識別行為）は禁止されていません。

3　改正後は、匿名加工情報は公的部門においても非個人情報であるとの前提で、匿名加工情報の個人情報への復元（識別行為）を禁止するとともに（第121条第1項及び第123条第2項）、匿名加工情報の取得や利用については、民間部門と同様に自由に行い得ることとしています（注）。

4　その一方、公的部門で作成した匿名加工情報の外部への提供については、公的部門が有するデータの公平かつ適正な提供を担保するという現行制度の趣旨を引き継ぎ、改正後においても、原則として提案公募手続に拠ることとしています（第109条第2項）。

（注）匿名加工情報は、その性質上、個人情報に復元しない限り、どのように利用しようとも本人に影響が及ばないものですから、匿名加工情報の利用方法を制限することには、本来、合理的な理由がありません。そこで、民間部門と同様の識別行為禁止義務を課した上で、利用目的による制限は廃止するものです。

（参考）　行政機関等における匿名加工情報の取扱いに関する規律

行政機関等における匿名加工情報の取扱いに関する規律

１．**匿名加工情報は公的部門においても非個人情報**であるとの前提で、**匿名加工情報の個人情報への復元（識別行為）を禁止**するとともに、**匿名加工情報の取得や利用については、民間部門と同様に自由**に行い得ることとする。

２．公的部門で作成した**匿名加工情報の外部提供**については、**公共財産の公平かつ適正な提供**を担保するという現行制度の趣旨を引き継ぎ、**改正後においても、原則として提案公募手続**に拠ることとする。

	民間部門 （現行法・改正後共通）	公的部門	
		現行法	改正後
情報の名称	「匿名加工情報」	「非識別加工情報」	「匿名加工情報」
個人情報該当性	個人情報に該当しない	個人情報に該当する※1	個人情報に該当しない
個人情報への復元（識別行為）	識別行為は禁止	規制なし （既に個人情報に該当するため）	識別行為は禁止
匿名加工情報の取得	制限なし	個人情報としての利用目的の範囲内でのみ取得可	制限なし
匿名加工情報の利用	制限なし	個人情報としての利用目的の範囲内でのみ利用可	制限なし
匿名加工情報の管理	安全管理措置等の努力義務	個人情報としての 安全管理措置義務	安全管理措置義務
匿名加工情報の提供	制限なし （ただし、公表義務あり）	以下の場合に限り提供可能： ① 提案公募手続に拠る場合 ② 法令に基づく場合 ③ 個人情報の目的内提供に該当する場合	以下の場合に限り提供可能：※2 ① 提案公募手続に拠る場合※3 ② 法令に基づく場合 ③ 加工元情報の目的内提供に該当する場合

※１：非識別加工情報は公的部門において常に個人情報に該当するとは限らないが、個人情報に該当し得るため、個人情報として取り扱うことになる。
※２：行政機関等が民間事業者から取得した匿名加工情報を外部に提供することは、制限されない（ただし、民間部門と同様の公表義務あり）
※３：提案公募手続の利用を促進するため、公募期間の通年化、独法等における手数料設定の自由度の向上、第三者意見照会手続の廃止を行う。

Q40　公的部門においても、民間部門と同様、民間事業者等に対して匿名加工情報を自由に提供できるようにすべきではないでしょうか。

A　1　公的部門で作成した匿名加工情報の外部への提供については、公的部門が有するデータの公平かつ適正な提供を担保するという現行制度の趣旨を引き継ぎ、改正後においても、原則として提案公募手続に拠ることとしています。具体的には、

①　提案公募手続に拠る場合

②　法令に基づく場合

③　加工元情報の目的内提供に該当する場合

に限り、匿名加工情報の外部への提供を可能としています（第109条第2項）。

2　その一方、公的部門における匿名加工情報の提供制度の利用実績が低調であることは事実であるため、今回の改正を機に、

①　独立行政法人等における手数料設定の自由度の向上（第119条第5項及び第6項）

②　第三者への意見書提出の機会付与の廃止

といった改善策を講じることとしています。

Q41　今回の改正で、第三者への意見書提出の機会付与（行個法第44条の8等）を廃止したのは、どのような理由によるものですか。

A　1　現行制度は、行政機関情報公開法第5条第2号ただし書に規定する情報（法人等に関する情報のうち、一般的には不開示情報に該当するが、公益的理由から例外的に開示対象となるもの）も、非識別加工の加工元情報に含まれ得ることを前提に、当該情報を非識別加工して提供する場合には、手続保障の観点から、当該法人等に対して意見書提出の機会を与えることを義務付けています（行個法第44条の8が準用する行政機関情報公開法第13条第2項）。

2　しかしながら、このような事態は容易に想定し難い極めて稀なケースであり、このような情報の有無は非識別加工情報（改正後は匿名加工情報）の有用性にほとんど影響しないと考えられます。また、非識別加工情報（改正後は匿名加工情報）の提供制度は、行政機関等が保有する大量の個人情報を形式的な基準に基づいて定型的に加工し、民間事業者に提供することを企図するものであり、個々の保有個人情報について開示の公益的な必要性を個別に判断したり、当該必要性の判断のため、逐一、第三者の意見を聴取したりすることは、制度の本来的な趣旨にそぐわない側面があります。

3　そこで、今回の改正では、行政機関情報公開法第5条第2号ただし書に規定する情報も他の不開示情報と同様に加工元情報から予め削除することとした上で、第三者への意見書提出の機会付与は要しないこととしたものです。

Q42

今回の改正で、匿名加工情報の活用に関する提案募集等の規律を地方公共団体等にも適用することにしたのは、どのような理由によるものですか。

A　1　公的部門における匿名加工情報（改正前は非識別加工情報）の提供制度は、公的部門が有するデータを、地域を含む豊かな国民生活の実現に資することを目的として、個人を識別できないよう加工した上で、民間事業者に提供し、その活用を促すものであり、平成28年行政機関個人情報保護法改正法により創設された制度です。

2　このような制度の趣旨は、地方公共団体等にも基本的に妥当することから、今回の改正では、地方公共団体等も、その保有する個人情報ファイルについて、匿名加工情報の活用に関する提案募集等を行うことを規定しています。

3　ただし、都道府県及び指定都市以外の地方公共団体並びに地方独立行政法人については、匿名加工に関する十分な知見を持った人材を確保することに困難が予想されることから、当分の間、義務ではなく、任意で提案募集等を行うこととしています（改正後の附則第7条）。

第６章　地方公共団体等における個人情報の取扱い

Q43　今回の改正で、地方公共団体等における個人情報の取扱いについて、法律で全国的な共通ルールを定めることにしたのは、どのような理由によるものですか。

A　１　地方公共団体等における個人情報の取扱いについては、国による法制化に先立ち、多くの団体において条例が制定され、実務が積み重ねられてきました。我が国の個人情報保護法制は、地方公共団体の先導的な取組によりその基盤が築かれてきた面があります。

２　その一方、近年、情報化の進展や個人情報の有用性の高まりを背景として、地域や官民の枠を越えたデータ流通が活発化している中で、

○　地方公共団体ごとの条例の規定やその解釈が異なることが、データ連携の支障となっている

○　条例が無いなど、求められる保護水準を満たさない団体がある

等の指摘が各方面から行われ、個人情報の保護とデータ利活用の適正なバランスを図るための全国的な共通ルールを設定する必要性が、国民の間で強く認識されるようになっていました。

３　加えて、国際的なデータ流通が増大していく中で、個人情報保護に関する国際的な制度との調和（例：GDPR 十分性認定への対応）についても、その必要性が一層高まっていたところです。

４　そこで、今回の改正では、こうした課題を解決するため、全ての地方公共団体等に適用される全国的な共通ルールを法律で規定することとしたものです。

Q44 国が策定した共通ルールを地方公共団体等に適用する今回の法正は、地方分権の流れに逆行するものではないでしょうか。

A 1　今回の改正は、個人情報の保護とデータ利活用の適正なバランスを図るため、個人情報の取扱いに関する全国的な共通ルールを設定するものです。

2　このような全国的な共通ルールを定めることは、「全国的に統一して定めることが望ましい国民の諸活動若しくは地方自治に関する基本的な準則に関する事務」（地方自治法（昭和22年法律第67号）第1条の2第2項）として、地方自治法上の国と地方の役割分担の観点から、国が担うべき役割であると考えられます。

3　また、今回の改正に至る過程では、地方公共団体の意見を丁寧に聴いて検討を行っていることや(注)、改正後も、地域の特性に照らし特に必要がある場合には、条例で独自の保護措置を講じることができること（Q57参照）からも、今回の改正は、地方分権の流れに逆行するものではないと考えられます。

(注)　令和2年3月から12月にかけて開催された検討会では、地方三団体（全国知事会、全国市長会、全国町村会）に対して複数回のヒアリングを行うとともに、全ての都道府県・市区町村を対象とした書面による意見調査を実施するなど、地方公共団体の意見を丁寧に聴いて検討を行いました。

Q45 地方公共団体等に適用される「全国的な共通ルール」とはどういう意味ですか。ミニマムスタンダード（最低水準）という意味ですか、それともそれ以上の意味を含むのですか。

A 1　今回の改正は、地方公共団体等における個人情報の取扱いについて、

① 個人情報保護条例を定めていない団体や、条例を定めていても、必ずしも十分な規律とはなっていない団体もあること(注)を踏まえ、保護水準の底上げを図ること

② 1700以上ある団体のそれぞれが、個人情報保護について異なる規律やその解釈を採用していることに起因する、データ連携における支障を解消すること

の双方を目的とするものです。

2　したがって、地方公共団体等に適用される改正後の個人情報保護法の規定は、

① 個人情報保護の全国的な最低水準（ミニマムスタンダード）を設定するだけでなく、

② 保護と利活用の適正なバランスを実現するための標準的なルールを定める

ものです。

(注)　個人情報保護委員会事務局が令和2年5月に公表した調査によると、個人情報保護条例を制定していない一部事務組合等が613団体存在しています。また、同調査によると、本人による利用停止請求に係る規定を置いていない市区町村が2.9%、個人情報の漏えい等に対する罰則規定を置いていない市区町村が24.5%存在しています。

Q46　地方公共団体等に適用される共通ルールの内容が、現行の行政機関個人情報保護法をベースとしたものとなっているのは、どのような理由によるものですか。

A　1　地方公共団体等は国の行政機関と同じ公的部門の主体であり、法令上の事務の遂行に必要かどうかを重視する公的部門の規律に適合的であることから、現行の行政機関個人情報保護法をベースとした規律を共通ルールとして適用するものです。

2　現行の行政機関個人情報保護法の規律は、平成17年の法施行以来、約15年間にわたり、個人の権利利益の保護と個人情報の有用性との調和の観点から、安定的に運用されてきたものであり、これを、地方公共団体等を含む公的部門の共通ルールとして適用したとしても、個人の権利利益の保護に欠けるところはないと考えられます。

3　また、現在、地方公共団体の中には、個人情報保護条例を定めていない団体や、条例を定めていても、必ずしも十分な規律とはなっていない団体も見られますが、今回、これらの団体も含め、法律で共通ルールを設定することで、保護水準の全国的な底上げが図られることになります。

4　なお、後述のように、地方公共団体は、地域の特性に照らし特に必要がある場合には、法律上の共通ルールに加えて、条例で独自の保護措置を置くことも可能です（Q57参照）。

Q47　改正後の公的部門の共通ルールには、既存の個人情報保護条例の内容がどのように反映されていますか。

A　1　改正後の公的部門の共通ルールの内容は、現行の行政機関個人情報保護法をベースにしつつ、いくつかの点で、現行の個人情報保護条例の規定を反映したものとなっています。

2　具体的には、改正後の公的部門の共通ルールにおいて、

①　派遣労働者が個人情報を取り扱う場合や再委託先で個人情報を取り扱う場合を安全管理措置義務等の対象として明記した点（第66条第2項第5号、第67条、第121条第3項、第122条、第176条、第180条）

②　保有個人情報の提供を受ける者に対する措置要求の対象として目的内提供の場合を明記した点（第70条）

③　任意代理人による開示等請求を認めることとした点（第76条第2項、第90条第2項、第98条第2項）

は、現行の個人情報保護条例の規定を取り込んだものです（Q74、Q78、Q79参照）。

Q48

現行の個人情報保護条例の多くが、個人情報を記録したデータベースの外部とのオンライン結合を制限する趣旨の規定（オンライン結合制限規定）を置いていますが、改正後の公的部門の共通ルールでは同様の規定を置いていないのは、どのような理由によるものですか。

A　1　オンライン結合制限規定の趣旨は、情報管理の安全性を確保する点にあると考えられますが、近年の情報通信技術の進展を踏まえると、情報管理の安全性の水準がオンラインであるかオフラインであるかで決まると考えることに合理的な理由は見出せなくなっています。

2　民間部門においては、情報管理の効率性を実現する観点から、機微性の高い情報についても十分なセキュリティ対策を採りつつクラウドサービス等の積極的な活用を図ることが一般化しており、公的部門においてもこれと異なる考え方を採る理由はないと考えられます。

3　このため、改正後の公的部門の共通ルールでは、オンライン結合制限規定は設けておらず、情報管理の安全性は、安全管理措置義務の遵守を通じて、オンライン・オフラインを問わず、図ることとしています。

Q49

民間部門では要配慮個人情報の取得を制限する趣旨の規定（要配慮個人情報の取得制限規定）を置いていますが、改正後の公的部門の共通ルールでは同様の規定を置いていないのは、どのような理由によるものですか。

A　1　民間部門においては、個人情報の取得については自由に行い得ることが原則とされており、他の個人情報取扱事業者から個人データを取得する場合についても、一定の条件の下、本人の事前同意なくオプトアウトで取得することが認められています。

2　民間部門における要配慮個人情報の取得制限規定は、このような個人情報一般に対する規律の特則として、要配慮個人情報については、本人の事前同意（オプトイン）がない限り、取得を認めないこととしているものです（第20条第2項、第27条第2項）。

3　これに対し、公的部門においては、元々、法令上の事務の遂行に必要な個人情報しか取得することが認められていないため（第61条第1項及び第2項）、特定の種類の個人情報の取得について重ねて制限規定を置く意義は乏しいと考えられます。

4　このため、改正後の公的部門の共通ルールでは、現行の行政機関個人情報保護法等と同様、要配慮個人情報の取得制限規定は置いておらず、代わって、どのような要配慮個人情報を取得しているかを個人情報ファイル簿に明記することを行政機関等に義務付け、国民・本人に対する情報利用の透明性を確保することとしています（第74条第1項第6号、第75条第1項）。

Q50

現行の個人情報保護条例の多くが、要配慮個人情報の取得制限規定を置いていますが、改正後の公的部門の共通ルールでは同様の規定を置いていないのは、どのような理由によるものですか。

A

1　Q49 で述べたように、公的部門においては、元々、法令上の事務の遂行に必要な個人情報しか取得することが認められていないため（第 61 条第 1 項及び第 2 項）、特定の種類の個人情報の取得について重ねて制限規定を置く意義に乏しいと考えられます。

2　また、現行の個人情報保護条例における要配慮個人情報の取得制限規定も、要配慮個人情報の取得を一律に禁止するのではなく、法令上の事務の遂行に必要な場合等には要配慮個人情報の取得を認める内容となっており、「法令上の事務の遂行に必要な個人情報しか取得することができない」という公的部門の個人情報一般についての規律と実質的に同じ趣旨の規律となっています。

3　このため、規律の重複を排除する観点から、改正後の公的部門の共通ルールでは、現行の行政機関個人情報保護法等と同様、要配慮個人情報の取得に特化した規定は置いていません。

Q51

現行の個人情報保護条例の多くが、個人情報を本人以外の者から間接的に取得することを制限する趣旨の規定（本人からの直接取得原則規定）を置いていますが、改正後の公的部門の共通ルールでは同様の規定を置いていないのは、どのような理由によるものですか。

A

1　ある者（Aとします）が本人（Bとします）の個人情報を本人以外の者（Cとします）から間接的に取得することは、CがAに対してBの個人情報を第三者提供することに他なりません。

2　改正後の個人情報保護法では、現行法と同様、個人情報取扱事業者に対して、本人の同意のない個人データの第三者提供を原則として禁止しています（第27条第1項）。個人情報取扱事業者が国や地方公共団体の事務の遂行に協力する場合には、例外的に、本人の同意のない個人データの提供が認められることもありますが、その場合でも、「本人の同意を得ることにより当該事務の遂行に支障を及ぼすおそれがある」ことが要件とされています（同項第4号）。

3　その一方、現行の個人情報保護条例における直接取得原則規定も、本人以外の者からの間接的な取得を一律に禁止するのではなく、本人の同意がある場合や法令上の事務の遂行に必要な場合等には取得を認める内容となっており[(注1)]、個人データの第三者提供の制限と実質的に同じ趣旨の規律となっています[(注2)]。

4　このため、統一後の法全体としての規律の重複を排除する観点から、改正後の公的部門の共通ルールでは、本人からの直接取得原則に相当する規定は置いていません。

（注1）　現行の個人情報保護条例における直接取得原則規定は、他の行政機関等から個人情報を取得する場合も一定の要件の下で制限の例外としています。

（注2）　個人情報取扱事業者が第27条に違反して個人データを行政機関等に提供した場合、当該違反の事実を知りつつ個人データを受領した行政機関等は第64条（適正な取得）に違反したことになります。また、提供元で個人データに該当しない個人情報（いわゆる散在情報）の提供・取得については、第27条の適用はありませんが、その場合でも、行政機関等は、法令上の事務の遂行に必要な個人情報しか取得することが認められません（第61条第1項及び第2項）。

Q52

現行の個人情報保護条例の中には、保有個人情報の開示請求を経ずに訂正請求や利用停止請求を行うことを認めるものもありますが、改正後の公的部門の共通ルールでは開示請求を経てから訂正請求や利用停止請求を行う仕組みとしているのは、どのような理由によるものですか。

A 1 公的部門では、国の安全や他国との信頼関係の確保、公共の安全と秩序の維持等の理由により、保有している個人情報の内容や保有の事実を、たとえ本人に対してであっても秘匿すべき場合があります。そうした中、開示請求がなされた場合に不開示となる情報について訂正請求や利用停止請求を認めると、結果として、当該情報が開示されたのと同じ効果をもたらし得ることになります。

2 また、開示請求を経ずに訂正請求や利用停止請求を行うことを認めると、請求された情報が開示対象となる情報かどうか等を法定外の手続で判断する必要が生じ、制度の安定性を損なうことにもなります。

3 このため、改正後の公的部門の共通ルールでは、現行の行政機関個人情報保護法等の規定を引き継ぎ、行政機関等に対する保有個人情報の訂正請求や利用停止請求は、開示請求を経て開示された情報を対象として行う仕組みとしています。

4 なお、現行の個人情報保護条例の中には、開示請求を経ずに訂正請求や利用停止請求を行うことを認めているものもありますが、それらの条例も、「当該訂正等の請求に係る保有個人情報が存在しているか否かを答えるだけで、不開示情報を開示することとなるときは、……当該訂正等の請求を拒むこと」を認める旨を規定している場合があるなど（例：神奈川県個人情報保護条例）、開示請求がなされた場合に不開示となる情報についてまで、訂正請求や利用停止請求を認める趣旨では必ずしもないと考えられます。

Q53 改正後の公的部門の共通ルールでは、地方議会が各種義務の適用対象に含まれていないのは、どのような理由によるものですか。

A 1　現行の行政機関個人情報保護法は、国会や裁判所の自律権を尊重する観点から、国会や裁判所を法の適用対象としていません。同様の趣旨は、地方議会にも妥当すると考えられるため、改正後の公的部門の共通ルールでは、地方議会を、第5章の各種義務の適用対象とはしていません(注)。

2　なお、地方議会が、自らが保有する個人情報について必要な規律を定めることは、自律権の行使として当然に可能であり、その内容を条例で定めることも妨げられません（Q60参照）。現在、大半の地方公共団体が地方議会を個人情報保護条例の対象としていることを踏まえると、引き続き、条例等により、法律の規定に準じた自律的な措置が講じられることが期待されます。

（注）国会や裁判所、地方議会も、第2章及び第3章の責務規定等の対象とはなります。

Q54

現在、多くの地方公共団体が、個人情報の取扱いの判断を、審議会等に諮問を行った上で決定していますが、改正法の施行後は、こうした意思決定プロセスはどのように変わるのですか。

A

1　改正後の個人情報保護法では、地方公共団体における個人情報の取扱いに関する規律は、個人情報保護法に共通ルールとして規定され、その解釈は個人情報保護委員会が一元的に担うことになります。

2　このため、各地方公共団体は、個人情報の取扱いについて不明な点があるときは、多くの場合、個人情報保護委員会が策定するガイドライン等を参照したり、個人情報保護委員会に対して助言等を求めたりすることで、当該不明な点を解消することができるものと考えられます。

3　その結果、地方公共団体が個別の個人情報の取扱いの判断について審議会等に諮問する必要性は、現在よりも低下するものと考えられます。

Q55

改正後の個人情報保護法では、地方公共団体の長等が個人情報の取扱いについて審議会等に諮問することは認められないのですか。第129条（地方公共団体に置く審議会等への諮問）はどのような趣旨の規定ですか。

A　1　審議会等への諮問は、地方公共団体の機関の間で行われる内部手続であり、改正法の施行後も、地方公共団体の長等が、意思決定に際して審議会等の意見を聴くこと自体は否定されません。

2　その一方、Q54で述べたような理由から、改正法の施行後は、地方公共団体の長等が個別の個人情報の取扱いについて審議会等に諮問する必要性は低下するものと考えられます。それにもかかわらず、地方公共団体の長等が、従来の慣行を単純に踏襲し、本来必要のない場面で審議会等に諮問する事態が頻発するとすれば、改正法全体の趣旨に照らし、望ましくないとも考えられます。

3　そこで、第129条は、「地方公共団体の機関は……特に必要であると認めるときは、審議会その他の合議制の機関に諮問することができる」と規定し、地方公共団体に対し、改正法全体の趣旨を踏まえ、審議会等への諮問の必要性を改めて精査することを求めています。

第7章　法律と条例の関係

Q56　改正法が施行されると、既存の個人情報保護条例はどうなるのですか。

A　1　各地方公共団体において、改正法の施行(注)までに、既存の個人情報保護条例の全ての規定について、地域の特性等に照らし引き続き存置する必要があるものと、それ以外のものを棚卸しした上で、必要な規定の改廃を行うことになります。

2　例えば、既存の個人情報保護条例の規定のうち、改正後の個人情報保護法と実質的に同趣旨のものは、存置する必要がなくなることから、各地方公共団体において、改正法の施行までに廃止することになります。

3　また、既存の個人情報保護条例の規定のうち、改正後の個人情報保護法の内容と矛盾・抵触するものや、改正法の趣旨に適合しないものについても、各地方公共団体において、改正法の施行までに廃止することになります。

4　なお、既存の個人情報保護条例の規定のうち、改正後の個人情報保護法の罰則規定と同じ行為を処罰するものについては、二重処罰禁止の観点から、改正法の施行と共に失効させることとしています（改正法附則第10条第1項）。

(注)　地方公共団体等に適用される部分については、公布の日から起算して2年を超えない範囲内において、政令で定める日（令和5年春頃を想定）から施行されます。

Q57　改正後の個人情報保護法の下では、どのような事項について、条例で定めることができるのですか。

A　1　地方公共団体は、「法律の範囲内で条例を制定することができる」とされており（憲法第 94 条）、改正後の個人情報保護法の下における条例の制定についても、この基本的な考え方に即して判断されることになります。

2　今回の改正は、全ての地方公共団体等に適用される全国的な共通ルールを法律で規定するものであり、この共通ルールは、個人情報保護の全国的な最低水準を設定するだけでなく、保護と利活用の適正なバランスを実現するための標準的なルールを定めるものでもあります（Q45 参照）。

3　このような法全体の趣旨に照らせば、改正後の個人情報保護法においては、

①　条例で、法律上の共通ルールよりも保護の水準を弱めることは、基本的に認められず（Q62 参照）、

②　条例で、法律上の共通ルールよりも保護の水準を高めること（法律にない独自の保護措置を定めること）も、地域の特性に照らし特に必要がある場合に限って、行われるべき（Q59 参照）

ことになります。

4　なお、改正法の施行後も、法律上の共通ルールの変更には当たらない事項（例：法の実施のための細則や、団体内部の手続的事項）については、条例で、各地方公共団体が必要と考える事項を規定することができます（Q60 参照）。

（参考） 改正後の個人情報保護法における法律と条例の関係

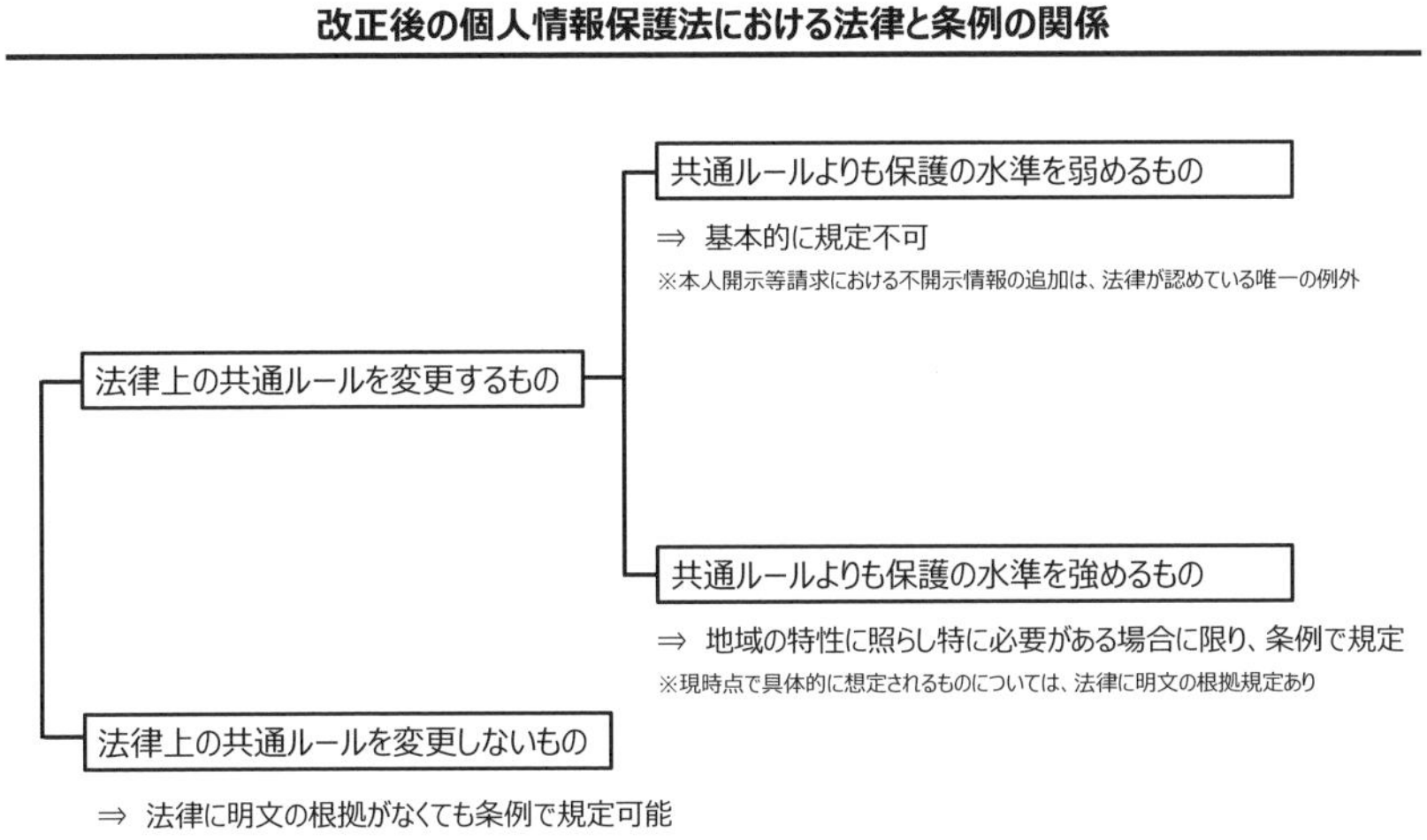
改正後の個人情報保護法における法律と条例の関係
法律上の共通ルールを変更するもの
共通ルールよりも保護の水準を弱めるもの
⇒ 基本的に規定不可
※本人開示等請求における不開示情報の追加は、法律が認めている唯一の例外
共通ルールよりも保護の水準を強めるもの
⇒ 地域の特性に照らし特に必要がある場合に限り、条例で規定
※現時点で具体的に想定されるものについては、法律に明文の根拠規定あり
法律上の共通ルールを変更しないもの
⇒ 法律に明文の根拠がなくても条例で規定可能

Q58　我が国の個人情報保護法制が地方公共団体の先進的な取組により主導されてきた経緯を踏まえれば、条例による独自の保護措置は、「地域の特性に照らし特に必要がある場合」だけではなく、もっと広く行われるべきではないでしょうか。

A　1　我が国の個人情報保護法制が地方公共団体の先進的な取組により主導されてきたのは紛れもない事実であり、今後も、法の施行のためのガイドライン等の策定や法の定期的な見直しにおいては、住民に密着した行政を行う地方公共団体の意見や提案を積極的に反映していくことが重要です。

2　その一方、

○　個人情報保護は、憲法上の人権とも密接に関連した、個人の権利利益を保護するための普遍的な要請であり、その内容や程度について地域差があるとは一般的には考え難いこと

○　条例による独自の保護措置が無限定に行われると、「保護と利活用の適正なバランスを実現するための全国的な共通ルールを設定する」という法全体の趣旨が損なわれるおそれがあること

から、条例による独自の保護措置は、「地域の特性に照らし特に必要がある場合」に限り行われるべきものと考えられます。

Q59 「地域の特性に照らし特に必要がある場合」に該当するものとして条例で定めることができる独自の保護措置としては、どのようなものが想定されますか。

A　1　「地域の特性に照らし特に必要がある場合」として条例で定めることができる独自の保護措置としては、具体的には、

○　地域の特性に照らし特に配慮が必要と考えられる個人情報を、当該団体において、要配慮個人情報と同様に取り扱うことや

○　当該団体の情報公開条例との整合性を確保するため、本人からの開示等請求における不開示情報の範囲を修正すること

等が想定され、これらについては、法律に明文の根拠規定を置いています（第60条第5項、第78条第2項）。

2　また、本人からの開示等請求等における手数料については、「実費の範囲内」等の一定の制約の下で、条例で、各地方公共団体の実情に応じた額を設定することができます（第89条第2項、第119条第3項・第4項）。

3　なお、現行の個人情報保護条例には無い独自の保護措置を、改正法の施行後、地方公共団体が新たに定めようとする場合には、その可否は、「地域の特性に照らし特に必要がある場合」かどうかという一般的基準に照らし、個別に判断されることになります。

Q60 「法律上の共通ルールの変更には当たらない事項」として条例で定めることができる事項としては、どのようなものが想定されますか。

A　1　改正法の施行後も、法律上の共通ルールの変更には当たらない事項については、明文の根拠規定が無くとも、条例で、各地方公共団体が必要と考える事項を規定することができます。

2　具体的には、例えば、以下の事項が「法律上の共通ルールの変更には当たらない事項」に該当します。

①　法の実施のための細則

②　団体内部の手続的事項（例：首長に対する報告義務を規定すること）

③　具体的な法的効果を伴わない理念的事項（例：具体的な法的効果を伴う権利としてではなく、純粋に理念的な事項として、「自己情報コントロール権の尊重」を規定すること）

④　地方議会の自律権に属する事項

⑤　個人情報保護以外の観点から定められる事項

Q61

個人情報取扱事務登録簿の作成・公表に関する事項や本人からの開示等請求の手続に関する事項を条例で定められるとする規定（第 75 条第 5 項、第 108 条）は、どのような趣旨の規定ですか。

A　1　個人情報取扱事務登録簿の作成・公表に関する事項や、本人からの開示等請求の手続に関する事項は、対外的な効果を持つという意味で、団体内部の手続的事項とは言い切れない部分があります。

2　そこで、確認的意味も込めて、これらの事項については条例で定められることを法律上明記しているものです。

（参考）　条例で規定することが想定される事項

条例で規定することが想定される事項

1．法律に明文の委任根拠があるもの　⇒届出義務の対象

①「条例要配慮個人情報」の内容（60条5項）
② 個人情報取扱事務登録簿の作成・公表（75条5項）
③ 本人開示等請求等における手数料（89条2項、119条3項・4項）
④ 本人開示等請求における不開示情報の追加・縮減（78条2項）
⑤ 本人開示等請求における手続（108条、107条2項）
⑥ 審議会等への諮問（129条）

2．共通ルールの内容を変更しないもの　⇒⑤以外は届出義務の対象

（例）
① 法の実施のための細則
② 団体内部の手続的事項
例：首長に対する報告義務を規定すること
③ 具体的な法的効力を伴わない理念的事項
例：純粋に理念的な事項として、「自己情報コントロール権の尊重」を規定すること
④ 地方議会の自律権に属する事項
⑤ 個人情報保護以外の観点から定められる事項
例：行政運営の公開性を確保する観点から、死者に関する情報の遺族等への開示手続について規定すること

3．その他、地域の特性に照らし特に必要な事項　⇒届出義務の対象

※ 現時点で具体的に想定しているものはない

Q62 本人からの開示等請求における不開示情報を条例で追加すると、法律上の共通ルールよりも個人情報保護の水準を緩和することになるのではないでしょうか。

A 1　条例で本人からの開示等請求における不開示情報を追加することは、形式的には「法律上の共通ルールよりも保護の水準を緩和すること」になりますが、各地方公共団体の情報公開制度との整合性を確保する観点から、一定限度でこれを許容する規定を置いています（第78条第2項）。これは、「条例で法律上の共通ルールよりも保護の水準を緩和することは認められない」という準則に対して法が認めた唯一の例外です。

2　この場合も、条例で追加できる不開示情報は、「行政機関情報公開法第5条に規定する不開示情報に準ずる情報」に限られており、法律の枠外で自由に不開示情報を追加することを認めるものではないので、個人の権利利益の保護に欠けることはありません。

3　なお、「行政機関情報公開法第5条に規定する不開示情報に準ずる情報」かどうかは、改正後の個人情報保護法を所管する個人情報保護委員会が、必要に応じ、行政機関情報公開法を所管する総務省に照会した上で、判断することになると考えられます。

Q63 改正後の個人情報保護法において、地方公共団体が、区域内の個人情報取扱事業者に対して、条例で、法律の規定を超える義務を課すことはできますか。

A 1 改正後の個人情報保護法の規定は、個人情報取扱事業者に対しては、個人情報の保護と利活用の適正なバランスを実現するためのルールを全国統一的に定めるものです。

2 このため、地方公共団体が、区域内の個人情報取扱事業者に対して、法律の規定を超える義務を課すことは、法律の趣旨に反し、認められないと考えられます。

Q64　個人情報の保護に関する条例の届出義務（第167条）はどのような趣旨の規定ですか。また、どのような条例の規定が届出義務の対象になるのですか。

A　1　条例による独自の保護措置等が無限定に行われると、「保護と利活用の適正なバランスを実現するための全国的な共通ルールを設定する」という法全体の趣旨が損なわれるおそれがあります。このため、地方公共団体が条例で独自の保護措置等を定めた場合、その内容が法律の趣旨に適合したものであることを、改正後の個人情報保護法を所管する個人情報保護委員会が確認できるようにしておく必要があります。

2　そこで、第167条は、地方公共団体が「個人情報の保護に関する条例」を定めたときは、遅滞なく、その旨及びその内容を個人情報保護委員会に届け出なければならない旨を定めています[(注)]。

3　届出義務の対象は、「個人情報の保護に関する条例」の規定全般です。法律に個別の委任根拠を持つ条例の規定（例：「条例要配慮個人情報」の内容を定める規定）だけでなく、法律に個別の委任根拠を持たない条例の規定も、当該規定が、第5条の「必要な施策」又は第12条から第14条までの「必要な措置」を定めるものと解される場合には、全て「この法律の規定に基づき」定められたものとして、届出義務の対象となります。

4　その一方、条例の規定が、個人情報保護以外の観点から定められた場合は、当該規定は、「個人情報の保護に関する条例」には該当せず、届出義務の対象にはなりません。

5　なお、個人情報保護条例の一覧性を高め、関係者の利便性の向上を図る観点から、個人情報保護委員会は、届出のあった条例の内容をインターネット等で公表することとしています。

（注）　条例の届出は改正法の施行の前から行うことが可能です（改正法附則第8条第2項）。既存の個人情報保護条例の規定のうち、各団体における棚卸しの結果、引き続き存置する必要があると整理されたものについては、改正法の施行日までに届出が完了することを想定しています。

第8章　個人情報保護委員会の権限等

Q65　今回の改正の前後で、個人情報保護委員会の監視監督の対象はどのように変わるのですか。

A　1　現行制度では、民間事業者における個人情報及び匿名加工情報の取扱いについては個人情報保護委員会が監督を行っていますが、国の行政機関及び独立行政法人等における個人情報の取扱いについては総務省が制度（行政機関個人情報保護法等）を所管しており、個人情報保護委員会は、国の行政機関及び独立行政法人等に関しては非識別加工情報（改正後は匿名加工情報）の取扱いのみを監視しています。また、地方公共団体等における個人情報及び匿名加工情報の取扱いについては、外部の監視機関は存在せず、各地方公共団体が自ら規律する体制となっています。ただし、マイナンバーを含む個人情報（特定個人情報）の取扱いに関しては、民間事業者、国の行政機関、独立行政法人等、地方公共団体等の全てについて、個人情報保護委員会が監視監督を行っています。

2　改正後は、個人情報保護委員会が、民間事業者、国の行政機関、独立行政法人等、地方公共団体等の全てにおける個人情報及び匿名加工情報の取扱いを監視監督することになり、我が国全体における個人情報等の取扱いを一元的に監視監督することとなります。

（参考）　個人情報保護委員会による一元的な監督体制の確立

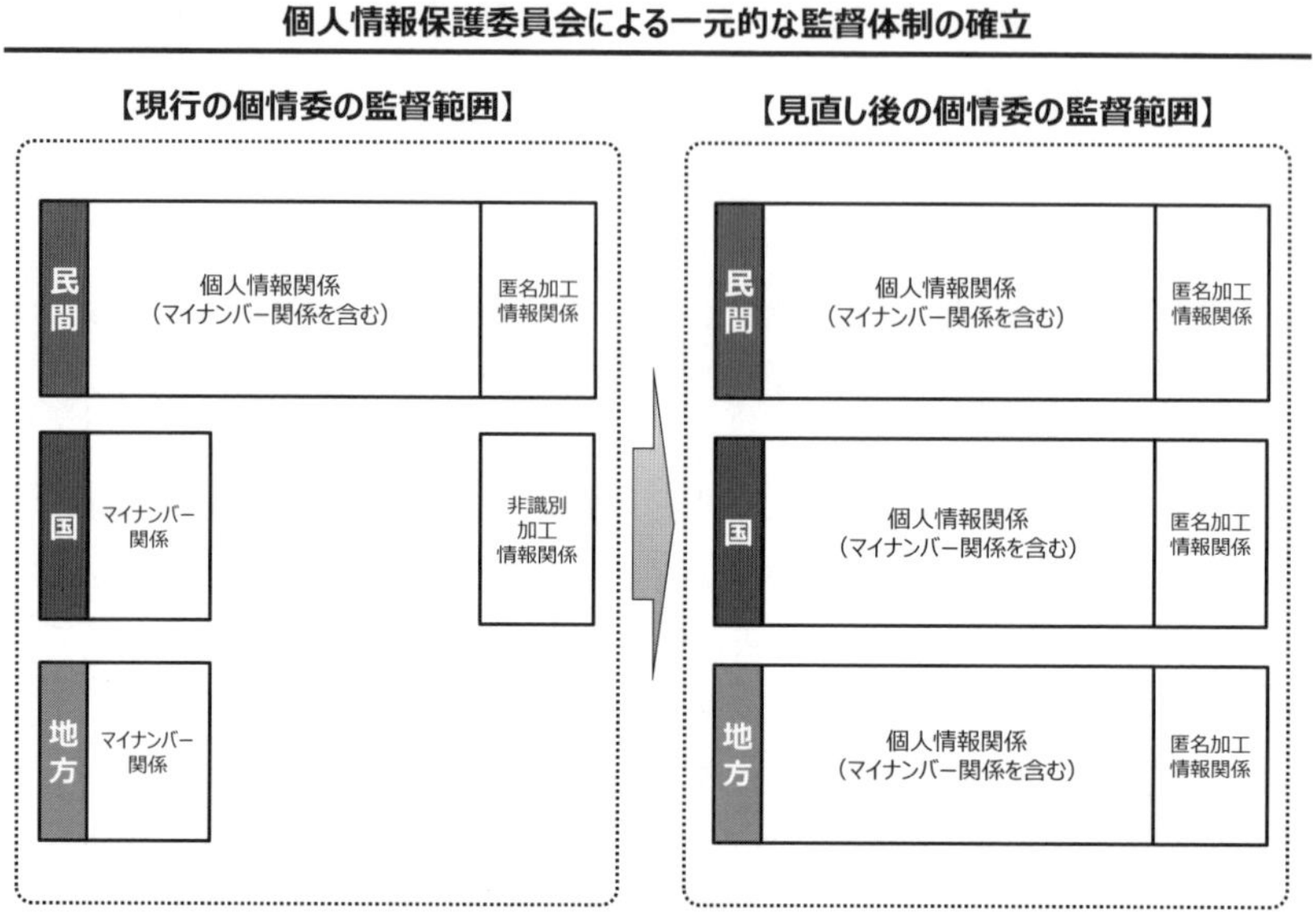

Q66 改正後の個人情報保護法において、個人情報保護委員会は行政機関等に対してどのような監視権限を持つのですか。

A 1 改正後の個人情報保護法において、個人情報保護委員会は、国の行政機関、独立行政法人等及び地方公共団体等に対し、以下の監視権限を有します(注1)。

① 法の施行状況について報告を求める権限(第165条)

② 資料の提出及び説明を求め、個人情報保護委員会の職員に実地調査をさせる権限(第156条)

③ 指導及び助言を行う権限(第157条)

④ 勧告を行う権限(第158条及び第159条)

2 これらの権限は、基本的に、個人情報保護委員会が民間事業者に対して有する監督権限(報告要求及び立入検査、指導及び助言、勧告及び命令)と同様の内容を規定しようとしたものですが、その対象が対等の立場にある他の行政機関であること等(注2)から、他の制度との均衡を踏まえ、

○ 罰則による担保のある立入検査を罰則による担保のない実地調査とし、

○ 違反に対して罰則が科される命令については規定しない

こととしたものです(注3)。

3 ただし、会計検査院については、その憲法上の地位に鑑み、法の施行状況を把握するための報告要求(上記1の①)を除き、個人情報保護委員会による監視権限は及ばないこととしています(第156条)。

(注1) ただし、規律移行法人等は、「個人情報取扱事業者」とみなされるため、個人情報保護委員会が民間事業者に対して有する監督権限(報告要求及び立入検査、指導及び助言、勧告及び命令)と同様の監督権限に服します。

(注2) 地方公共団体等については、地方公共団体に対する国の関与に関する地方自治法上の一般原則との整合性を図り、地方自治への過度の干渉を避ける観点から、立入検査及び命令を規定していません。また、独立行政法人等については、主務大臣が業務全般の監督権限を有することに配慮するとともに、公的部門の規律における監視権限の統一を図る観点から、立入検査及び命令を規定していません。

(注3) これらの権限は、現行の行政機関個人情報保護法において個人情報保護委員会

が行政機関における非識別加工情報の取扱いについて有する監視権限を、行政機関等における個人情報等の取扱い全般を対象としたものに拡張したものであり、本文で述べた考え方は、国の行政機関との関係では、平成28年行政機関個人情報保護法改正法における整理を踏襲したものです。

（参考）　改正後の個情委の監視監督権限

改正後の個人情報保護委員会の監視監督権限

<table>
<tr><th></th><th></th><th>現行</th><th>改正後</th></tr>
<tr><td rowspan="4">報告徴収</td><td>民間事業者</td><td>個情委による報告、資料提出の求め</td><td rowspan="4">個情委による報告、資料提出の求め</td></tr>
<tr><td>行政機関</td><td>総務大臣による資料提出・説明の要求</td></tr>
<tr><td>独立行政法人等</td><td>—</td></tr>
<tr><td>地方公共団体等</td><td>—</td></tr>
<tr><td rowspan="4">立入検査</td><td>民間事業者</td><td>個情委による立入検査</td><td>個情委による立入検査</td></tr>
<tr><td>行政機関</td><td>—</td><td rowspan="3">個情委による実地調査</td></tr>
<tr><td>独立行政法人等</td><td>—</td></tr>
<tr><td>地方公共団体等</td><td>—</td></tr>
<tr><td rowspan="4">指導・助言等</td><td>民間事業者</td><td>個情委による指導・助言</td><td rowspan="4">個情委による指導・助言</td></tr>
<tr><td>行政機関</td><td>総務大臣による意見の陳述</td></tr>
<tr><td>独立行政法人等</td><td>—</td></tr>
<tr><td>地方公共団体等</td><td>—</td></tr>
<tr><td rowspan="4">勧告・命令</td><td>民間事業者</td><td>個情委による勧告・命令</td><td>個情委による勧告・命令</td></tr>
<tr><td>行政機関</td><td>—</td><td rowspan="3">個情委による勧告</td></tr>
<tr><td>独立行政法人等</td><td>—</td></tr>
<tr><td>地方公共団体等</td><td>—</td></tr>
</table>

※　独立行政法人等及び地方公共団体等のうち、規律移行法人等は、改正後は、「個人情報取扱事業者」とみなされるため、個人情報保護委員会が民間事業者に対して有する監督権限（報告及び立入検査、指導及び助言、勧告及び命令）と同様の監督権限に服する。

Q67 今回の改正で、個人情報保護委員会の権限として、行政機関に対する立入検査や命令を規定しなかったのは、どのような理由によるものですか。

A　1　個人情報保護委員会は、職権行使について高度の独立性を有する機関ですが、我が国の行政組織の体系上は内閣府の外局であり、内閣の下、他の行政機関と基本的に対等の立場にあります。個人情報保護委員会と他の行政機関とは、上級・下級の指揮命令関係にあるものではなく、個人情報保護委員会が他の行政機関に対して立入検査や命令を行うことは、我が国の行政組織の基本的な体系と整合しないものと考えられます。このため、今回の改正では、行政機関に対する立入検査や命令については規定していません(注1)。

2　その一方、今回の改正では、個人情報保護委員会が行政機関に対して実地調査及び勧告を行い得ることとしており、

○　実地調査は、違反に対して罰則が科されない点を除けば、立入検査と同じものであること(注2)

○　個人情報保護委員会の勧告は、独立規制機関の意見として当然に尊重され、行政機関が勧告に従わない事態は想定されないこと(注3)

から、行政機関に対する監督の実効性に欠けることはないと考えられます(注4)。

(注1)　マイナンバー法では、特定個人情報を取り扱う主体を官民問わずに一種の事業者と捉え、これを規律の対象としています。このため、民間事業者と行政機関が条文上区別されず、結果として、行政機関に対しても立入検査や命令の権限が及ぶ形となっていますが、例えば、命令に従わなかった行政機関に対して罰則を科すことが想定されている訳ではありません。

(注2)　万が一、行政機関が実地調査に協力しない場合、個人情報保護委員会が行政機関に対して勧告を行うことになると考えられます。

(注3)　万が一、行政機関が勧告に従わない場合、最終的には、内閣の首長たる内閣総理大臣の指示により、行政全体としての個人情報の取扱いの統一が図られるものと考えられます（最判平成7年2月22日刑集49巻2号1頁参照)。

(注4)　一般に、勧告と命令の相違は法的強制力の有無に求められ、法的強制力は違反

に対する何らかの法的制裁によって担保されるものと考えられます。行政機関は、権利義務の帰属主体ではなく、固有の財産を持たないため、これに対して罰金等の罰則を科すことは考えられません。また、一般に、組織内における指揮命令の強制力は懲戒・罷免等の人事権の行使によって担保されるものですが、行政機関の長の人事権を個人情報保護委員会に帰属させることは我が国の行政組織の基本的な体系と整合しません（憲法第68条等参照）。そうすると、仮に条文上、個人情報保護委員会による行政機関に対する「命令」権限を規定したとしても、当該「命令」への違反に対して勧告違反と有意に異なる法的効果を付与することは困難であると考えられます。

Q68　今回の改正の前後で、情報公開・個人情報保護審査会の役割は変化するのですか。また、情報公開・個人情報保護審査会と個人情報保護委員会はどのような関係に立つのですか。

A　1　今回の改正では、個人情報保護法制上の開示決定等についての不服審査と情報公開法制上の開示決定等についての不服審査とを整合的に処理する必要性等を重視し、現行の情報公開・個人情報保護審査会の機能を基本的に維持することとしています（第5章第4節第4款）。

2　ただし、改正後は、行政機関等による個別の開示決定等の当否についても個人情報保護委員会による監視監督が及ぶことから、個人情報保護委員会は、特に必要と認める場合には、開示決定等の当否について、行政機関等に対して勧告を行い得ることとなります（第158条）。

3　この場合の個人情報保護委員会による勧告は、情報公開・個人情報保護審査会における審議結果を踏まえ行われる必要があることから、行政機関等は、情報公開・個人情報保護審査会への諮問の内容とそれに対する答申の内容を個人情報保護委員会へ共有することとしています。

4　情報公開・個人情報保護審査会と個人情報保護委員会との連携等の具体的な在り方については、個人情報保護委員会が策定するガイドライン等の中で、明らかにされるものと考えられます。

5　地方公共団体等の審査会（注1）と個人情報保護委員会との関係についても、同様の整理です（注2）。

（注1）　改正法の施行後は、地方公共団体等が行う開示決定等についての不服審査は、「行政不服審査法第81条第1項又は第2項の機関」において行われることになりますが（第105条第3項）、現行の個人情報保護条例に基づく審査会をこのような機関として位置付けることは可能であり、今回の改正によって、別の諮問機関を改めて設置する必要が生じるものではありません。

（注2）　今回の改正の結果、地方公共団体等が行う開示決定等の処分は、「条例に基づく処分」から「法律に基づく処分」へと行政不服審査法（平成26年法律第68号）上の位置付けが変わりますが、従来の個人情報保護条例に基づく運用が基本的に維持できるよう、改正後の個人情報保護法において、行政不服審査法の特例を規定しています（第106条）。

（参考）　行政機関等の開示決定等への不服申立ての扱い

行政機関等の開示決定等への不服申立ての扱い

- 個人情報保護法上の開示決定等についての不服審査と情報公開法上の開示決定等についての不服審査とを整合的に処理する必要性から、**一元化後も、情報公開・個人情報保護審査会の機能を基本的に維持**する。
- ただし、一元化後は、行政機関等による開示決定等の当否についても個人情報保護委員会による監視・監督を及ぼす必要があることから、**個人情報保護委員会は、特に必要と認める場合には、開示決定等の当否について、行政機関等に対して勧告**を行い得ることとする。
- 個人情報保護委員会による上記勧告は、情報公開・個人情報保護審査会における審議結果を踏まえ行われる必要があることから、審査会への諮問の内容とそれに対する答申の内容を個人情報保護委員会へ共有する。

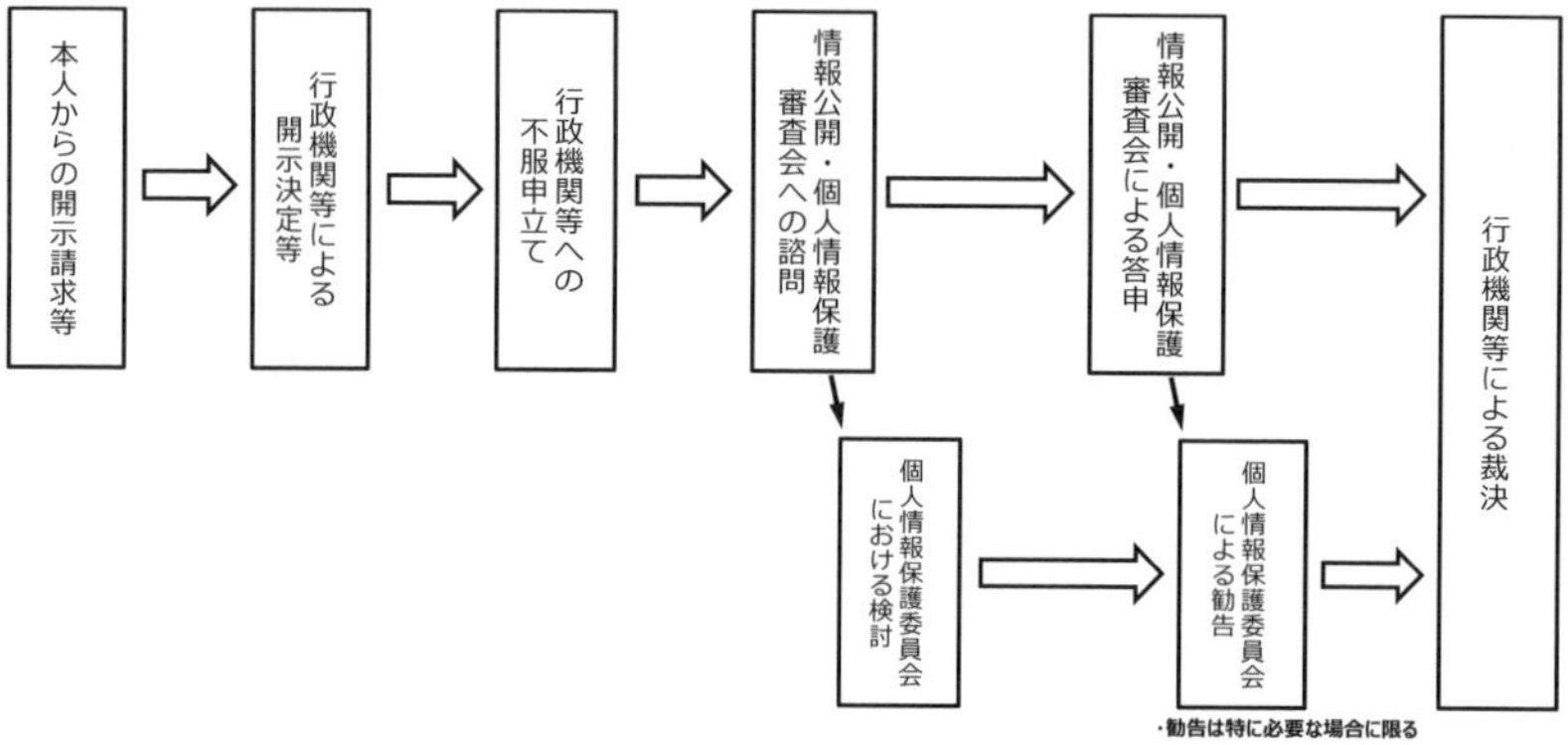

Q69　従来の行政機関個人情報保護法等の解釈は、改正後の個人情報保護法の解釈として引き継がれるのですか。

A　1　今回の改正は、行政機関個人情報保護法等が定める規律の具体的内容を大きく変更するものではなく、各規律の趣旨を変更するものでもありません。

2　したがって、従来の行政機関個人情報保護法等の解釈は、改正後の個人情報保護法の解釈として、基本的に引き継がれるものと考えられます。

3　ただし、改正後の個人情報保護法を所管する個人情報保護委員会において、個人情報保護を巡る社会情勢の変化への対応や、官民の個人情報保護法制間の解釈の整合性の向上等の観点から、必要に応じ、解釈の見直しが行われることは、あり得るものと考えられます。

第9章　公的部門における個人情報保護ルールの拡充

Q70　今回の改正で、行政機関等に新たに適用されることになる規律としては、どのようなものがありますか。

A　１　今回の改正では、国や地方におけるデジタル業務改革の進展や官民の枠を越えたデータ利活用の活発化を見据え、公的部門における個人情報保護ルールの拡充を図っています。

２　具体的には、まず、個人情報保護委員会による監視の実効性を確保するため、

① 個人情報保護委員会による報告要求、実地調査、勧告等の権限を明記するとともに（第156条から第160条まで）、

② 漏えい等の報告等に係る制度を創設しています（第68条）。

３　また、官民や地域の枠を越えたデータ流通の活発化に対応するため、

③ 個人情報の「不適正な利用の禁止」及び「適正な取得」に係る規律を明記するとともに（第63条、第64条）、

④ 外国へのデータ移転に係る規律を創設しています（第71条）。

４　更に、今回の改正で公的部門における「個人情報」の定義が変更されることに伴い、

⑤ 匿名加工情報及び仮名加工情報の取扱いに関する義務を創設するとともに（第73条、第121条第１項、第123条）、

⑥ 個人関連情報の提供を受ける者に対する措置要求義務を明記しています（第72条）。

５　最後に、規律の明確化等を図る観点から、既存の個人情報保護条例の内容を反映し、

⑦ 安全管理措置義務等の対象として派遣労働者及び再委託先が含まれることを明記するとともに（第66条第２項第５号、第67条、第121条第３項、第122条、第176条、第180条）、

⑧　保有個人情報の提供を受ける者に対する措置要求の対象として目的内提供の場合を明記し（第70条）、

⑨　任意代理人による開示等請求を許容することとしています（第76条第2項、第90条第2項、第98条第2項）。

Q71　今回の改正で、行政機関に対する規律として個人情報の適正な取得（第 64 条）を明記したのは、どのような理由によるものですか。

A　1　現行制度では、個人情報保護法及び独立行政法人等個人情報保護法には個人情報の不適正な取得を禁止する規定が置かれていますが（改正前の個情法第 17 条第 1 項、独個法第 5 条）、行政機関個人情報保護法にはこれに相当する規定が置かれていません。

2　これは、行政機関による個人情報の取得が適法かつ適正に行われるべきことは憲法上当然に要請されるところであり、また、行政機関の職員に対しては国家公務員法（昭和 22 年法律第 120 号）に基づく法令遵守義務が課せられていることから（国家公務員法第 98 条第 1 項）、あえて明文で個人情報の不適正な取得を禁止する規定を置く必要はないと考えられたためです。

3　しかしながら、今後、公的部門と民間部門の間におけるデータ流通を促進していく上では、民間事業者及び独立行政法人等と同様、行政機関に対しても、明文で不適正な取得を禁止する規定を置くことが、国民の信頼を確保することにつながると考えられます。また、今回、個人情報保護法、行政機関個人情報保護法、独立行政法人等個人情報保護法の 3 法を統合して 1 本の法律にした場合に、行政機関に対してのみ個人情報の不適正な取得を禁止する規定が置かれていないと、無用な誤解を招くおそれもあります。

4　そこで、今回の改正の機に、行政機関に対する規律としても個人情報の不適正な取得を禁止する規定を明文化することとしたものです（第 64 条）。なお、これに伴い、不適正に取得された個人情報の利用停止に係る規定も明記しています（第 98 条第 1 項第 1 号）。

5　「偽りその他不正の手段」の内容としては、例えば、正当な理由なく取得の主体や利用目的について虚偽の情報を示して個人情報を取得すること等が考えられますが、更に具体的な内容については、個人情報保護委員会が策定するガイドライン等の中で明らかにされるものと考えられます。

Q72　今回の改正で、公的部門の規律として不適正な利用の禁止（第63条）を明記したのは、どのような理由によるものですか。

A　1　民間部門では、昨今の急速なデータ分析技術の向上等を背景に、潜在的に個人の権利利益の侵害につながることが懸念される個人情報の利用形態がみられるようになったことから、令和2年個人情報保護法改正法によって、違法又は不当な行為を助長する等の不適正な方法により個人情報を利用してはならない旨の規定が明文化されました（改正前の個情法第16条の2）。

2　公的部門、特に行政機関において不適正な方法により個人情報を利用してはならないことは明文の規定を置くまでもなく当然とも考え得るところですが、Q71で述べたのと同じ理由により、今回の改正の機に、公的部門の規律としても明文化することとしたものです（第63条）。なお、これに伴い、不適正に利用された個人情報の利用停止に係る規定も明記しています（第98条第1項第1号）。

3「違法又は不当な行為を助長し、又は誘発するおそれがある方法」の内容としては、例えば、正当な理由なく本人に対する差別的取扱いを行うために個人情報を利用すること等が考えられますが、更に具体的な内容については、個人情報保護委員会が策定するガイドライン等の中で明らかにされるものと考えられます。

Q73 今回の改正で、公的部門の規律として漏えい等の報告等（第68条）を新設したのは、どのような理由によるものですか。

A　1　民間部門では、令和2年個人情報保護法改正法によって、個人情報の漏えい等が生じた場合の個人情報保護委員会への報告及び本人への通知が、法律上の義務として明記されました。今回の改正の機に、個人情報保護委員会による監視の実効性を確保し、個人の権利利益を適切に保護する観点から、同様の制度を公的部門においても導入することとしたものです（第68条）。

2　ただし、公的部門では、国の安全や他国との信頼関係の確保、公共の安全と秩序の維持等の理由により、保有している個人情報の内容や保有の事実を、たとえ本人に対してであっても秘匿すべき場合があります。そこで、漏えい等した情報に第78条第1項各号に規定する不開示事由に該当する情報が含まれる場合は、本人への通知は要しないこととしています（第68条第2項第2号）。なお、この場合においても、個人情報保護委員会への報告義務は生じるため、必要に応じて個人情報保護委員会が行使する監視権限に従い、行政機関等において所要の措置を講ずる必要があります。

Q74 今回の改正で、保有個人情報の提供を受ける者に対する措置要求（第70条）の対象として目的内提供の場合を明記したのは、どのような理由によるものですか。

A　1　公的部門においては、利用目的の範囲内であれば、本人の同意を得ずとも保有個人情報を外部に提供することが認められています（目的内提供）。この目的内提供の場合に、提供元の行政機関等が提供先における個人情報の利用の在り方について一定の責任を負うことは、制度の趣旨に照らし解釈上当然とも考えられますが、法文上は必ずしも明確ではありませんでした。

2　その一方、現行の個人情報保護条例には、行政機関個人情報保護法第9条（保有個人情報の提供を受ける者に対する措置要求）に相当する規定において、目的内提供の場合にも、必要に応じて提供先に対して措置要求を行うことを求めているものが見られます（例：北海道個人情報保護条例）。そうした中、今回、地方公共団体等における個人情報保護の取扱いについて法律上の共通ルールを設定するに当たり、行政機関個人情報保護法第9条に相当する規定の対象に目的内利用が含まれないと、規律の水準が低下したと受け止められる懸念がありました。

3　そこで、今回の改正の機に、保有個人情報の提供を受ける者に対する措置要求の対象として目的内提供の場合を明記することとしたものです（第70条）。

Q75　今回の改正で、公的部門の規律として外国にある第三者への提供の制限（第 71 条）を新設したのは、どのような理由によるものですか。

A　1　民間部門では、平成 27 年個人情報保護法改正法によって、外国にある第三者に個人データを提供する場合には、原則として、あらかじめ外国にある第三者への提供を認める旨の本人の同意を得なければならないこととされました（改正前の個情法第 24 条）。これに対し、公的部門では、従来、外国にある第三者への保有個人情報の提供に特化した規律は置かれていませんでした。

2　今回、国際的なデータ流通がますます活発化すると予想される中、公的部門を含めた GDPR 十分性認定への対応も将来的な可能性として視野に入れ、公的部門においても、外国にある第三者への保有個人情報の提供に関する規律を置くこととしました。

3　ただし、民間部門では、個人データの第三者提供の可否を原則として本人の同意の有無を基準に判断する規律が採用されているのに対し、公的部門では、保有個人情報の外部提供の可否を原則として利用目的の範囲内かどうかで判断する規律が採用されているという基本的な差異があります。そこで、このような保有個人情報の外部提供に関する一般的な規律との整合性を考慮し、今回の改正では、行政機関等が本人の同意に基づき保有個人情報を外国にある第三者に対して提供する場合について、民間部門に準じた規律を置くこととしたものです（第 71 条）。

4　なお、行政機関等が目的内提供や「特別の理由」に基づく提供として外国にある第三者に保有個人情報の提供を行う場合は、必要に応じて、第 70 条に基づき、当該第三者に対して体制整備を求めることになります。

Q76

今回の改正で、公的部門の規律として個人関連情報の提供を受ける者に対する措置要求（第72条）を新設したのは、どのような理由によるものですか。

A　1　民間部門では、提供元において個人データに該当しない情報を他の事業者に提供した結果、提供先において個人が識別される個人データとなり、本人に予期せぬ不利益が生じる事案が発生したことから、こうした事態の再発を防ぐため、令和2年個人情報保護法改正法によって、個人関連情報の第三者提供の制限に係る規律が導入されました（改正前の個情法第26条の2）。

2　公的部門の現行制度では、個人情報の定義として照合可能性を採用しているため、提供先において個人を識別できる情報は提供元である行政機関等においても個人情報に該当すると解され、民間部門における個人関連情報の第三者提供制限に相当する制度を設ける必要はありませんでした。

3　しかしながら、今回の改正において、公的部門における個人情報の定義についても照合の容易性を要件とする結果、公的部門においても民間部門と同様の問題が生じ得ることになります。そこで、今回、公的部門においても個人関連情報の外部提供に係る規律を設けることとしました。

4　ただし、民間部門では、個人データの第三者提供の可否を原則として本人の同意の有無を基準に判断する規律が採用されているのに対し、公的部門では、保有個人情報の外部提供の可否を原則として利用目的の範囲内かどうかで判断する規律が採用されているという基本的な差異があります。そこで、このような保有個人情報の外部提供に関する一般的な規律との整合性を考慮し、今回の改正では、行政機関等が個人関連情報を外部に提供する場合について、第70条（保有個人情報の提供を受ける者に対する措置要求）に準じた規律を置くこととしたものです（第72条）。

Q77　今回の改正で、公的部門の規律として仮名加工情報の取扱いに係る義務（第73条）を新設したのは、どのような理由によるものですか。

A　1　民間部門における仮名加工情報制度は、企業等におけるイノベーションを促進する観点から、専ら内部分析に用いる個人情報について一部の義務を緩和する趣旨で、令和2年個人情報保護法改正法によって創設された制度です。

2　行政機関等は、現行制度の下でも、保有個人情報の目的内利用又は相当な理由のある内部利用に該当すれば、仮名加工情報に相当する情報の作成・利用が可能であることから、今回の改正で公的部門において民間部門と同趣旨の仮名加工情報制度を創設することは見送られました。

3　その一方、今回の法改正において、公的部門における個人情報の定義についても照合の容易性を要件とする結果、行政機関等が「法令に基づく場合」として民間事業者から仮名加工情報を取得した場合、これが個人情報に該当しないこととなり得ます。

4　そこで、行政機関等が個人情報に該当しない仮名加工情報を取得した場合について、改正前の個人情報保護法第35条の3に準じた規律（外部提供の原則禁止（注1）、安全管理措置義務、識別行為禁止義務及び連絡等禁止義務）を課すこととしたものです（第73条）（注2）。

5　なお、行政機関等が民間事業者等から取得した仮名加工情報が個人情報に該当する場合は、現行制度と同様、個人情報として適正に管理すれば足りるため、今回の改正において新たな規律は設けていません。

（注1）　改正前の個人情報保護法第35条の3は、法令に基づく場合のほか、委託、事業承継、共同利用の3つの場合を第三者提供禁止の例外としていますが、事業承継と共同利用は公的部門にはそもそも存在しない規律であるため、考慮する必要がありません。そこで、第73条第1項では、法令に基づく場合と委託の場合を例外として規定しています。

なお、民間部門の個人情報保護法では、委託が「提供」に含まれることは条文上明確ですが（改正前の個情法第23条第5項第1号）、公的部門の現行制度では、委託が「提供」に含まれるかどうかは必ずしも明確ではなく、含まれないと

の理解も存在したようです。今回の改正では、統一後の法全体としての解釈の整合性を図る観点から、行政機関等が行う委託も「提供」の一種（目的内提供）であると整理しており、第73条第1項の規定ぶりも、そのような理解を前提としたものとなっています。

(注2)　民間部門で仮名加工情報取扱事業者に対して準用されている義務のうち、従業者の監督と委託先の監督については、公的部門にはそもそも存在しない規律であることから規定を置いておらず、苦情の処理については第128条でまとめて規定しています。

Q78　今回の改正で、公的部門においても任意代理人による開示等請求を認めることにしたのは、どのような理由によるものですか。

A　1　公的部門の現行制度では、本人からの開示等請求について、法定代理人による請求は認められていますが、任意代理人による請求は認められていません（行個法第12条第2項等）。これは、法の制定時に、本人が請求し得る限り一般に代理請求を認める実益が乏しく、また、広く代理請求を認めることには悪用の懸念もあり得ると考えられたためです。

2　しかしながら、民間部門の現行制度では、任意代理人による開示等請求も認められており（改正前の個情法第32条第3項）、法の施行以降、特段大きな問題もなく運用されているところです。また、現行の個人情報保護条例の中にも、任意代理人による開示等請求を認めているものが見られます（例：千代田区個人情報保護条例）（注）。

3　こうした現状を踏まえれば、改正後の公的部門の共通ルールにおいて、任意代理人による開示等請求を認めない理由は見出し難く、このような請求の在り方を認めることは、本人の利便にも資するものであることから、今回、代理権の確認を厳正に行うことを前提に、任意代理人による開示等請求を認めることとしたものです（第76条第2項、第90条第2項、第98条第2項）。

（注）　なお、マイナンバー法も任意代理人による開示等請求を認めています（改正法による改正前のマイナンバー法第30条第1項・第2項）。

Q79 今回の改正で、派遣労働者が個人情報を取り扱う場合や再委託先で個人情報を取り扱う場合を安全管理措置義務等の対象として明記したのは、どのような理由によるものですか。

A　1　現行の行政機関個人情報保護法等では、従事者の義務（行個法第7条、第44条の16等）及び罰則（行個法第53条、第54条等）について、派遣労働者が規律の対象に含まれるかどうかが法文上は明確ではありません。その一方、現行の個人情報保護条例の中には、派遣労働者を規律の対象として明記しているものが見られます（例：岡崎市個人情報保護条例）。そこで、今回の改正を機に、派遣労働者も規律の対象となることを明文化することとしたものです（第67条、第122条、第176条、第180条）。

2　また、現行の行政機関個人情報保護法等は、行政機関等から個人情報を取り扱う業務の委託を受けた者には行政機関等と同等の安全管理措置義務（行個法第6条第2項、第44条の15第2項等）及び罰則（行個法第53条、第54条等）を課していますが、再委託の場合については明文の規定を置いていません。その一方、現行の個人情報保護条例の中には、再委託の場合を規律の対象として明記しているものが見られます（例：千葉市個人情報保護条例）。そこで、今回の改正を機に、再委託の場合も規律の対象となることを明文化することとしたものです（第66条第2項第5号、第121条第3項、第176条、第180条）。

第10章 その他

Q80 今回の個人情報保護制度の改正によって、政府による国民の個人情報の一元管理が進む可能性はありませんか。

A 1　今回の個人情報保護制度の改正は、個人情報保護に関するルールとその所管を一元化するものであり、個人情報を管理する主体を一元化するものではありません。

2　改正後も、各行政機関や各独立行政法人等、各地方公共団体等が、それぞれ、自らの業務に必要な個人情報の管理を行うことに変わりはありません。

3　また、改正後は、高い独立性を制度上保障された個人情報保護委員会が、行政機関、独立行政法人等及び地方公共団体等における個人情報の取扱いを中立的・客観的な立場から監視することになるため、国民の個人情報の保護が充実・強化されることになります。

Q81 行政機関等は「相当の理由」があれば他の行政機関等に対して個人情報の目的外提供が可能となっていますが、恣意的な運用が行われる可能性はありませんか。

A 1 第69条第2項は、現行の行政機関個人情報保護法第8条第2項の規定を引き継ぎ、行政機関等における個人情報の目的外での利用や提供を、本人の同意がある場合のほか、「相当の理由」がある場合に限り、認めることとしています(注1)。

2 ここで、「相当の理由」とは、個々の事案に応じて、個人の権利利益保護の必要性と個人情報の有用性を比較衡量し、個人情報の有用性が上回る場合であり、個人情報の無限定な利用や提供を認めるものではありません(注2)。

3 「相当の理由」の有無は、第一義的には、当該個人情報を保有する行政機関等が判断しますが、改正後は、その判断が適正であったかどうかを、個人情報保護委員会が監視することになるため、行政機関等による恣意的な判断が許されることはありません。

4 現行の行政機関個人情報保護法第8条第2項の規定は、平成17年の法施行以来、約15年間にわたり、個人の権利利益の保護と個人情報の有用性との調和の観点から、安定的に運用されてきたものであり、今回の改正において規定を変更すべき特段の事情があるとは考えられないところです。

5 また、第69条第2項は、全国的な共通ルールとして地方公共団体等にも適用されることになりますが、

① 地方公共団体の既存の個人情報保護条例も、その大半(都道府県は約8割、市町村は約7割)が、「相当の理由」がある場合には国の行政機関や他の地方公共団体への保有個人情報の提供等を認めていること

② それ以外の地方公共団体の個人情報保護条例も、「公益上必要があると認めるとき」等の個別的な比較衡量を前提とした包括的な例外事由を置いていること

を踏まえると、第69条を地方公共団体等に適用したとしても、個人情報の保護水準が低下するとは考えられません(注3)。

6 なお、いかなる場合が「相当の理由」に該当するかについては、改正

後の個人情報保護法を所管する個人情報保護委員会が、現行の行政機関個人情報保護法の解釈との連続性にも留意しつつ、ガイドライン等の作成を通じて明確化していくものと考えられます。

（注1）　行政機関個人情報保護法第8条第2項では「相当な理由のあるとき」と規定されていたものを、改正後の第69条第2項では「相当の理由があるとき」と規定していますが、他法の表現との整合性等の観点から単に修辞的な修正を行ったものであり、何ら意味の変更を伴うものではありません。

（注2）　現行制度の下で、「相当の理由」に基づく個人情報の提供が行われた事例としては、例えば、①外務省が、在外邦人の連絡先等のデータを、地籍調査の遂行のため、市区町村に提供した例や、②国土交通省が、日本の船舶に関する登録データを、固定資産税の税額決定等のため、総務省に提供した例があります。

（注3）　なお、第69条は、保有個人情報の目的外提供を原則として禁止した上で、一定の場合に例外的にこれを許容する規定であり、保有個人情報の提供を義務付ける規定ではありません。したがって、第69条を地方公共団体等に適用したとしても、その効果として、地方公共団体等が自らの意思に反した保有個人情報の提供を行う必要が生じるものではありません。

Q82 今回の改正で、個人情報保護法の目的規定はどのように変わるのですか。

A　1　今回の改正によって、公的部門の規律を直接に個人情報保護法で規定することを踏まえ、現行の目的規定のうち、「個人情報を取り扱う事業者の遵守すべき義務等を定める」としている部分を「個人情報を取り扱う事業者及び行政機関等についてこれらの特性に応じて遵守すべき義務等を定める」と改めるとともに、「行政機関等の事務及び事業の適正かつ円滑な運営」を図ることを目的に追加しています。

2　また、デジタル社会形成基本法（令和3年法律第35号）の表現に合わせて、「高度情報通信社会の進展」を「デジタル社会の進展」(注) と改めています。

3　更に、今回の改正によって、個人情報保護委員会が官民の個人情報保護制度を一元的に所管する機関となり、その役割が増大することから、「個人情報保護委員会を設置する」ことを目的規定の中で明記しています（第1条）。

(注)「デジタル社会」とは、インターネット等の高度情報通信ネットワークを通じて自由かつ安全に多様な情報又は知識を世界的規模で入手し、共有し、又は発信するとともに、AI関連技術、IoT関連技術、クラウドコンピューティングサービス関連技術等の従来の処理量に比して大量の情報の処理を可能とする先端的な技術を始めとする情報通信技術を用いて電磁的記録として記録された多様かつ大量の情報を適正かつ効果的に活用することにより、あらゆる分野における創造的かつ活力ある発展が可能となる社会をいいます（デジタル社会形成基本法第2条）。

Q83

改正後の個人情報保護法の目的にある「個人の権利利益」とは何ですか。また、今回の改正で、「個人の権利利益を保護すること」の内容として、「個人情報を保護すること」を明記しなかったのは、どのような理由によるものですか。

A

1　「個人の権利利益」には、プライバシー（他人に知られたくない自己の情報をみだりに開示・公表されないこと）や名誉のほか、生活の平穏を乱されないことや不当な差別を受けないことなど、個人の様々な権利利益が含まれます。

2　個人情報保護法制は、このような様々な「個人の権利利益」を保護することを目的として、予防的に個人情報の取扱いに関する義務の遵守を求めるものであるため、「個人の権利利益を保護すること」の内容として「個人情報を保護すること」を例示することは適当ではありません。

（参考）　個人情報保護法の目的規定の構造

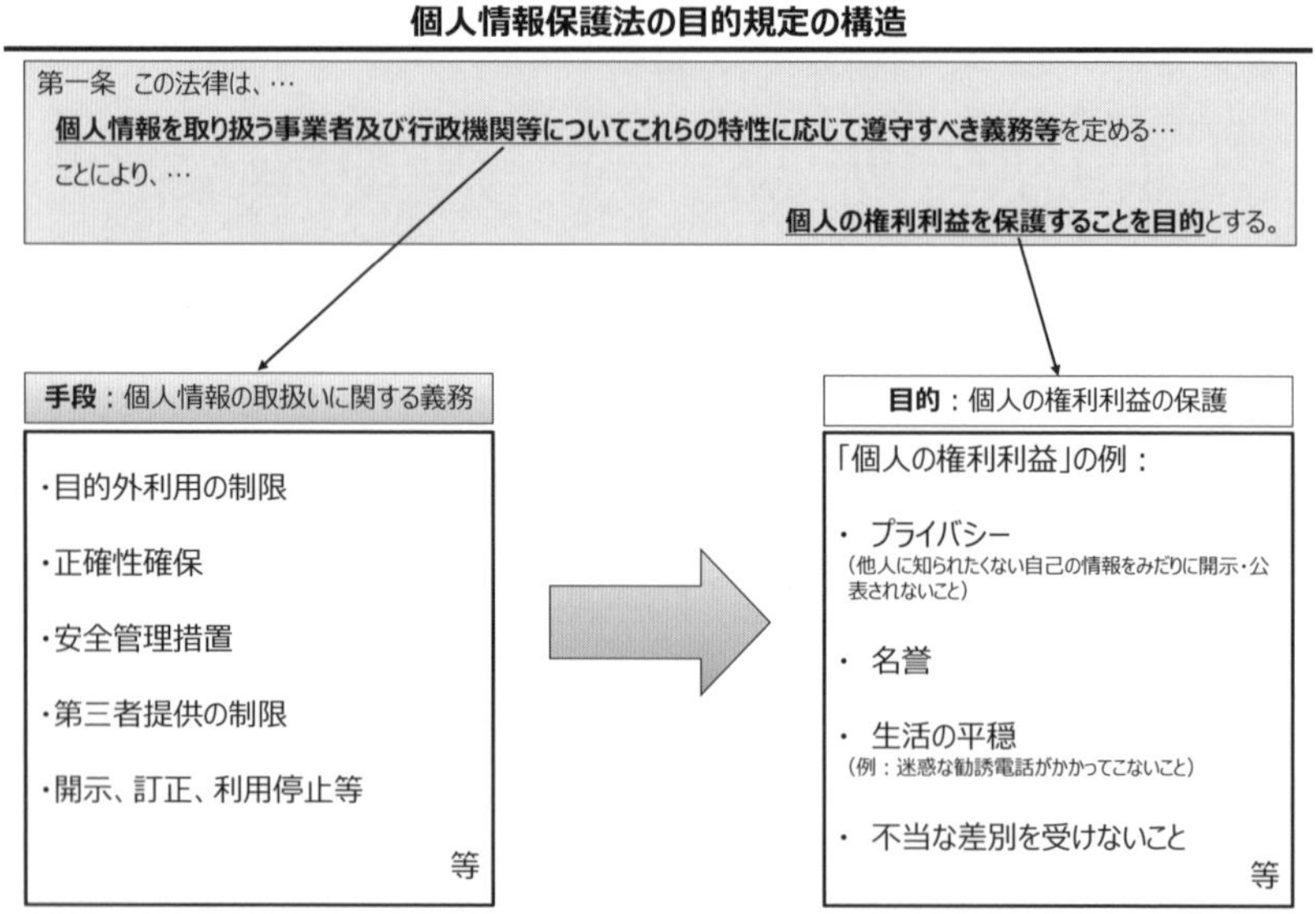

Q84　今回の改正で、個人情報保護法の目的として「自己情報コントロール権」を明記しなかったのは、どのような理由によるものですか。

A　1　「自己情報コントロール権」を個人情報保護法の目的として明記するかどうかについては、平成15年に現行の個人情報保護法が制定された際にも議論がありましたが、その際は、

①　その内容、範囲及び法的性格に関し様々な見解があり、明確な概念として確立していないこと（注1）

②　表現の自由等との調整原理も明らかではないこと（注2）

を理由として、明記しないこととされました。

2　個人情報保護法の制定から20年近くが経過しましたが、上記①及び②の事情は基本的に変化していないものと考えられます（注3）。また、今回の改正は、官民それぞれの個人情報保護に関する規律の具体的な内容を大きく変更するものではないため、今回の改正において、新たな概念を個人情報保護法の目的として導入する理由は乏しいものと考えられます。このため、今回の改正でも、「自己情報コントロール権」やそれに相当する表現は、明記しないこととされました。

3　なお、改正後の個人情報保護法は、現行法と同様、本人による開示、訂正、利用停止等の請求を可能とする規定を設けています。「コントロール」の意味するところが、自己に関する情報が適正に取り扱われているかどうかを本人が把握できるようにするということであれば、これらの規定により、その趣旨は実現しているものと考えられます。

（注1）　例えば、「自己情報」の範囲については、①データベース化された情報に限るか、それともいわゆる散在情報を含むか、②「固有情報」と「外延情報」の区別など、センシティブ性の高低に応じた類型化を認めるか、等について、様々な見解があります。「コントロール」の内容についても、①専ら情報の利用についての本人の同意権・拒否権として理解するか、②情報が適正に取り扱われているかどうかを本人が把握できることを含めて「コントロール」と理解するか、③民主的に決定された法令上の仕組みによって情報の取扱いに適切な統制や監視が及ぶことを含めて「コントロール」と理解するか、等について、様々な見解がありま

す。法的性格についても、①専ら公権力に対する権利と捉えるか、それとも私人間における権利性も認めるか、②裁判上で直接行使できる具体的権利と捉えるか、それとも国に対して立法による具体化を求める抽象的権利と捉えるか、等について、様々な見解があります。

(注2)　例えば、「自己情報」を散在情報も含めて広く理解し、「コントロール」を専ら本人の同意権・拒否権として理解した上で、「自己情報コントロール権」に私人間における権利性を認めた場合、他人に言及する言論活動全般に本人の同意が必要となりますが、そのような帰結が表現の自由等を過度に制約することは明らかです。このような帰結を避けるためには、何らかの一貫した考え方に基づき「自己情報コントロール権」の適用範囲を適切に限定することが必要ですが、そのような考え方（調整原理）の内容は明らかではありません。一般に、過剰に広い権利を設定した上で、当該権利に対する制約も広く認めるとすれば、当該権利をそもそも設定した意義が疑われることになります。また、「自己情報コントロール権」の適用範囲が、「自己情報コントロール権」の保障によって実現される何らかの価値と、表現の自由等との比較衡量によって決せられるならば、個人情報保護法の目的として掲げられるべきは当該価値であり、「自己情報コントロール権」は無用な中間項ではないかとの疑問も生じるところです。

(注3)　我が国の最高裁判所も、一貫して「自己情報コントロール権」という表現を使うことを回避しており、代わって、「個人に関する情報をみだりに第三者に開示又は公表されない自由」等の抑制的な表現を用いています（例えば、最判平成15年9月12日民集57巻8号973頁、最判平成20年3月6日民集62巻3号665頁）。

Q85　今回の改正で、個人情報保護法第２章（国及び地方公共団体の責務等）の内容はどのように変わるのですか。

A　1　今回の改正によって、公的部門の共通ルールを直接に個人情報保護法（改正後の第５章）で規定することを踏まえ、民間事業者が保有する個人情報のみならず、国の機関が自ら保有する個人情報や、地方公共団体、独立行政法人及び地方独立行政法人が保有する個人情報についても、国が責務を有することを明確化しています（第４条）。

2　また、今回の改正によって、公的部門の共通ルールを地方公共団体等にも適用することを踏まえ、地方公共団体の責務規定に、「国の施策との整合性に配慮しつつ」という文言を追加するとともに、従来の規定同様、住民に身近な地方公共団体が果たす役割の重要性を踏まえ、地方公共団体がそれぞれの区域の特性に応じて、個人情報の適正な取扱いの確保に関する必要な施策を講ずべき責務を有することを明確化しています（第５条）。

Q86 今回の改正で、個人情報保護法第3章（個人情報の保護に関する施策等）の内容はどのように変わるのですか。

A　1　今回の改正によって、公的部門の共通ルールを直接に個人情報保護法（改正後の第5章）で規定することを踏まえ、第4条の改正に対応し、国がその機関及び独立行政法人等の保有する個人情報の適正な取扱いが確保されるよう必要な措置を講ずるものとする規定を追加しています（第8条）。

2　また、今般の改正によって、公的部門の共通ルールを地方公共団体等にも適用することを踏まえ、これを支援する観点から、国は、地方公共団体が講ずべき措置についても指針の策定その他の必要な措置を講ずることとするとともに（第9条）、地方公共団体及び地方独立行政法人による個人情報の適正な取扱いの確保のために必要な措置を講ずることとしています（第11条第2項）。

3　更に、地方公共団体の施策について定める改正前の個人情報保護法第11条については、今回の改正によって、公的部門の共通ルールを地方公共団体等にも及ぼすことを踏まえ、努力義務規定ではなく、国の施策規定と同様に、「講ずるものとする」という義務規定に改めています（第12条）。

Q87　今回の改正後は、第7条の基本方針はどのような位置付けになるのですか。

A　1　今回の改正後は、我が国の個人情報保護に関する制度は個人情報保護法に統一され、その所管も個人情報保護委員会に一元化されるため、分散した制度の下で行われる各施策の統一を図るという基本方針の機能は不要になるとも考えられるところです。

2　しかしながら、今回の改正後も、国会や裁判所、地方議会に対しては第5章の義務は及んでおらず、報道機関や宗教団体、政治団体等に対しては第4章の義務の適用が除外されています。これらの主体も、第3条の基本理念を踏まえ、個人情報の保護に関する施策を自主的に実施することが期待されています。

3　また、改正後の個人情報保護法において各種義務の名宛人となる国の行政機関や独立行政法人等、地方公共団体等、個人情報取扱事業者においても、法の義務を遵守するだけでなく、分野の特性等を踏まえ、個人情報の適正な取扱いを確保するための施策を自主的に実施することが期待されています。

4　第7条の基本方針は、このような官民の各主体が自主的に取り組む施策も含め、個人情報の保護に関する施策全体について、その総合的かつ一体的な実施を確保するための指針としての機能を持つものと考えられます。

第11章　施行期日及び経過措置

Q88

改正法の施行日はいつ頃になる見込みですか。令和2年個人情報保護法改正法の施行日と同じ日になるのでしょうか。

A　1　改正法による個人情報保護制度の改正の施行期日は、地方公共団体等に適用される規定（改正法第51条）については公布から2年以内の政令で定める日、それ以外の規定（改正法第50条）については公布から1年以内の政令で定める日とされています（改正法附則第1条第4号及び第7号）。

2　地方公共団体等に適用される規定については、施行までに各団体において条例の改廃が必要となることを考慮し、特に施行までの準備期間を長く確保しているものです。

3　具体的には、地方公共団体等に適用される規定については令和5年春頃に施行することを予定しており、それ以外の規定については、現在のところ、令和2年個人情報保護法改正法の施行日と同じ日（令和4年4月1日）に施行することを予定しています。

Q89

規律移行法人等や学術研究機関は、現行制度の下で本人の同意に基づき利用している個人情報を改正後も引き続き利用するためには、改めて本人の同意を取り直す必要があるのですか。

A　改正法附則第7条及び第9条において、「改正法の施行前に同意を得ている場合は、改正後の個人情報保護法に基づく同意があったものとみなす」旨の経過措置規定を置いているため、規律移行法人等や学術研究機関は、現行制度の下で本人の同意に基づき利用している個人情報については、改めて同意を取り直す必要はありません。

（参考）　経過措置一覧

デジタル社会の形成を図るための関係法律の整備に関する法律案（仮称）附則経過措置一覧

条	項	内容
3		行政機関の保有する個人情報の保護に関する法律及び独立行政法人等の保有する個人情報の保護に関する法律の廃止に伴う経過措置
	1	行個法及び独個法の廃止に伴う従事者の義務は廃止後もなお従前の例によることとする。
	2	旧行個法又は旧独個法に基づく保有個人情報の開示、訂正及び利用停止について、なお従前の例によることとする。
	3	旧行個法又は旧独個法に基づく行政機関非識別加工情報又は独立行政法人等非識別加工情報の作成、提供等について、なお従前の例によることとする。
	4	旧行個法又は旧独個法に基づく行政機関非識別加工情報又は独立行政法人等非識別加工情報の提案募集の欠格条項について、改正前の欠格条項に該当する者を改正後の欠格条項に該当する者とみなす。
	5	旧行個法又は旧独個法の規定により非識別加工情報の利用に関する契約を締結した者は、改正後の規定により匿名加工情報の利用に関する契約を締結した者とみなす。
	6	旧行個法又は旧独個法の規定により行った加工の方法に関する情報は、改正後の規定により行った加工の方法に関する情報とみなす。
	7	旧行個法又は旧独個法に基づく総務大臣又は個人情報保護委員会の処分等の行為について、改正後の個情法に基づく個人情報保護委員会等の行為とみなす。
	8	旧行個法の廃止前に行政機関の職員であった者等が、正当な理由がないのに、廃止前に行政機関が保有していた個人の秘密に属する事項が記録された電子計算機処理に係る個人情報ファイルを提供したときは罰則を適用する。
	9	旧独個法の廃止前に独立行政法人等の役職員であった者等が、正当な理由がないのに、廃止前に独立行政法人等が保有していた個人の秘密に属する事項が記録された電子計算機処理に係る個人情報ファイルを提供したときは罰則を適用する。
	10	旧行個法の廃止前に行政機関の職員であった者等が、業務に関して知り得た保有個人情報を自己若しくは第三者の不正な利益を図る目的で提供し、又は盗用したときは罰則を適用する。
	11	旧独個法の廃止前に独立行政法人等の役職員であった者等が、業務に関して知り得た保有個人情報を自己若しくは第三者の不正な利益を図る目的で提供し、又は盗用したときは罰則を適用する。
	12	第8項から第11項までの規定は国外犯にも適用する。
7		第50条（個人情報の保護に関する法律の一部改正）の規定の施行に伴う経過措置
	1	別表第二法人等について、施行日前にされた本人の個人情報の利用目的外の利用に関する同意を、改正後の個情法に基づく同意とみなす。
	2	別表第二法人等について、施行日前にされた本人の個人データの第三者提供に関する同意を、改正後の個情法に基づく同意とみなす。
	3	別表第二法人等について、施行日前においてもオプトアウトによる個人データの第三者提供に係る通知及び届出をすることができることとする。

	4	別表第二法人等について、施行日前にされた個人データの共同利用の通知を、改正後の個情法に基づく通知とみなす。
	5	別表第二法人等について、施行日前にされた本人の個人データの外国第三者提供に関する同意を、改正後の個情法に基づく同意とみなす。
	6	別表第二法人等について、個人データの外国第三者提供に係る本人への情報提供を、施行日以後に本人の同意を得る場合から適用することとする。
	7	別表第二法人等について、個人データの外国第三者提供に係る相当措置確保を、施行日以後に個人データを提供した場合から適用することとする。
	8	別表第二法人等について、施行日前にされた本人の個人関連情報の第三者提供に関する同意を、改正後の個情法に基づく同意とみなす。
	9	別表第二法人等について、個人関連情報の外国第三者提供に係る相当措置確保を、施行日以後に個人関連情報を提供した場合から適用することとする。
	10	行政機関等について、施行日前にされた本人の保有個人情報の利用目的外の利用又は提供に関する同意を、改正後の個情法に基づく同意とみなす。
	11	行政機関等について、施行日前にされた本人の保有個人情報の外国第三者提供に関する同意を、改正後の個情法に基づく同意とみなす。
	12	行政機関等について、保有個人情報の外国第三者提供に係る本人への情報提供を、施行日以後に本人の同意を得る場合から適用することとする。
	13	行政機関等について、保有個人情報の外国第三者提供に係る相当措置確保を、施行日以後に保有個人情報を提供した場合から適用することとする。
	14	行政機関等について、施行日時点で保有している個人情報ファイルを、施行後遅滞なく個人情報保護委員会に通知することとする。
8		第51条（個人情報の保護に関する法律の一部改正）の規定の施行に伴う準備行為
	1	地方公共団体等が行う個情法施行のために必要な準備行為について、国が助言等を行うこととする。
	2	地方公共団体について、施行日前においても改正後の個情法に基づく条例の届出をすることができることとする。
9		第51条（個人情報の保護に関する法律の一部改正）の規定の施行に伴う経過措置
	1	特定地方独立行政法人等について、施行日前にされた本人の個人情報の利用目的外の利用に関する同意を、改正後の個情法に基づく同意とみなす。
	2	特定地方独立行政法人等について、施行日前にされた本人の個人データの第三者提供に関する同意を、改正後の個情法に基づく同意とみなす。
	3	特定地方独立行政法人等について、施行日前においてもオプトアウトによる個人データの第三者提供に係る通知及び届出をすることができることとする。
	4	特定地方独立行政法人等について、施行日前にされた個人データの共同利用の通知を、改正後の個情法に基づく通知とみなす。
	5	特定地方独立行政法人等について、施行日前にされた本人の個人データの外国第三者提供に関する同意を、改正後の個情法に基づく同意とみなす。
	6	特定地方独立行政法人等について、個人データの外国第三者提供に係る本人への情報提供を、施行日以後に本人の同意を得る場合から適用することとする。
	7	特定地方独立行政法人等について、個人データの外国第三者提供に係る相当措置確保を、施行日以後に個人データを提供した場合から適用することとする。
	8	特定地方独立行政法人等について、施行日前にされた本人の個人関連情報の第三者提供に関する同意を、改正後の個情法に基づく同意とみなす。
	9	特定地方独立行政法人等について、個人関連情報の外国第三者提供に係る相当措置確保を、施行日以後に個人関連情報を提供した場合から適用することとする。
	10	地方公共団体等について、施行日前にされた本人の保有個人情報の利用目的外の利用又は提供に関する同意を、改正後の個情法に基づく同意とみなす。
	11	地方公共団体等について、施行日前にされた本人の保有個人情報の外国第三者提供に関する同意を、改正後の個情法に基づく同意とみなす。
	12	地方公共団体等について、保有個人情報の外国第三者提供に係る本人への情報提供を、施行日以後に本人の同意を得る場合から適用することとする。
	13	地方公共団体等について、保有個人情報の外国第三者提供に係る相当措置確保を、施行日以後に保有個人情報を提供した場合から適用することとする。
10		第51条（個人情報の保護に関する法律の一部改正）と条例との関係
	1	地方公共団体の条例の規定で、改正後の個情法で規制する行為を処罰する旨を定めている部分は、施行と同時に効力を失うこととする。
	2	前項の規定により地方公共団体の条例の規定がその効力を失う場合において、失効前にした違反行為の処罰については、なお従前の例によることとする。
71		施行前にした行為及びこの附則の規定によりなお従前の例によることとされる場合における施行後にした行為に対する罰則の適用については、なお従前の例によることとする。

資料 1－1　附帯決議（衆議院）

デジタル社会形成基本法案、デジタル庁設置法案、デジタル社会の形成を図るための関係法律の整備に関する法律案、公的給付の支給等の迅速かつ確実な実施のための預貯金口座の登録等に関する法律案及び預貯金者の意思に基づく個人番号の利用による預貯金口座の管理等に関する法律案に対する附帯決議（令和３年４月２日衆議院内閣委員会）（抜粋）

政府は、デジタル改革関連五法の施行に当たっては、次の事項に留意し、その運用等について遺漏なきを期すべきである。また、政府は、地方公共団体における運用等についても次の事項の趣旨にのっとり行われるよう、必要な助言を行うこと。

四　デジタル社会の形成を図るための関係法律の整備に関する法律の施行に関し、以下の事項について配慮すること。

1　個人の権利利益の保護を図るため、自己に関する情報の取扱いについて自ら決定できること、本人の意思に基づいて自己の個人データの移動を円滑に行うこと、個人データが個人の意図しない目的で利用される場合等に当該個人データの削除を求めること及び本人の同意なしに個人データを自動的に分析又は予測されないことの確保の在り方について検討を加え、必要な措置を講ずること。

2　地方公共団体が、その地域の特性に照らし必要な事項について、その機関又はその設立に係る地方独立行政法人が保有する個人情報の適正な取扱いに関して条例を制定する場合には、地方自治の本旨に基づき、最大限尊重すること。また、全国に適用されるべき事項については、個人情報保護法令の見直しを検討すること。

3　行政機関等が保有する個人情報の目的外での利用又は第三者への提供については、その要件である「相当の理由」及び「特別の理由」の認定を、厳格に行うこととし、行政機関等が行った判断の適否を、個人情報保護委員会が監視すること。

4　行政機関等が個人情報を利用する際、個人が自己の情報の利用状況を把握できる仕組みについて、情報通信技術の進展を踏まえた見直しを検討すること。

5　個人情報保護委員会による行政機関等の監視に当たっては、資料の提出及び実地調査を躊躇なく行うとともに、必要があれば勧告や報告の要求を遅滞なく行うことにより、監視の実効性を確保すること。

6　大量に個人情報を保有している事業者が我が国の個人情報に関する法令を遵守するよう徹底するとともに、必要な場合には立入検査、報告徴収等の権限を躊躇なく行使し、遵守状況について監視すること。

7　個人情報保護委員会が民間部門と公的部門における個人情報保護に関する業務を所掌することに鑑み、個人情報保護委員会の体制強化を図ること。

8　学術研究目的における個人情報の取扱いについては、個人の権利利益を不当に侵害する場合は個人情報の取扱いに係る制限の適用除外とならないことに鑑み、要配慮個人情報を含む個人情報の適正な取得や提供等の保護の取組を強化すること。

資料 1－2　附帯決議（参議院）

デジタル社会形成基本法案、デジタル庁設置法案、デジタル社会の形成を図るための関係法律の整備に関する法律案、公的給付の支給等の迅速かつ確実な実施のための預貯金口座の登録等に関する法律案及び預貯金者の意思に基づく個人番号の利用による預貯金口座の管理等に関する法律案に対する附帯決議（令和 3 年 5 月 11 日参議院内閣委員会）（抜粋）

政府は、デジタル改革関連五法の施行に当たり、次の諸点について適切な措置を講ずるべきである。また、政府は、地方公共団体における運用等についても次の諸点の趣旨にのっとり行われるよう、必要な助言を行うこと。

四　デジタル社会の形成を図るための関係法律の整備に関する法律の施行に関し、以下の事項について配慮すること。

1　個人の権利利益の保護を図るため、自己に関する情報の取扱いについて自ら決定できること、本人の意思に基づいて自己の個人データの移動を円滑に行うこと、個人データが個人の意図しない目的で利用される場合等に当該個人データの削除を求めること及び本人の同意なしに個人データを自動的に分析又は予測されないことの確保の在り方について検討を加え、必要な措置を講ずること。

2　地方公共団体が、その地域の特性に照らし必要な事項について、その機関又はその設立に係る地方独立行政法人が保有する個人情報の適正な取扱いに関して条例を制定することができる旨を、地方公共団体に確実に周知するとともに、地方公共団体が条例を制定する場合には、地方自治の本旨に基づき、最大限尊重すること。また、全国に適用されるべき事項については、個人情報保護法令の見直しを検討すること。

3　行政機関等が保有する個人情報の目的外での利用又は第三者への提供については、その要件である「相当の理由」及び「特別の理由」の認定を、厳格に行うこととし、行政機関等が行った判断の適否を、個人情報保護委員会が監視すること。

4　行政機関等が個人情報を利用する際、個人が自己の情報の利用状況を把握できる仕組みについて、情報通信技術の進展を踏まえた見直しを検討すること。

5　個人情報保護委員会による行政機関等の監視に当たっては、資料の提出及び実地調査を躊躇なく行うとともに、必要があれば勧告や報告の要求を遅滞なく行うことにより、監視の実効性を確保すること。

6　大量に個人情報を保有している事業者が我が国の個人情報に関する法令を遵守するよう徹底するとともに、必要な場合には立入検査、報告徴収等の権限を躊躇なく行使し、遵守状況について監視すること。

7　個人情報保護委員会が民間部門と公的部門における個人情報保護に関する業務を所掌することにより業務量が増大すると見込まれることに鑑み、その任務を果たすことができるよう、必要な人材の確保を含め体制強化を図ること。また、個人情報保護委員会は、地方公共団体から必要な情報の提供又は技術的な助言を求められた場合には、迅速に対応すること。

8　学術研究目的における個人情報の取扱いについては、個人の権利利益を不当に侵害する場合は個人情報の取扱いに係る制限の適用除外とならないことに鑑み、要配慮個人情報を含む個人情報の適正な取得や提供等の保護の取組を強化すること。

資料２　個人情報保護制度の見直しに関する最終報告

個人情報保護制度の見直しに関する最終報告

令和２年１２月

個人情報保護制度の見直しに関するタスクフォース

はじめに

平成２７年改正個人情報保護法[1]の附則第１２条第６項において「政府は…個人情報及び行政機関等保有個人情報の保護に関する規定を集約し、一体的に規定することを含め、個人情報の保護に関する法制の在り方について検討する」と規定されたことを踏まえ、令和元年１２月、民間部門、行政機関、独立行政法人等に係る個人情報の保護に関する規定を集約し、一体的に規定すること及び事務処理体制の在り方について検討するため、内閣官房に「個人情報保護制度の見直しに関するタスクフォース」（議長：内閣官房副長官補（内政担当）。以下「本タスクフォース」という）が設置された。

令和２年３月、本タスクフォースの議長決定に基づき、本タスクフォースに対して有識者としての立場からの提案を行うため、「個人情報保護制度の見直しに関する検討会」（座長：髙橋滋法政大学法学部教授。以下「有識者検討会」という）が開催され、計１１回にわたり議論が行われた（うち３回は書面開催）。このうち、第７回から第１０回にかけては、主として地方公共団体及び地方独立行政法人（以下「地方公共団体等」という）の個人情報保護制度の在り方について検討が行われた（第７回と第１０回は地方三団体からのヒアリングを実施）。本最終報告は、先般提出された有識者検討会からの提案内容（最終報告案）を踏まえた、本タスクフォースとしての考え方を取りまとめたものである。

今後は、本最終報告の内容に基づき、来年の通常国会での改正法案の提出に向けて、政府内で所要の調整を行いつつ、引き続き法制化作業を実施することとする。また、改めて広く意見募集を行い、国民の意見を検討内容に反映することとする。

---

1 「個人情報の保護に関する法律及び行政手続における特定の個人を識別するための番号の利用等に関する法律の一部を改正する法律」（平成 27 年法律第 65 号）

１　総論的事項

１－１　法の形式及び法の所管

１．現在、我が国の個人情報保護に関する法律は、個人情報の保護に関する法律（平成１５年法律第５７号。以下「個人情報保護法」又は「個情法」という）、行政機関の保有する個人情報の保護に関する法律（平成１５年法律第５８号。以下「行政機関個人情報保護法」又は「行個法」という）、独立行政法人等の保有する個人情報の保護に関する法律（平成１５年法律第５９号。以下「独立行政法人等個人情報保護法」又は「独個法」という）[2]の３法に分かれており、各法の所管も、個人情報保護委員会（個人情報保護法を所管）と総務大臣（行政機関個人情報保護法及び独立行政法人等個人情報保護法を所管）とに分かれている。また、地方公共団体等における個人情報の取扱いについては、一部の例外を除き、各地方公共団体が制定した個人情報保護条例により規律されている。

２．近年、情報化の進展や個人情報の有用性の高まりを背景として、官民や地域の枠を超えたデータ利活用が活発化しており、現行法制の縦割りに起因する規制の不均衡や不整合（法の所管が分かれていることに起因する解釈上の不均衡や不整合を含む[3]）がデータ利活用の支障となる事例が各所で顕在化しつつある。このため、公的部門と民間部門における規律の性格の違いに関する経緯・理由[4]や、我が国の個人情報保護制度の確立に果たしてき

---

[2] 以下、行政機関個人情報保護法と独立行政法人等個人情報保護法を併せ、「行政機関個人情報保護法等」又は「行個法等」という。

[3] 民間部門においては、平成 27 年の法改正によって新設された個人情報保護委員会の下で、新たな技術やサービスの出現を踏まえた法運用の実績が着実に積み重ねられており、法の詳細な解釈を示すガイドライン等が幅広く公表されていることから、規律の実質的な「密度」という点でも、民間部門と公的部門との間で一定の不均衡が生じているとの指摘もある。

[4] 平成 15 年に個人情報保護法制を整備するに当たって、「個人情報の取扱いに伴う個人の権利利益の保護の必要性は、公的部門と民間部門とで異なるものではないが、その取扱いについて、政府と国民との間においては、行政に対する国民の信頼を一層確保することが求められており、また、法律による行政の下に国民一般の利益との調整が重要であるのに対し、私人間においては、企業活動における営業の自由等との調整が問題となるものであることなどから、その取扱いについての具体的な規律内容は異ならざるを得ない」 との理由から、国の行政機関及び独立行政法人等については、個人情報保護法とは別に法制上の措置を講ずることとされた（「個人情報保護基本法制に関する大綱」（平成 12 年 10 月 11 日、情報通信技術（ＩＴ）戦略本部 個人情報保護法制化専門委員会））。

た地方公共団体の先導的な役割[5]に留意しつつも、このような不均衡や不整合を可能な限り是正することが求められている。

３．また、今般、社会全体のデジタル化を推進するための司令塔として新たに「デジタル庁」を創設し、国及び地方公共団体の情報システムの標準化・共通化や教育、医療、防災等の各分野における官民データ連携等の各種施策をこれまで以上に強力に実施していくことが予定されている[6,7]。こうした改革の方向性について国民の理解を得るためには、増大が予想される官民のデータ流通を個人情報保護の観点から適正に規律し、個人の権利利益を引き続き十全に保護することが不可欠であり、そのための公的部門・民間部門の別を問わない新たな監視監督体制の確立が必要とされている。

４．更に、近年、国境を超えたデータ流通を行う局面が増加したことから、ＥＵ一般データ保護規則第４５条に基づくデータ越境移転に関する十分性認定（以下「ＧＤＰＲ十分性認定」という）への対応を始めとする国際的な制度調和を図る必要性が向上しており、そのような観点からも、国際的な趨勢に合わせ、独立規制機関である個人情報保護委員会が我が国の個人情報保護法制全体を一元的に所管する体制を構築することが求められている[8]。

---

[5] 地方公共団体等における個人情報の取扱いについては、国の法制化に先立ち、多くの団体において条例が制定され、実務が積み重ねられてきた。独創的な規定を設けている条例も見られるなど、地方公共団体の創意工夫が促されてきたところであり、我が国の個人情報保護法制は、地方公共団体の先導的な取組によりその基盤が築かれてきた面がある。

[6] 「デジタル改革関連法案ワーキンググループ作業部会とりまとめ」（令和２年 11 月 20 日、デジタル・ガバメント閣僚会議 デジタル改革関連法案ワーキンググループ作業部会）

[7] 個人情報保護に関する制度の企画・立案は、一元化後は公的部門及び民間部門を通じて個人情報保護委員会が担うこととなるが、オープンデータの推進やデジタル・ガバメントの構築等の政府のＩＴ施策と密接に関連するため、このような観点から個人情報保護を含む政府全体のＩＴ施策について企画・立案及び総合調整を行う組織は別途必要と考えられ、内閣直属の組織として今般創設が予定されているデジタル庁がこのような役割を果たすものと期待される。なお、個人情報保護法制の執行という意味では、独立規制機関である個人情報保護委員会が官民の各主体における個人情報の取扱いを一元的に監視監督するのであり、デジタル庁も個人情報を取り扱う場合には当然に個人情報保護委員会の監視監督に服することとなる。

[8] 我が国の民間部門の個人情報保護法制は、平成 31 年１月にＧＤＰＲ十分性認定を受けている。一方、公的部門の個人情報保護法制は、独立規制機関による監視が及んでいないことから、ＧＤＰＲ十分性認定の対象とはなっていない。

5．そこで、個人情報保護法、行政機関個人情報保護法、独立行政法人等個人情報保護法の３法（以下「保護３法」という）を統合して１本の法律とするとともに、地方公共団体等の個人情報保護制度についても統合後の法律の中で全国的な共通ルールを設定し、独立規制機関である個人情報保護委員会が、民間事業者、国の行政機関、独立行政法人等、地方公共団体等の４者における個人情報の取扱いを一元的に監視監督する体制を構築することが適当である。

6．その際、統合後の法律は、個人情報の適正な取扱いに関する官民共通の基本法としての性格を有する現行の個人情報保護法をベースとして構成し、これに、行政機関等の特性に応じた規律（現行の行政機関個人情報保護法及び独立行政法人等個人情報保護法をベースとしたもの）を追加する形で改正を行うことが適当である。また、地方公共団体等の個人情報保護制度に関する全国的な共通ルールの内容は、地方公共団体等が公的部門の主体であることに鑑み、現行の行政機関個人情報保護法の内容をベースとしたものとすることが適当である。

7．統合後の法律を個人情報保護委員会が一元的に所管することの帰結として、

①　統合後の法律の執行（報告、立入検査、指導、勧告、命令等）は、他の機関に委任した場合を除き、個人情報保護委員会が行うこととなり

②　統合後の法律の有権解釈権は、個人情報保護委員会に一元的に帰属することとなり

③　統合後の法律に係る企画・立案（附則検討条項に基づく制度の見直し等）は、個人情報保護委員会が行うこととなる。

その結果、個人情報保護委員会の業務量は相当程度増大すると見込まれ、専門的判断を要する場面も一層増加すると予想されることから、統合後の法律の着実な施行に向けて、個人情報保護委員会の体制強化と更なる専門性の向上を図ることが必要である。

1－2　医療分野・学術分野における規制の統一

（1）現行法制の課題

1．今般の個人情報保護法制の見直しは、保護3法を統合するとともに、地方公共団体等の個人情報保護制度について統合後の法律の中で全国的な共通ルールを規定し、独立規制機関である個人情報保護委員会が、民間事業者、国の行政機関、独立行政法人等、地方公共団体等の4者における個人情報の取扱いを一元的に監視監督する体制を構築しようとするものであるが、その際、現行法制の縦割りに起因する規制の不均衡や不整合を可能な限り是正することが求められている。

2．現行法制の縦割りに起因する規制の不均衡は、医療分野・学術分野における個人情報の取扱いに関する規律に最も顕著に表れている。すなわち、医療分野・学術分野では、実質的に同等の立場で個人情報を取得・保有している法人であっても、当該法人が公的部門に属するか（独立行政法人、国立大学法人等）、民間部門に属するか（私立大学、民間病院、民間研究機関等）によって、適用される法律上の規律が大きく異なっており、これが、公的部門と民間部門との垣根を越えた連携医療や共同研究の実施を躊躇させる一因となっているとの指摘もある。

3．このような医療分野・学術分野における規制の不均衡を、現行法制の制約下で可能な限り是正するため、政府では、「人を対象とする医学系研究に関する倫理指針」（平成26年文部科学省・厚生労働省告示第3号）等の指針やガイドラインを定め、研究主体が公的部門に属するか民間部門に属するかにかかわらず共通して適用される個人情報の取扱いに関するルールを定めている。

4．しかしながら、このような指針等による規律の平準化という手法には、
①　保護3法で規制の強弱や広狭に差がある場合には、最も強い規制や最も広い規制に全体を揃えざるを得ず、結果として規律の厳格化を招く
②　その反面、保護3法の規制を越えて上乗せ的に課される規律については、裁判規範としての効力や保護3法上のエンフォースメントの手段を欠く

といった内在的な問題や限界があり、今般の保護3法の統合及び地方公共団体等の個人情報保護制度に関する全国的な共通ルールの設定（以下「一

元化」という）の機に、より抜本的な形で医療分野・学術分野における規制の不均衡を是正することが求められている。

（２）解決の選択肢

１．医療分野・学術分野における規制の不均衡を是正する最も徹底した方策は、公的部門と民間部門における規律の内容を一元化の機に全て同一にすることである。しかしながら、このような方策は、
① 行政主体の広義の内部関係に当たる公的部門における規律と、行政主体と民間事業者との外部関係に当たる民間部門における規律とでは、求められる規律の内容が自ずから異なると考えられること[9]
② 規律の強度についても、公的部門における個人情報保護には、行政機関等が公権力を行使して収集した個人情報を特に厳格に保護すべきとの要請が働くと一般に考えられていること[10]
を踏まえると、政策的に妥当とは言い難い 。

２．また、別の方向での徹底した解決策として、個人情報を管理する「主体」（多くの場合は「法人」）の属性に応じて規律の内容を決定するという現行の個人情報保護法制の基本的な構造[11]（以下「法人等単位規制構造」という）

---

[9] 例えば、現行の行政機関個人情報保護法は、行政機関は所掌事務の遂行に必要な個人情報しか保有してはならないこと（行個法第３条第１項）や、個人情報ファイルの保有について総務大臣への事前通知義務を負うこと（行個法第 10 条第 1 項）を定めているが、これは、政府全体としての内部統制的規律を法律で定めたものと理解できる。また、行政主体の内部関係と外部関係では、エンフォースメントの在り方も当然に異なる（極端な例を挙げれば、行政機関に民間事業者と同じく罰金を科すことは無意味である）。一方、個人情報保護法と行政機関個人情報保護法における目的規定の主旨はほぼ同じであり、求められる規律の基本的な内容に違いはないとの意見もあった。
[10] ただし、公的部門の業務の全てが公権力の行使に当たる訳ではないし、民間部門でも事業者が従業員等から法律の規定に基づき義務的に個人情報を取得することはあるので、両部門の相違は相対的なものにすぎず、「規律の強度」について、公的部門において常に民間部門よりも厳格な規律が求められる訳ではないとの指摘もある（そうであっても、全般的な傾向としては、なお本文のように言い得ると考えられる）。
[11] 現行の個人情報保護法制は、個人情報を管理する「主体」の属性に応じて当該主体に課される規律の内容を決定する構造となっている。すなわち、ある主体が、公的部門と民間部門のいずれに属するかや、個人情報取扱事業者に該当するか、個人情報取扱事業者に該当するとして学術研究機関に該当するかといった要因によって、当該主体が遵守すべき個人情報保護に関する基本的な規律が決定される仕組みとなっている。その一方、当該主体が取扱う個人情報の性質や、当該主体が個人情報を利用して行う業務の性格は、

自体を転換し、個人情報の性質や個人情報を利用する際の業務の性格に着目した新たな規律の体系を構築することも考えられる。

しかしながら、このような方策は、情報の性質や業務の性格に着目した「新たな規律の体系」の具体的な内容についてゼロベースで検討する必要が生じ[12]、整合的かつ実効的なルールの策定に困難が予想されるとともに、関係者のコンセンサス形成や現行法制との連続性の検討に多大な時間と労力を要すると想定されることから、将来的な選択肢としては検討に値するものの、今般の一元化の機に採るべき方策としては、現実的とは言い難い。

3．あるいは、公的部門と民間部門との規律の相違や法人等単位規制構造を維持した上で、情報の性質や業務の性格に応じた横串的規律を追加的に導入するという方策も考えられる。

しかしながら、このような方策は、規律が縦横で交錯し、適用関係が複雑化することが容易に予想され[13]、医療分野・学術分野における個人情報の取扱いについて現に生じている混乱をかえって助長するおそれがあることから、妥当ではないと考えられる。

4．以上を踏まえ、

○　公的部門と民間部門との規律の相違を基本的に維持し、かつ、現行法制の基本的構造との整合性・連続性を保ちつつ、

○　現在顕在化している医療分野・学術分野における規制の不均衡の是正を可能な限り速やかに、かつ、現場の混乱なく円滑に実現するため

一部の例外的な場合を除いて、当該主体に課される規律の内容には影響しない仕組みとなっている。そして、この場合の「主体」は、法人については基本的には法人格を単位として識別される構造となっている（ただし、いわゆる権利能力のない社団も含まれ得る）。このような現行の個人情報保護法制の基本的な構造は、「情報」という目に見えない存在の取扱いについて簡明なルールを定め得るという点や、違反行為に対する行政法的なエンフォースメントを実効的に行い得るという点で、一定の合理性を有していると考えられる。

[12] 例えば、現行法制は、同一法人内における個人情報の「内部利用」と法人の枠を超えた個人情報の「外部提供」とを規律の上で峻別しているが、法人等単位規制構造を転換するとすれば、このような規律の枠組みの合理性は自明ではなくなり、ルールを新たに考案する必要が生じる。

[13] 例えば、業務の性格に応じた横串的規律を追加的に導入した場合、同一法人に対して複数の規律が適用されるため、それぞれの規律が適用される業務の間での個人情報の流通を防ぐファイアーウォールを設定する必要がある。また、新たな業務を開始したり新たな種類の個人情報を取得したりするたびに、いずれの規律を適用すべきかを逐一判断する必要が生じる。

医療分野・学術分野の業務を行う組織については、公的部門に属する場合であっても、原則として民間部門と同様の規律を適用することが適当であり、今後、この案をベースとして、具体的な法制化作業を進めていくことが適当である[14]。なお、官民の垣根を越えたデータの流通や共同活用が今後ますます広がっていくと予想される中で、将来的には、今回規律を基本的に統一する医療分野・学術分野だけでなく、より広い分野で官民の規律を統一する可能性についても、検討していくことが求められると考えられる[15]。

（3）改正の方向性

1．現行の独立行政法人等個人情報保護法の規律対象となっている独立行政法人等が、同法の下で行政機関に準じた個人情報保護の規律を受けている経緯を振り返ると、それは、同法の制定過程において、情報公開法制における整理を基本的に踏襲し、

① 設立法において、理事長等を大臣等が任命することとされているか

② 法人に対して政府が出資できることとされているか

を判断基準として、独立行政法人等個人情報保護法の対象法人となる「政府の一部を構成するとみられる法人」が選定されたためである。このような判断基準は、民間部門における個人情報保護が黎明期にあり、民間部門における個人情報保護の水準や体制が脆弱であると考えられていた段階では、一定の合理性を有していたと考えることもできる[16]。

---

[14] 有識者検討会における議論では、公的部門の規律と民間部門の規律をどこまで揃えるべきかについて、様々な立場からの意見があった。具体的には、今般の一元化の機会に、主体の属性に応じて規律の内容が異なる現行法制の構造自体を見直し、情報の性質や入手経緯に応じて規律の内容に差異を設ける新たな規律の体系を導入すべきとの意見があった。その一方、消費者から見た場合、供給者を選択できる民間部門のサービスと選択できない公的部門のサービスでは基本的な性格の違いがあり、安易な規律の一本化には慎重であるべきとの意見や、規律の一本化が結果として官民全体としての個人情報保護水準の低下に繋がることを懸念する意見があった。

[15] 加えて、将来的には、個人情報保護法制と情報公開法制とのデマケーションの見直しを含めた法体系全体の再整理が必要であるとの意見もあった。

[16] 現行の独立行政法人等個人情報保護法が立案された平成 12 年当時、独立行政法人及び特殊法人は、「行政機関の保有する電子計算機処理に係る個人情報の保護に関する法律」（昭和 63 年法律第 95 号。以下「行政機関電算処理個人情報保護法」という）の下で、「この法律の規定に基づく国の施策に留意しつつ、個人情報の適切な取扱いを確保するため必要な措置を講ずる」とされていた。これに対し、民間事業者による個人情報の取扱いについては法律上の規律はなかった。

2．しかしながら、今日的視点[17]から改めて検討すると、このような判断基準は、政府に対する民主的統制の手段である情報公開法制の適用範囲を画する基準としては引き続き合理的であるが、個人の権利利益を保護することを目的とする個人情報保護法制における適用対象の判定においては、官民の枠を超えたデータ利活用の活発化という情勢変化を踏まえたより実質的な判断が求められており、「各法人における個人情報の取扱いの実質に照らし、当該法人に行政機関に準じた規律を適用するのが適当かどうか」という観点から、対象法人を選定すべきであると考えられる[18]。

3．そこで、今般の一元化の機に、この点の是正を図ることとし、現行の独立行政法人等個人情報保護法の規律対象となっている独立行政法人等のうち、

① 民間部門において同種の業務を行う法人（カウンターパート）との間で個人情報を含むデータを利用した共同作業を継続的に行うもの等、本人から見て官民で個人情報の取扱いに差を設ける必要性の乏しいもの（例：国立研究開発法人、独立行政法人国立病院機構、国立大学法人、大学共同利用機関法人）については、原則として、民間事業者と同様の規律を適用し、

② 行政機関に準ずる立場で（公権力の行使に類する形で）個人情報を取得・保有するもの（例：行政執行法人、日本年金機構）等、①以外のものについては、行政機関と同様の規律を適用する

ことが適当である。

4．ただし、現行の独立行政法人等個人情報保護法における規律のうち、

① 本人からの開示等請求に係る規律は、情報公開法制において本人開示が認められない点を補完する側面を有しており[19]、

---

[17] 今日では、民間部門についても、独立規制機関である個人情報保護委員会の下で、個人の権利利益の保護という法目的に照らして必要十分な水準の個人情報保護が図られている。我が国の民間部門の個人情報保護法制が、ＧＤＰＲ十分性認定を受けていることは、その１つの証左ということができる。

[18] そもそも、①情報公開や公文書管理のような公的部門に固有の規律をどこまで独立行政法人等にも及ぼすかという問題と、②労働者保護や個人情報保護のような官民共通の課題について、行政機関の特性に応じた特則的規律をどこまで独立行政法人等にも及ぼすかという問題は、性質の異なる問題であり、前者の基準を後者に適用すべき理由は今日では基本的に存在しないと考えられる。

[19] 情報公開法制は開示請求者の属性を問わない建前であるため、不開示情報である「個人に関する情報」は、たとえ本人に対してであっても開示することが認められない。他方、現行の行政機関個人情報保護法の前身である行政機関電算処理個人情報保護法の時

② 非識別加工情報の提供に係る規律は、公的部門が有するデータを広く民間事業者に開放し活用を促す広義のオープンデータ政策としての性格を有している[20][21]

ため、一元化後においても、これらの規律については、現行法制と同様、全ての独立行政法人等を行政機関に準じて扱うことが適当である[22]。

5．具体的には、今般の一元化においては、以下の独立行政法人等について、民間の個人情報取扱事業者と原則として同様の規律を適用することが適当である（以下これらの独立行政法人等を「規律移行法人」という）。

・国立研究開発法人
・国立大学法人
・大学共同利用機関法人
・独立行政法人国立病院機構
・独立行政法人地域医療機能推進機構
・独立行政法人労働者健康安全機構
・沖縄科学技術大学院大学学園
・放送大学学園

代には、同法に基づく本人開示等請求の対象は個人情報ファイルに記録された「処理情報」に限られていたため、いわゆる散在情報の本人開示について、「制度の谷間」が生じていた。これを解決するため、現行の行政機関個人情報保護法は、本人開示等請求の対象を散在情報を含む「保有個人情報」に拡大した経緯がある。民間部門の本人開示等請求権の対象は、散在情報を含まない「保有個人データ」であるため、仮に本人開示等請求に係る規律まで民間部門と同じにすると、再び「制度の谷間」が生じることになる。

[20] 一般に、個人情報保護法制では、自らが保有する情報を本人以外の者に提供する義務を負うことはない。非識別加工情報の提供制度は、公的部門が保有するデータに国民の共有財産としての性格があることに鑑み、このような一般原則に対する例外として、公的部門の主体に対して非識別加工情報の提供に向けた提案募集等を行う義務を課している。このような非識別加工情報提供制度の趣旨は、全ての独立行政法人等に妥当すると考えられる。

[21] 非識別加工情報の提供制度は、契約に基づき特定の事業者に提供するものである点や一定の手数料を徴収するものである点で、データの無償公開を前提とするオープンデータとは厳密には異なる。

[22] 加えて、個人情報ファイル簿の作成・公表（独個法第 11 条）についても、①個人情報ファイル単位で利用目的が公表されるという点で、個人情報保護法制の本来的趣旨に照らし、望ましい規律であること、②本人からの開示等請求に係る規律と一定の関連性を有していることから、引き続き同様の規律を全ての独立行政法人等に課すことが適当である。

6．その際、規律移行法人の中で「公権力の行使に類する形で個人情報を保有する業務」も行うと認められるものについては、当該法人の当該業務を実施する部門における個人情報の取扱いに対しては例外的に行政機関と同様の規律を適用することが適当である[23][24]。

7．また、後述のように、地方公共団体等が設置・運営する病院、診療所及び大学についても、以上と基本的に同様の考え方に立って、民間の個人情報取扱事業者と原則として同様の規律を適用することが適当である。

---

[23] 規律移行法人については、規律移行に伴って業務への支障が生じないよう、現行の独個法上の運用との連続性にも配慮して、必要な経過措置を検討することが適当である。

[24] なお、医療分野・学術分野の業務を行う公的部門の主体としては、国に直属する医療機関や研究機関も少数ながら存在する。これらの機関について、民間事業者と原則として同様の規律を適用することの必要性・許容性を個別に検討したが、①国に直属する医療機関については、いずれも、一般の医療機関とは機関の目的・性格が異なること、②国に直属する研究機関については、いずれも、行政機関における政策の立案・実施の一環として研究活動を行うものであることから、今般の改正において規律移行を行うべきものは認められなかった。

1－3　学術研究に係る適用除外規定の見直し（精緻化）

（1）現行法の規律

1．現行法は、憲法が保障する学問の自由への配慮から、大学その他の学術研究を目的とする機関若しくは団体[25]又はそれらに属する者（以下「学術研究機関等」という）が、学術研究目的で個人情報を取り扱う場合[26]を、一律に個人情報保護法第４章に定める各種義務の適用除外としている（個情法第７６条第１項第３号）。

2．その一方、現行法は、学術研究機関等に対し、安全管理措置等の個人情報の適正な取扱いを確保するために必要な措置を自ら講じ、その内容を公表する努力義務を課している（同条第３項）。

3．また、個人情報保護委員会は、個人情報取扱事業者に対して立入検査や勧告・命令等の監督権限を行使する際は、「学問の自由を妨げてはならない」とされており（個情法第４３条第１項）、その趣旨に照らし、個人情報取扱事業者が学術研究機関等に対して個人情報を提供する行為に対しては、監督権限を行使しないこととされている（同条第２項）。

（2）基本的考え方

1．現行法が、学術研究機関等が学術研究目的で個人情報を取り扱う場合を一律に各種義務の適用除外としている結果、我が国の学術研究機関等にＥＵ圏から移転される個人データについてはＧＤＰＲ十分性認定の効力が及ばないこととなっている。このような事態は、我が国の研究機関がＥＵ圏の研究機関と個人データを用いた共同研究を行う際の支障ともなり得ることから、改善を求める声が現場の研究者からも多数寄せられている。そこ

---

[25] 「大学その他の学術研究を目的とする機関若しくは団体」とは、現行法では、私立大学、公益法人である研究機関等の学術研究を主たる目的として活動する機関や「学会」等をいい、民間団体付属の研究機関も学術研究を主たる目的として活動する場合はこれに含まれる。一方、国立大学や公立大学、独立行政法人等である研究機関は、そもそも「個人情報取扱事業者」に該当しないことから、現行法の適用除外規定の対象とはならない。なお、「学術研究」とは、学問分野であれば人文・社会科学であるか自然科学であるかを問わないし、基礎研究であるか応用研究であるかも問わない。

[26] 学術研究目的で個人情報を取り扱う場合とは、その個人情報を取り扱う目的の全部又は一部が学術研究の用に供する目的である場合をいう（個情法第 76 条第１項柱書）。

で、今般の一元化を機に、学術研究に係る適用除外規定の内容を見直し、我が国の学術研究機関等に移転された個人データについてもＧＤＰＲ十分性認定の効力が及ぶようにするための素地を作ることが適当である[27]。

２．具体的には、

○　現行の個人情報保護法第７６条から、学術研究に係る適用除外規定（同条第１項第３号）を削除し、学術研究機関等が学術研究目的で個人情報を取り扱う場合にも一般的には同法第４章に定める各種義務の適用があり得るとした上で、

○　学問の自由の中核である研究活動の自由及び研究結果の発表の自由を引き続き十全に確保する観点から、同法第４章に定める各種義務のそれぞれについて、そのような観点からの例外規定を置くことの要否と置くとした場合の具体的な内容を、個別に検討していく

ことが適当である[28]。

（３）具体的検討

１．まず、利用目的による制限（個情法第１６条）及び要配慮個人情報の取得制限（個情法第１７条第２項）については、研究活動の自由及び研究結果の発表の自由を直接制約し得る規律であり、例外規定を置かないと類型的に実施困難な研究活動が生じると想定されることから、「学術研究機関等が学術研究目的で個人情報を取り扱う必要がある場合」を例外とする趣旨の規定を置くことが適当である。

２．また、個人データの第三者提供の制限（個情法第２３条）についても、研究活動の自由及び研究成果の発表の自由を直接制約し得る規律であることから、類型的に実施困難な研究活動が生じるのを回避するため、

ア　学術研究機関等による研究成果の発表又は教授の際に個人データの提供が必要不可欠である場合[29]

---

[27] 近年、個人データを含む大量のデータを活用した研究手法が一般化しつつあり、学術研究における個人情報の取扱いの適正を確保すべき要請が高まっているとの指摘もある。

[28] 一元化後は、規律移行法人である国立大学法人や国立研究開発法人は「個人情報取扱事業者」に該当するため、学術研究機関等としてこれらの例外規定の適用を受けることになる。

[29] 論文の公表や大学での講義等の際に個人データの提供が必要不可欠である場合は、学問の自由・表現の自由の要請が個人情報保護の要請を類型的に上回ると考えられること

イ　個人データの提供先が学術研究機関等であり、当該学術研究機関等が学術研究目的で当該個人データを取り扱う必要がある場合[30]

ウ　学術研究機関等が提供先と共同で学術研究を実施する上で個人データの提供が必要である場合[31]

から、例外規定を置くことが適当である。なお、①論文の公表や大学での講義等の際に個人情報の提供が行われるとしても、当該個人情報が提供元において個人情報データベース等を構成していない場合には、当該個人情報の提供は「個人データの提供」に該当しないため、そもそも個情法第 23 条の適用を受けない。また、②今般改正により個情法第 76 条第 1 項第 3 号を削除したとしても、論文の公表等の際に行われる個人データの提供が、同項第 2 号の「著述を業として行う者」による「著述の用に供する目的」での個人情報の取扱いに該当するときは、当該行為は引き続き個情法第 4 章の諸規定の適用除外となるため、プライバシー侵害等を理由とする民法上の不法行為責任の成否は別論として、個情法第 23 条に違反することにはならない。このため、「ア」の例外規定が適用される事案は、①や②に該当しない場合に限られることとなる。

[30] 現行の個情法第 76 条第 1 項第 3 号は、行為の主体が学術研究機関等であることを前提としているため、個人データの提供先が学術研究機関等であっても、提供元が学術研究機関等でなければ同号の適用除外とはならない。しかしながら、学術研究機関における学問の自由を確保する観点からは、提供元が学術研究機関等であるかどうかに関わらず、提供先が学術研究機関等である場合には例外とすべき必要性が認められ、現行の個情法第 43 条第 2 項もそのような趣旨を表していると考えられる。また、一元化後は、安全管理措置等や保有個人データの開示等の規律を学術研究機関等にも適用するのであれば、提供先が学術研究機関等である場合を例外としても、個人の権利利益を不当に害する可能性は低いと考えられる。更に、現行法の解釈として、主としてこのようなケースを想定して、「民間企業や私立病院等であっても、(学術研究機関との) 1 つの主体とみなすことができる共同研究に属する者と認められる場合には、学術研究の目的に個人情報等を利用する限りにおいて、(法の適用除外が適用される結果として) 法第 4 章の規定は適用されない」との見解が示されているが、前述の法人等単位規制構造を踏まえると、やや文理を離れた解釈であることは否定できず、一元化の機に、ルールの根拠の明確化を図ることが適当である。

[31] 学術研究機関等が他者に研究用途の個人データを提供する場合については、①専ら提供先が個人データを利用した研究を実施する場合（提供先の研究目的に利用)、②提供元が実施する研究を補助させる目的で個人データを提供する場合（提供元の研究目的に利用)、③提供元と提供先が共同で個人データを利用した研究を実施する場合（提供元と提供先の共同の研究目的に利用）の 3 つの場合を区別することができる。このうち、①については、学術研究機関における学問の自由を確保するという観点からは、「ア」及び「イ」に該当する場合を例外とすれば十分であると考えられる。また、②については、個人データの取扱いの委託（個情法第 23 条第 5 項第 1 号）として処理すれば足りる。したがって、一元化後の法においては、「ア」と「イ」に加えて③を第三者提供の制限の例外として規定することが適当である。なお、①～③の区別は、知的財産権の帰属先や研究資金の拠出元によるものではなく、研究目的の設定主体による区別であるから、この場合の③には、狭義の共同研究だけでなく、受託研究やいわゆる学術指導も含まれる。

の３つの場合を例外とする趣旨の規定を置くことが適当である[32]。

３．これに対し、利用目的の特定・公表（個情法第１５条及び第１８条）、データ内容の正確性の確保等（個情法第１９条）、安全管理措置等（個情法第２０条から第２２条まで）、保有個人データの開示等（個情法第２７条から第３４条まで）、苦情の処理（個情法第３５条）、匿名加工情報の取扱い（個情法第３６条から第３９条まで）、仮名加工情報の取扱い（令和２年改正後の個情法第３５条の２及び第３５条の３）及び漏えい等の報告等（令和２年改正後の個情法第２２条の２）については、

○　これらの規律を学術研究機関等に課したとしても、類型的に実施困難な研究活動が生じる訳ではなく、それが過度な負担とならない限り、研究活動の自由及び研究結果の発表の自由の制約とはならないと考えられること

○　規律の内容（各規律に置かれている一般的な例外規定の内容を含む）を学術研究活動の特性[33]を踏まえて解釈・運用することにより、学術研究機関等に対する過度の負担は避け得ること

から、学術研究に特化した例外規定を置く必要はないと考えられる。

４．また、不適正取得の禁止（個情法第１７条第１項）及び不適正利用の禁止（令和２年改正後の個情法第１６条の２）については、仮にこれらの規律によって研究活動が何らかの制約を受けることがあるとしても、公共の福祉に基づく必要最小限度の制約として是認されると解されることから、学術研究に特化した例外規定を置く必要はないと考えられる。

５．ただし、大学の自治を始めとする学術研究機関等の自律性に鑑みれば、「３.」及び「４.」の規律の運用についても、学術研究機関等の自律的な判断を原則として尊重する必要がある[34]。そこで、このような観点から、

---

[32] これらの３類型に該当する場合であっても、本人の権利利益が不当に侵害される事態を防ぐためには、提供される個人データの分量やその個人識別性の程度は目的達成に必要な限度に最小化されることが必要であり、その旨を後述の指針の中で明確化することが適当である。

[33] 例えば、学術研究機関では、個々の研究者が研究に利用するデータを分散的に管理していることが多く、大企業のような統一的な管理を求めることが困難な場合がある。

[34] 判例上、学問の自由を保障するための大学の自治は、大学の施設等についてのある程度の自主管理権を認めたものとされており（東大ポポロ事件最高裁判決）、これには大学が保有する情報の管理権も含まれ得る。また、個人情報保護法制上は、大学とその他の学術研究機関とを区別していないことから、大学以外の学術研究機関についても、同様

○　学術研究機関等に対して、個人情報を利用した研究の適正な実施のための自主規範を単独で又は共同して策定・公表することを求めた上で[35]、

○　学術研究機関等による個人情報の取扱いが当該自主規範に則っているときは、個情法第４３条第１項の趣旨を踏まえ、個人情報保護委員会は、原則として、その監督権限を行使しない

ことが適当である。

もっとも、学術研究機関等が策定する自主規範の内容が、個人の権利利益の保護の観点からは不十分である可能性も否定できない。そこで、自主規範に則った個人情報の取扱いであっても、本人の権利利益を不当に侵害するおそれがある場合には、個人情報保護委員会は、例外的に、その監督権限を行使し得るものとすることが適当である[36]。

６．この場合において、学術研究機関等による自主規範の策定を支援する観点から、必要に応じ、個人情報保護委員会が、個人情報を利用した研究の適正な実施に関する指針を策定・公表することが適当である[37][38]。

７．その際、現行法の学術研究に係る適用除外規定（個情法第７６条第１項第３号）について、多くの研究者から、「商用目的との境界が不分明な場合など、学術研究目的に該当するかどうか判断が難しい場合がある」との意見が寄せられていることを踏まえ、当該指針の中で、学術研究目的の判断基

にその自律的な判断を尊重する必要がある。

[35] 当該自主規範において定めるべき内容には、本文（３）中の「３.」及び「４.」の規律に対応した取組だけでなく、「１.」及び「２.」の規律（学術研究に特化した例外規定を置く規律）に対応した取組も含まれる。なお、現行の個情法第 76 条第 3 項の努力義務は、一元化後は、学術研究機関等との関係では、本文の自主規範の策定・公表・遵守に実質的に承継されることとなる。

[36] ＧＤＰＲ上及びＥＵ各国（ＥＵを離脱した英国を含む）の国内法制上、科学研究目的の適用除外については、データ主体の権利との実質的な利益衡量を前提としており、「データ主体に深刻な損害を引き起こす可能性がある場合」（英国ＤＰＡ）等には適用除外とならないとされている。また、ＥＵ各国（ＥＵを離脱した英国を含む）の国内法制上、学術研究コミュニティの行動規範や倫理規定に一定の効力を持たせている例が少なからず見られるが、この場合も、科学研究目的の適用除外との関係では、行動規範や倫理規定に従った行為を無条件で法の適用除外としている訳ではない。

[37] 現行の「人を対象とする医学系研究に関する倫理指針」等の研究指針のうち個人情報の取扱いに係る部分を、内容を見直した上で、一元化後は、個人情報保護法との関係では、このような意味での指針として位置付けることも考えられる。

[38] 場合によっては、学術研究機関等が、当該指針をそのまま自主規範として採用する旨を宣言する（それによって自主規範の策定・公表に代える）ことも考えられる。

準について一定の明確化を図ることが適当である[39]。

[39] 前述のように、学術研究とは、基礎研究であるか応用研究であるかを問わないと解されており、学術研究目的で個人情報を取り扱う場合とは、その個人情報を取り扱う目的の全部又は一部が学術研究の用に供する目的である場合と法文上明記されている。したがって、学術研究機関等による研究用途の個人情報の取扱いは、それが専ら商用目的で行われるような例外的な場合を除き、学術研究目的であると判断されることになり、学術研究目的であるかどうかについて解釈上の疑義が生じるケースは限られている。解釈上の疑義が生じ得るケースは、例えば、大学が企業と共同研究を行い、共同研究の終了後に当該企業が研究成果を製品化するような場合である。このような場合には、共同研究終了後の企業による製品化だけを切り出して見れば「非学術研究目的」だが、①大学による基礎研究→②大学と企業による共同研究→③企業による製品化という一連のプロジェクトを全体として見れば「一部は学術研究目的」であることから、いずれの見方をするべきかという問題が生じる。

２　個人情報の定義等の統一等

２－１　個人情報の定義等の統一

（1）現行法の規律

１．個人情報保護法における個人情報（１号個人情報）が「他の情報と容易に照合することができ、それにより特定の個人を識別することができることとなるものを含む」と規定されているのに対し、行政機関個人情報保護法等における個人情報（１号個人情報）は「他の情報と照合することができ、それにより特定の個人を識別することができることとなるものを含む」と規定されている。

２．このような個人情報の定義の相違に起因して、個人情報保護法における「匿名加工」が個人情報を非個人情報化して外部に提供する仕組みであるのに対し、行政機関個人情報保護法等における「非識別加工」は個人情報を個人情報としての性質を部分的に残したまま外部に提供する仕組みであると整理されている。

３．その結果、個人情報保護法における「匿名加工情報」と行政機関個人情報保護法等における「非識別加工情報」は、情報の内容としては同じ（個人情報に対して同じ基準に従って加工を行ったもの）であるにもかかわらず、別の名称が与えられている。

（2）改正の方向性

１．公的部門と民間部門とで個人情報の定義が異なることは、国民の目から見て極めて分かりにくいだけでなく、公的部門と民間部門との間での円滑なデータ流通の妨げともなり得る[40]。そこで、一元化の機会に、両部門の定義を統一することが適当である。

２．その際、定義を変更することに伴う影響を最小化する観点から、一元化後

---

[40] 例えば、現行法制の下では、行政機関や独立行政法人等が民間の個人情報取扱事業者から匿名加工情報を取得した場合には、これを個人情報の一種として取り扱う必要があるが、これは、「個人情報に復元されない限り、どのように利用したとしても本人に影響が及ばない」という匿名加工情報の性質に鑑みると、過重と考えられる。

の個人情報の定義は、現行の個人情報保護法の定義（容易照合可能性を要件とするもの）を採用することが適当である[41]。

3．一元化後の個人情報の定義として現行の個人情報保護法の定義を採用する結果、定義上は、公的部門における個人情報の範囲は現行法より縮小することとなる（照合可能性はあるが容易照合可能性のない情報が個人情報から外れることとなる）。しかしながら、

① 後述のように、今般の一元化の機会に、匿名加工情報・仮名加工情報の識別行為禁止義務等の規律を公的部門にも導入する方針であること

② 「照合可能性はあるが容易照合可能性のない情報」であって、①の規律ではカバーされないものは、観念的には存在し得ても、具体的には想定されないこと[42][43]

から、実質的な影響は生じないと考えられる。

4．また、個人情報の定義を統一する結果として、非識別加工情報も非個人情報となり、匿名加工情報と用語上区別すべき理由はなくなることから、両者の名称を「匿名加工情報」に統一することが適当である。

---

41 現行の個人情報保護法の定義に揃える場合と、現行の行政機関個人情報保護法等の定義に揃える場合を比較すると、影響を受ける事業者数という点では前者の方が明らかに少ない。影響を受ける本人の数（延べ人数）という点では、統計が存在しないため比較困難だが、今日の民間部門における個人データ利活用の進展に鑑みれば、この点でも前者の方が少ない可能性は低くないと考えられる。

42 現行の行個法等における個人情報の定義が照合の容易性を要件としていない結果として、行政機関等は、本人からの開示等請求の場面においては、情報の開示先における照合可能性も考慮して個人情報該当性（開示等請求の対象情報としての該当性）を判断する必要があるとの理解がある。しかしながら、容易照合可能性のない情報は、行政機関等において本人を識別することができないのであるから、そもそも開示等請求の前提としての本人性の確認（行個法第 13 条第 1 項第 2 号等）を行うことが事実上極めて困難であると考えられる。

なお、開示等請求の不開示情報の一つである開示請求者以外の個人に関する情報（行個法第 14 条第 1 項第 2 号等）については、現行法の文言及び解釈を維持することとするので、不開示情報としての該当性は、引き続き情報の開示先における照合可能性も考慮して判断されることとなる。

43 現行の行個法等における個人情報の定義が照合の容易性を要件としていない結果として、行政機関においては、個人の識別のために他の行政機関への照会を要する情報についても個人情報として取り扱う必要があるとの理解がある。しかしながら、行政機関は、全体が内閣の統轄の下にある一体の組織であるから（国家行政組織法（昭和 23 年法律第 120 号）第 2 条参照）、そのような情報は、一元化後の定義においても、容易照合可能性があるものとして、引き続き個人情報に該当すると考えられる。

２－２　行政機関等における匿名加工情報の取扱い

（１）現行法の規律

１．現行の行政機関等における非識別加工情報の取扱いに関する規律は、平成２８年の行政機関個人情報保護法等改正の際の整理に基づき、非識別加工情報が個人情報に該当し得ることを前提としたものとなっている。

２．具体的には、まず、行政機関等による非識別加工情報の作成・提供は、他の個人情報の利用・提供と同様、原則として、利用目的の範囲内でのみ可能であることが前提とされており（行個法第８条第１項、第４４条の２第２項等）、行個法第４章の２等が定める提案募集手続は、当該手続に従った非識別加工情報の作成・提供を「法令に基づく場合」として例外的に許容するものと位置付けられている（行個法第４４条の２第１項等）[44]。

３．また、行政機関等による匿名加工情報の取得は、他の個人情報の取得と同様、原則として、利用目的の範囲内でのみ可能である（行個法第３条第２項）[45]。

４．なお、現行法は、行政機関等が民間事業者等から匿名加工情報を取得した場合の安全管理措置や識別行為禁止については規定を置いていないが[46]、これは、

○　行政機関等は、自らが取得した匿名加工情報と当該匿名加工情報を作成した民間事業者等が保有する削除記述等を照合可能であるため、

○　匿名加工情報は当該行政機関等においては個人情報に該当し、個人情報の管理についての規律（行個法第６条等）が適用される

と考えられているためである。

---

[44] なお、民間部門では「匿名加工情報の作成」には当たらないと整理されている安全管理措置の一環としての匿名加工（非識別加工）については、公的部門では、相当な理由のある内部利用（行個法第８条第２項第２号等）として許容されるものと解される。

[45] 実際には、匿名加工情報の取得それ自体を利用目的として掲げている場合は稀であるため、他の利用目的の中で匿名加工情報の取得を読むことができるかをケースバイケースで判断することとなる。

[46] 現行法は、行政機関等が非識別加工情報を自ら作成した場合については、安全管理措置義務を課している（行個法第 44 条の 15 等）。

（2）改正の方向性

1．今般、匿名加工情報を行政機関等においても非個人情報であると整理した場合、規律の前提が変わるため、行政機関等における匿名加工情報の取扱いに関する規律を見直す必要がある。

2．具体的には、行政機関等による匿名加工情報の「作成」「取得」「提供」のそれぞれについて、匿名加工情報が非個人情報である前提で、法律上のルールを再構成する必要がある[47]。

3．まず、「作成」については、匿名加工情報の作成それ自体が個人の権利利益を侵害する危険性はなく、行政機関等が保有個人情報に対する安全管理措置の一環として匿名加工情報を作成することが必要な場合もあり得ることから[48]、柔軟な取扱いを認めるべきであり、法令の定める所掌事務又は業務の遂行に必要な範囲内であれば、作成を認めることが適当である。

4．次に、「取得」についても、行政機関等（特に独立行政法人等）が民間事業者等から匿名加工情報を取得して業務を遂行することが必要な場合もあり得ることから、柔軟な取扱いを認めるべきであり、法令の定める所掌事務又は業務の遂行に必要な範囲内であれば、取得を認めることが適当である。

5．その際、匿名加工情報は非個人情報であるという前提で、民間の匿名加工情報取扱事業者に準じた識別行為禁止義務及び安全管理措置義務を課すことが適当である[49]。

---

[47] なお、匿名加工情報は、その性質上、個人情報に復元されない限り、どのように利用したとしても本人に影響の及ばないものであるため、目的外利用の制限等の規律を課す必要はないと考えられる。同様の観点から、現行制度において、提案募集手続を経て契約を締結した者の非識別加工情報の利用目的が契約によって制限されている（と解し得る）点については、その要否も含め、法制化作業の中で検討していくことが適当である。

[48] 前述のように、安全管理措置の一環としての匿名加工情報の作成については、相当な理由のある内部利用（行個法第8条第2項第2号等）として許容されると解することも可能であるが、匿名加工情報の取扱いに関するルールを明確化する観点から、明文の規定を置くことが適当である。

[49] その際、匿名加工情報の安全管理措置を民間部門と同様の努力義務とするかどうかについては、①民間部門における規律との整合性（匿名加工情報は、その性質上、個人情報に復元されない限り、どのように利用したとしても本人に影響の及ばないものである

６．他方、「提供」については、現行法が非識別加工情報の提供を公平かつ適正に実施するための手続として提案募集から契約締結に至る一連の手続を定めていることを踏まえれば、一元化後においても当該手続に従った提供を原則とすべきであり、行政機関等が匿名加工情報を外部に提供できるのは、基本的に、
ア　提案募集手続を経て契約を締結した者に提供する場合
イ　法令の規定に基づく場合[50]
ウ　加工元の個人情報の提供が可能な場合[51]
に限られるとするのが適当である[52]。

７．なお、現行法は、行政機関情報公開法第５条第２号ただし書に規定する情報（法人等に関する情報のうち、一般的には不開示情報に該当するが、公益的理由から例外的に開示対象となるもの）も、非識別加工の対象に概念上は含まれ得ることを前提に、当該情報を非識別加工して提供する場合には、手続保障の観点から、当該法人等に対して意見書提出の機会を与えることを義務付けている（行個法第４４条の８が準用する行政機関情報公開法第１３条第２項）。

ため、安全管理措置については努力義務に止められている）と、②現行法の規律との連続性（現行の行個法は、行政機関等が非識別加工情報を自ら作成した場合については、当該情報の安全管理措置を義務として課している（行個法第 44 条の 15 等））の双方を考慮し、法制化作業の中で検討していくことが適当である。

50 「法令の規定に基づく場合」とは、他の法令における匿名加工情報の提供を可能とする明示的な規定（作用法上の根拠規定）に基づいて提供する場合を想定している。これに加えて、法令の定める所掌事務又は業務の遂行に必要な場合にも匿名加工情報の外部提供を行い得ることとするかどうかについては、法制化作業の中で検討していくことが適当である。

51 「加工元の個人情報の提供が可能な場合」とは、個人情報を現行の行政機関個人情報保護法第８条に相当する規定等に基づき提供可能である場合に、プライバシー上のリスクの低減等の観点から、当該個人情報を匿名加工した情報を提供する場合を意味する。

52 なお、一部の規律移行法人から、「現行法の提案募集手続は、非識別加工情報の自由な提供の妨げとなっており、規律移行法人については、民間部門と同様に自由に匿名加工情報を提供できるようにすべき」旨の意見が寄せられている。しかしながら、提案募集手続は、広義のオープンデータ政策の一環として、公的部門の各組織に対して非識別加工情報の積極的な提供を促すものであり、それ自体が提供の妨げとなるとは本来考えられない。一方、現場からそのような意見が出ていることは事実であるため、今後は、提案募集手続の運用について、現場の声を踏まえた所要の改善（例：提案募集の通年化、手数料設定における自由度の向上）を図ることが適当である。

しかしながら、非識別加工情報（一元化後は匿名加工情報）の提供制度は、行政機関等が保有する大量の個人情報を形式的な基準に基づいて定型的に加工し、民間事業者に提供することを企図するものであり、個々の保有個人情報について開示の公益的な必要性を個別に判断したり、当該必要性の判断のため、逐一、第三者の意見を聴取したりすることは、制度の本来的な趣旨にそぐわない側面がある。

そこで、行政機関情報公開法第５条第２号ただし書に規定する情報も他の不開示情報と同様に加工元情報から予め削除することとした上で、第三者への意見聴取は全て任意とすることが適当である[53]。

---

53 その上で、現行の任意的意見照会に係る規定については、①その効果（第三者が反対の意思を表示した場合には当該第三者を本人とする保有個人情報を非識別加工情報の加工元情報から除外する）を重視し、現行の規定を維持する、②いかなる場合に第三者の意見を聞くべきかについての判断基準が存在せず、安定的な運用が不可能となっていることから、規律の明確化の一環として、規定を削除する、③現行規定の趣旨（加工元情報の本人に広い意味での拒否権・離脱権を与える）を活かしつつ、制度の安定的な運用を可能とするため、ビッグデータ時代に即した新たな規律手法を採用する（例：悉皆性の高い個人情報に関しては、匿名加工情報に加工後も識別される可能性が高いことを考慮して、匿名加工情報の加工基準の一環として、レコード抽出の実施を義務付ける）の３案を選択肢として、法制化作業の中でその扱いを検討することが適当である。

3　監視監督・事務処理体制

3－1　行政機関等に対する監視監督の在り方

（1）現行法の規律

1．現行の行政機関個人情報保護法等は、行政機関等における個人情報の取扱いについての監視権限を、原則として、所管大臣である総務大臣に付与しているが、行政機関非識別加工情報（独立行政法人等については独立行政法人等非識別加工情報。以下同じ）の取扱いについては、個人情報保護委員会に監視権限を付与している。

2．これは、行政機関非識別加工情報が官から民へと流通する性質のものであることから、個人情報保護委員会がその取扱いを官民横断的に監視監督することが適当であると考えられたためである。

3．その結果、総務大臣は、行政機関等における行政機関非識別加工情報以外の個人情報の取扱いについて、
❶　法の施行状況について報告を求める権限
❷　資料の提出及び説明を求める権限（独立行政法人等を除く）
❸　意見を述べる権限（独立行政法人等を除く）
を有しているのに対し（行個法第４９条から第５１条まで等）、個人情報保護委員会は、行政機関等における行政機関非識別加工情報の取扱いについて、
①　法の施行状況について報告を求める権限
②　資料の提出及び説明を求め、その職員に実地調査をさせる権限
③　指導及び助言を行う権限
④　勧告を行う権限
を有している（行個法第５１条の４から第５１条の７まで等）。

4．個人情報保護委員会の上記権限は、基本的に、個人情報保護委員会が民間事業者に対して有する監督権限（報告及び立入検査、指導及び助言、勧告及び命令）と同様の内容を規定しようとしたものであるが、その対象が対等の立場にある他の行政機関であることから、他の制度との均衡を踏まえ、
○　罰則による担保のある立入検査を罰則による担保のない実地調査とし
○　違反に対して罰則が科される命令については規定しない

こととされたものである。

５．なお、会計検査院については、その憲法上の地位に鑑み、法の施行状況を把握するための報告（上記❶及び①）を除き、総務大臣及び個人情報保護委員会による上記の監視権限は及ばないこととされている（行個法第１０条第１項柱書かっこ書参照）。

（２）改正の方向性

１．今般の一元化は、独立規制機関である個人情報保護委員会が、民間事業者、国の行政機関、独立行政法人等、地方公共団体等の４者における個人情報及び匿名加工情報（以下「個人情報等」という）の取扱いを一元的に監視監督する体制を構築しようとするものであるから、一元化後は、行政機関等における個人情報等の取扱い全般についての監視権限を個人情報保護委員会に付与することが適当である。

２．具体的には、現行法において個人情報保護委員会が行政機関非識別加工情報の取扱いについて有する上記①～④の監視権限を、行政機関等における個人情報等の取扱い全般を対象としたものに拡張することが適当である[54]。

３．また、現行法は、独立行政法人等の自律性（主務大臣以外の機関の権限を設けることへの謙抑性）に配慮し、総務大臣の資料提出要求等権限等（上記❷及び❸）の対象から独立行政法人等を除外しているが、このような要請は、独立規制機関である個人情報保護委員会による監視には妥当しないと考えられることから、一元化後は、独立行政法人等に対しても、個人情報保護委員会の資料提出要求等権限等を及ぼすことが適当である[55]。

---

54 その際、行政機関等に対するこれらの監視権限の実効性を強化するため、他法の例（内閣府設置法第 12 条第４項、総務省設置法第６条第７項、独立行政法人通則法第 35 条の２等）に倣い、個人情報保護委員会に対し、内閣総理大臣に対する意見具申権限（内閣法第６条の規定に基づく行政各部への指揮監督権限の行使を求める権限）を付与することが適当である。また、個人情報保護委員会は、毎年、国会に対して所掌事務の処理状況を報告することとされており（個情法第 79 条）、これを監視権限の実効性確保の手段の一つとして捉えることもできる。

55 その上で、独立行政法人等に対する個別法に基づく主務大臣による監督と、個人情報保護法に基づく個人情報保護委員会による監督との関係については、運用上の問題として、一定の整理を図ることが適当である。

4．なお、規律移行法人については、一たびこれらの法人に対する規律を民間の個人情報取扱事業者等と同様の行政の外部関係と捉えることとする以上は、監視監督についても原則として民間の個人情報取扱事業者等と区別せず、個人情報保護委員会が個人情報取扱事業者等に対して有する一般の監督権限（報告及び立入検査、指導及び助言、勧告及び命令）に服せしめることが適当である[56][57]。

[56] ただし、前述のとおり、規律移行法人のうち、学術研究機関に当たるもの（例：国立大学法人）については、個情法第43条第1項の趣旨を踏まえ、その自律性を尊重し、自主規範に則った個人情報の取扱いが行われている限り、個人情報保護委員会は、原則として、その監督権限を行使しないことが適当である。

[57] 以上の結果、個人情報保護委員会は、行政機関等における個人情報等の取扱い全般を所管する機関となることから、公的部門における個人情報保護関係事務に固有の特性等を見極めた上で、必要な場合には、その体制についても所要の見直しを図ることが適当である。

３－２　行政機関等の開示決定等への不服申立ての扱い（情報公開・個人情報保護審査会の在り方）

（１）現行法の規律

１．現行法は、本人からの開示請求、訂正請求及び利用停止請求に対して行政機関等（の長）が行う決定（以下「開示決定等」という）を行政処分と位置付け、行政不服審査法（平成２６年法律第６８号）に基づく審査請求の対象としている（独立行政法人等について独個法第４２条第１項参照）。

２．審査請求先は当該開示決定等を行った各行政機関等であるが、各行政機関等は、裁決に先立ち、原則として、総務省に置かれた情報公開・個人情報保護審査会に諮問することとされている（行個法第４３条第１項等）。情報公開・個人情報保護審査会の答申に拘束力はないが、裁決を行う行政機関等が答申を尊重することにより、
①　裁決の客観性・公正性の向上
②　開示決定等の判断基準の政府内における事実上の統一
③　行政機関情報公開法に基づく開示請求に対する判断との整合性の確保
といった効果が生じるものと期待されている。

３．ただし、審査請求先が会計検査院長である場合は、会計検査院の憲法上の地位に鑑み、会計検査院に置かれた会計検査院情報公開・個人情報保護審査会（会計検査院法（昭和２２年法律第７３号）第１９条の２）に諮問することとされている。

（２）改正の方向性

１．今般の一元化は、独立規制機関である個人情報保護委員会が、民間事業者、国の行政機関、独立行政法人等、地方公共団体等の４者における個人情報の取扱いを一元的に監視監督する体制を構築しようとするものである。

２．このような今般改正の趣旨からは、一元化後は、個人情報保護委員会は、民間事業者との関係だけでなく、国の行政機関や独立行政法人等との関係でも、個別の個人情報の取扱いについて、独立規制機関としての立場で、そ

の当否（義務違反の有無）を判断する立場にあると整理する必要がある[58]。

３．本人からの開示請求等に対して適正に対応することは、保有個人情報を目的外に利用しないことや漏えい等の生じないよう適切に管理することと並ぶ行政機関等の義務であるから、一元化後は、行政機関等の個別の開示決定等の当否についても、独立規制機関である個人情報保護委員会の判断が及ぶものと整理する必要がある。

４．このような整理を制度上最も直截に実現するとすれば、一元化後は、個人情報保護委員会を開示決定等に係る審査請求の一元的な裁決機関と位置付けることとなる（国家公務員への不利益処分について、人事院が一元的な裁決機関と位置付けられていることと類似）。

５．しかしながら、このような形での制度改正には、

①　個人情報保護法上の開示決定等についての不服審査と行政機関情報公開法上の開示決定等についての不服審査とを完全に分離することとなり、相互に関連する両法の間での解釈の整合性が失われるおそれがある

②　平成１７年以来、情報公開・個人情報保護審査会において行われてきた不服審査との連続性が断たれることとなり、これまで蓄積されてきた知見が引き継がれないおそれがある

といった問題があり、今般の一元化の機に採るべき方策としては、必ずしも適当ではない。

６．そこで、

○　一元化後も、現行の情報公開・個人情報保護審査会の機能を基本的に維持することとしつつ、

○　行政機関等の個別の開示決定等の当否についても、個人情報保護委員会の判断が及ぶようにするため、

個人情報保護委員会は、特に必要と認める場合には、開示決定等の当否について、行政機関等に対して勧告を行い得ることとするのが適当である[59]。

---

[58] この点、従来の公的部門における個人情報保護法制の運用において、情報公開法制等の運用を踏襲し、法の一般的な解釈の提示や全般的な実施傾向の把握を中心とした運用が行われてきたとすれば（すなわち、行政機関等による個別の個人情報の取扱いの当否には基本的に立ち入らない運用が行われてきたとすれば）、一元化後は、独立規制機関としての立場で、更に踏み込んだ運用を行うことが求められている。

[59] 個人情報保護委員会の業務負担上の制約や情報公開・個人情報保護審査会との役割分

７．この場合において、個人情報保護委員会による上記勧告は、情報公開・個人情報保護審査会における審議結果を踏まえ行われる必要があることから、審査会への諮問の内容とそれに対する答申の内容を個人情報保護委員会に対して共有することが適当である[60]。

担を考えると、実際には、個人情報保護委員会が行う勧告の内容は、行政機関等による開示決定等についての一般的な基準の提示が中心となる可能性もあるが、その場合でも、当該基準に沿わない開示決定等が行われるのを防ぐため、個人情報保護委員会は、特に必要と認める場合には、個別の開示決定等の当否についても勧告を行い得るものと整理する必要がある。

[60] なお、情報公開・個人情報保護審査会の「合議の秘密」を確保するため、審査会の各部会において誰が何を主張したかといった意思形成過程に関する情報まで個人情報保護委員会と共有することは、適当ではない。

4　地方公共団体等の個人情報保護制度の在り方

4－1　法律による全国的な共通ルールの設定

（1）地方公共団体の条例による規律とその課題

1．地方公共団体等における個人情報の取扱いについては、国の法制化に先立ち、多くの団体において条例が制定され、実務が積み重ねられてきた[61]。独創的な規定を設けている条例も見られるなど、地方公共団体の創意工夫が促されてきたところであり、我が国の個人情報保護法制は、地方公共団体の先導的な取組によりその基盤が築かれてきた面がある。

2．近年、情報化の進展や個人情報の有用性の高まりを背景として、地域や官民の枠を超えたデータ利活用が活発化しており、地方公共団体等が保有する個人情報についても、個人の権利利益を保護しながら活用することが期待されている。特に、新型コロナウイルス感染症の流行に直面し、データの蓄積・共有・分析に基づく不断の行政サービスの向上のための行政のデジタル化を含めた我が国社会全体のデジタル化を強力に進めていくことが、政府方針として改めて打ち出されており、データ利活用の円滑化への取組も一層加速させなければならない。

3．このように、社会全体のデジタル化に対応した個人情報保護とデータ流通との両立が要請される中、地方公共団体ごとの条例の規定や運用の相違がデータ流通の支障となり得る、条例がないなど求められる保護水準を満たさない地方公共団体がある[62]、といった指摘もされ、データ利活用を円滑化するためのルールや運用の統一を求める声が主として民間サイドから高まりつつある。中でも、医療分野や学術分野等の官民の共同作業が特に重要な分野について、地方公共団体の条例を含む当該分野の個人情報保護に

[61] 昭和63年に制定された行政機関電算機処理個人情報保護法、平成15年に制定された行個法のいずれにおいても、地方公共団体等は規律の対象とされず、同年に制定された個情法において、「地方公共団体は、この法律の趣旨にのっとり、その地方公共団体の区域の特性に応じて、個人情報の適正な取扱いを確保するために必要な施策を策定し、及びこれを実施する責務を有する。」（第5条）とされ、具体的な措置は各地方公共団体の条例に委ねられている。

[62] 一部事務組合等については、個別の個人情報保護条例を制定していないなど条例の適用関係が明らかでない団体が少なくとも 613 団体存在する（「個人情報保護条例に係る実態調査結果」（令和2年5月、個人情報保護委員会事務局））。

関するルールが不統一であることが円滑な共同作業の妨げとなっているとの関係者の指摘がある。更に、地方公共団体等における個人情報の取扱いについて一定のルールや運用の統一を図ることにより、公衆衛生や災害対応等の場面で生じうる全国的な課題に対する適切かつ迅速な対応に寄与できるとの意見がある。地方公共団体の側からも、感染症対策等における個人情報の取扱いについて、全国的に統一した運用の基準を示すことを求める意見がある[63]。

４．加えて、国際的なデータ流通が増大していく中で、Ｇ２０大阪首脳宣言におけるＤＦＦＴ（信頼ある自由なデータ流通）など我が国の成長戦略との整合を図るとともに、ＧＤＰＲ十分性認定への対応を始めとする国際的な制度への調和についてもその必要性が一層高まっている。

（２）法制化の方向性

１．地方公共団体等の個人情報保護制度の上記のような課題を解決するためには、全ての地方公共団体等に適用される全国的な共通ルールを法律で規定することが効果的であり、適当である。

２．その上で、国が地方公共団体等に対し、個人情報の取扱いについて、一般的に、あるいは感染症対策等の全国統一的な運用が求められる行政分野ごとにガイドライン等を示すことにより、地方公共団体等の的確な運用を確保することが適当である。

３．それにより、地方公共団体等も含めた我が国全体で、個人情報保護とデータ利活用のバランスを図り、個人情報保護制度全体の整合性を確保し、制度の全体的・機動的な見直しを可能とするとともに、我が国の成長戦略との整合や国際的な制度調和を図ることも可能となる。

４．国と地方公共団体との適切な役割分担の視点から見ても、社会全体のデジタル化に対応した個人情報保護とデータ流通の両立を図るため、個人情報保護について全国的な共通ルールを法律で規定するとともにガイドライン等を示すことは、「全国的に統一して定めることが望ましい…地方自治に

63 例えば「新型コロナウイルス感染症に関する緊急提言」（令和２年８月８日、全国知事会）においては、新型コロナウイルス感染症対策に係る法的措置等として、「感染者情報の統一的な公表基準を定め」ることが提言されている。

関する基本的な準則に関する事務」(地方自治法(昭和２２年法律第６７号)第１条の２第２項）として国が担うべき役割であると考えられる。

５．他方、地域における行政を自主的かつ総合的に実施する役割を広く担う地方公共団体においては、住民と直接的に関わる施策を実施することが多く、これに伴い必然的に大量かつ多様な個人情報を保有することになることから、個人の権利利益の保護のため、各地方公共団体が独自に条例によるルール化を図り、必要な保護措置を講じてきた経緯がある。法制化後も、地方公共団体等が地域の課題に対処するため、国による対応を待つことなく独自の施策を展開することは依然として求められるものであり、これに伴い保有する個人情報について、法律の範囲内で、必要最小限の独自の保護措置を講じることについては、否定されるべきものではないと考えられる。また、これまでの地方公共団体等における個人情報保護行政実務の積み重ねや、情報公開制度など他の事務への影響に十分に配意し、制度の安定性を確保する必要がある。

６．施行期日は、地方公共団体等における条例等の改廃や運用の見直し等必要な準備に十分配慮して設定し、国は、地方公共団体等の準備についてガイドラインの作成等必要な支援を行うことが適当である。

４－２　規律の具体的内容

（１）総論

１．地方公共団体等の保有する個人情報の取扱いについては、地方公共団体等が国の行政機関及び独立行政法人と同様に公的部門に属することから、法律により、公的部門の規律を適用することが適当である[64][65]。具体的には、個人情報の定義（照合の容易性の扱い）、要配慮個人情報の定義、個人情報の取扱い（保有の制限、安全確保措置、利用及び提供の制限等）、個人情報ファイル簿の作成及び公表[66]等について、見直し後の行個法と同等の規定を適用することが適当である。

２．医療分野・学術分野における規制の統一の要請は、地方公共団体等についても同様である。このため、地方独立行政法人が設置・運営する、及び地方公共団体に直属する病院、診療所及び大学についても、基本的に規律移行を行うことが適当である[67]。

３．ＧＤＰＲ十分性認定への対応を始めとする国際的な制度調和の観点から、独立規制機関である個人情報保護委員会が我が国の個人情報保護法制全体

---

64 議会については、現行の行個法が行政機関を対象とし、国会や裁判所をその対象となっていないこととの整合を図るため、新制度の適用の対象とはしないこととすることが適当である。なお、ほとんどの団体（1,748 団体）で議会は個人情報の保護に関する条例等の対象とされており、引き続き、条例等により、共通ルールに沿った自律的な措置を講じることが望まれるものである。

65 指定管理者については、公の施設の管理に関して、条例でその業務の範囲を規定することとされており（地方自治法第 244 条の２第３項、第４項）、当該公の施設の管理において個人情報を保有する権限（利用、提供、廃棄等について決定する権限）を有している主体は一律ではないことを踏まえ、適用する規律の範囲を決めることが適当である。

66 現在、個人情報ファイル簿の作成を規定する団体が 534 団体、個人情報取扱事務登録簿等の作成を規定する団体が 1,466 団体、作成に関する規定がない団体が 84 団体ある。また、個人情報ファイル簿の公表を規定する団体が 518 団体、個人情報取扱事務登録簿等の公表を規定する団体が 1,415 団体、公表に関する規定がない団体が 134 団体ある（「個人情報保護条例に係る実態調査結果」（令和２年５月、個人情報保護委員会事務局））。法制化後も、個人情報の適切な管理を継続するため、引き続き条例で個人情報取扱事務登録簿等を作成・公表できることとするのが適当である。

67 規律移行を行う病院、診療所及び大学において、「公権力の行使に類する形で個人情報を保有する業務」を実施する部門がある場合における個人情報の取扱いに関しては、国の規律移行法人と同様に、例外的に公的部門と同様の規律を適用することが適当である。

を一元的に所管する体制を構築することが求められているが、その趣旨は地方公共団体等の個人情報保護制度についても同様に及ぼすべきであることから、地方公共団体等における個人情報の取扱いについての監視権限を個人情報保護委員会に付与することが適当である。その具体的内容は、国の行政機関等に対するものと同等のものとするのが適当である。

4．地方公共団体等の的確な運用を確保するため、地方公共団体等は、個人情報の取扱い等に関し、個人情報保護委員会に対し、助言その他の必要な支援を求めることができることとすることが適当である。

（2）個人情報の取扱い

1．個人情報の保有に関し、現在、地方公共団体の条例には、要配慮個人情報の取得制限等、行個法には直接対応した規定のない規律を設ける例が多く見られる[68]。ただし、これらの取得制限規定では、例外的に取得可能な場合も併せて定められており、取得を全面的に禁止している例は見られない。

　この点、行個法上、個人情報の保有は、法令の定める所掌事務の遂行に必要な場合に利用目的の達成に必要な範囲内でのみ認められているものであり（第３条）、行個法上個人情報を保有できる範囲と、上記のような取得制限規定がある条例上（要配慮個人情報等の）個人情報を保有できる範囲とは、概ね同様であると考えられる。

　したがって、個人情報の保有について、地方公共団体等にも行個法と同等の規定を適用することにより、従前と同水準の個人情報の保護を図ることができるものと考えられる。

2．個人情報の目的外利用・提供について、現在、地方公共団体の条例には、行個法の規定（第８条第２項）よりも具体的に目的外利用・提供が可能な場合を規定する例が多く見られる。

---

[68] その他、地方公共団体の条例には、不要な情報の消去、本人からの直接取得に関する規定がある（「個人情報保護条例に係る実態調査結果」（令和２年５月、個人情報保護委員会事務局））。これらの規定のうち、不要な情報の消去に関する規定については、その趣旨は、現行の行個法第３条第２項に含まれると考えられる。また、本人からの直接取得に関する規定については、本人以外からの取得を全面的に禁止する例は無く、法令・条例に定める所掌事務の遂行に必要な場合等を例外とするものであるため、その趣旨は、現行の行個法第３条及び今般改正により公的部門にも追加することとなる個人情報の不適正取得の禁止に含まれると考えられる。

この点、行個法上、目的外提供・利用ができる場合について、行政機関の内部利用及び他の行政機関等の利用のための外部提供については、「法令の定める所掌事務の遂行に必要な限度」との要件に加えて「相当な理由」の存在を要求し（第２号、第３号）、その他の外部提供については、「特別な理由」の存在を要求（第４号）し、いずれの場合についても、本人又は第三者の権利利益を不当に侵害するおそれがないことを要件としている。上記条例の規定は、本人又は第三者の権利利益の保護を図りつつ利用・提供することができる場合（行個法で規定する「相当な理由」や「特別な理由」に該当する場合）をより具体的に規定しているものということができる。

したがって、個人情報の目的外提供・利用について、地方公共団体等にも行個法と同等の規定を適用し、「相当な理由」や「特別な理由」の具体的な判断に資するために国が定めるガイドライン等に基づき運用を行うことで、個人情報の保護水準を従前から変えることなく、共通ルールの下での目的外提供・利用の円滑な運用が図られるものと考えられる。

３．現在、地方公共団体の条例には、オンライン結合（通信回線を通じた電子計算機の結合をいう。）による個人情報の提供について、行個法にはない制限規定を置く例が多く見られる。

しかし、ＩＴの活用は行政サービスの向上や行政運営の効率化に大きく寄与しており、個人情報の流通に限り物理的な結合を禁止することは合理性を欠くものであり、場合によっては、個人情報の円滑な利用を阻害して国民に不利益を被らせるおそれもある。また、行個法においては、オンライン結合制限規定がなくとも、第６条、第８条等により、個人情報の安全性の確保等が図られている。このため、オンライン結合制限規定を置くことは不要になると考えられ、共通ルールには当該規定は設けないこととすることが適当である。

その場合、地方公共団体等は、情報セキュリティを含めた安全確保措置の在り方や目的外利用・提供の「相当な理由」や「特別な理由」の具体的な判断に資するために国が示すガイドライン等に基づいた運用を行うことによって、個人情報を適切に管理し、みだりに利用・提供しないことを担保していくことが望ましい。

（３）開示、訂正及び利用停止の請求

１．現在、地方公共団体の条例において自己情報の利用停止請求権の規定がない例が存在するが、自己情報の開示、訂正及び利用停止の請求権は、全て

の地方公共団体等にこれを請求できることとすることが適当である。

2．また、現在、地方公共団体の条例で規定される自己情報の開示請求等の要件や手続は、同様に条例で規定される情報公開制度との整合性を図りつつ定められており、今次の法制化において地方公共団体等の個人情報に関して自己情報の開示請求等を規定するに当たっては、地方公共団体等の情報公開制度との整合を図る必要がある。

3．1．及び2．の要請を満たすよう、自己情報の開示請求等の請求権、要件、手続の主要な部分は法律により、地方公共団体等の情報公開制度における開示に係る規定との整合を図る部分、手数料、処理期間等は、法律で一定の枠付けをした上で条例により規定することを可能とすることを検討することが適当である。

4．なお、自己情報の開示決定等に対する審査請求については、国の行政機関等についての検討において、行政機関情報公開法上の開示決定等についての審査請求との整合性の維持、情報公開・個人情報保護審査会に蓄積された知見の継承の観点から、一元化後も、現行の情報公開・個人情報保護審査会の機能を基本的に維持することとしつつ、個別の開示決定等について個人情報保護委員会の判断が及ぶようにするために個人情報保護委員会に勧告権限を与えるのが適当であるとしている。

この点、地方公共団体等についても、情報公開条例上の開示決定等についての審査請求との整合性の維持、諮問機関である審査会[69]に蓄積された知見の継承の観点は共通するものであるから、国の行政機関等に関する上記整理と同様、法制化後も、現行の諮問機関である審査会等の機能を基本的に維持することとしつつ、個人情報保護委員会に勧告権限を与えることとするのが適当である。個人情報保護委員会の勧告は、地方公共団体等の審査会等における審議結果を踏まえ行われる必要があることから、国の行政機関等と同様に、審査会等への諮問の内容とそれに対する答申の内容を個人情報保護委員会に対して共有することが適当である。

（4）匿名加工情報の提供制度の導入

---

[69] 審査請求の諮問機関であり、名称は問わない。地方公共団体の条例では「審議会」の名称を用いている例がある。

１．行個法には平成２８年の法改正により、非識別加工情報の提供制度が設けられた。地方公共団体の条例においても非識別加工情報の提供制度を設けることとした例も見られるが、現状まだごく少数にとどまる[70]。

２．「個人情報の適正かつ効果的な活用が新たな産業の創出並びに活力ある経済社会及び豊かな国民生活の実現に資するものであることその他の個人情報の有用性に配慮」するとの非識別加工情報の提供制度を設ける趣旨は、地方公共団体等が保有する個人情報についても基本的には及ぶものである。

３．しかし、既に制度を運用している国の行政機関等において事例の蓄積が乏しいことや、地方公共団体等において非識別加工に関する十分な知見を持った人材がいないことなどから、非識別加工情報の提供制度の適正な運用の確保に対して懸念があるとの指摘がある。

４．以上を考慮し、地方公共団体等についても、非識別加工情報（一元化後に「匿名加工情報」に統一）の提供制度について行個法と同等の規定を適用しつつ、経過措置として、当分の間、都道府県及び指定都市について適用することとし、他の地方公共団体等は任意で提案募集を実施することができるとすることが適当である。

５．また、３．で述べたような課題を抱えている地方公共団体等において非識別加工情報の提供制度が円滑に実施されるためには、専門的見地からの支援を受けることができるようにする必要があると考えられることから、非識別加工情報について加工基準を定め、制度運用について監視を行う個人情報保護委員会に対し、非識別加工情報に係る事務の実施にあたり必要な支援を求めることができることとすることが適当である。

（５）条例で定める独自の保護措置

１．法律による共通ルールを適用した場合、個人情報保護法制が「個人の権利利益の保護」（個情法第１条、行個法第１条及び独個法第１条）を最重要の目的としていることを踏まえると、共通ルールよりも保護の水準を下げるような規定を条例で定めることは、法律の趣旨に反するものとして認めら

---

[70] 国の非識別加工情報と同様の規定を整備した地方公共団体は、11 団体（都道府県２団体及び市区町村９団体）にとどまっている。（「令和元年度地方自治情報管理概要」総務省）

れないものと考えられる。

２．他方、共通ルールよりも保護の水準を高めるような規定を条例で定めることは、必ずしも否定されるものではないと考えられる。ただし、個人情報保護法制が「個人情報の有用性に配慮」（個情法第１条、行個法第１条及び独個法第１条）することを求めるものであり、共通ルールを設ける趣旨が個人情報保護とデータ流通の両立を図る点にあることを踏まえると、地方公共団体が条例で独自の保護措置を規定できるのは特にそのような措置を講ずる必要がある場合に限ることとするのが適当である。

３．例えば、地方公共団体等がそれぞれの施策に際して保有することが想定される情報で、その取扱いに特に配慮が必要と考えられるものとして「ＬＧＢＴに関する事項」「生活保護の受給」「一定の地域の出身である事実」等が考えられるが、これらは、国の行政機関では保有することが想定されず、行個法・行政機関の保有する個人情報の保護に関する法律施行令（平成１５年政令第５４８号。以下「行個令」という）の「要配慮個人情報」には含まれていないものである。また、将来においても、地方公共団体等において新たな施策が展開され、その実施に伴い保有する個人情報が、行個法・行個令の「要配慮個人情報」には規定されていないものの、その取扱いには、「要配慮個人情報」と同様に特に配慮が必要な個人情報である場合も想定される。こうした個人情報について、不当な差別、偏見等のおそれが生じ得る情報として、地方公共団体が条例により「要配慮個人情報」に追加できることとすることが適当である。

４．また、現在、多くの地方公共団体の条例においては、個別の個人情報の取扱いの判断に際して、地方自治法第１３８条の４第３項に規定する附属機関である審議会等の意見を聴くこととしているが、法制化後は、法律による共通ルールについて国がガイドライン等を示し、地方公共団体等はこれに基づきあらかじめ定型的な事例について運用ルールを決めておくことにより、個別の個人情報の取扱いの判断に際して審議会等に意見を聴く必要性は大きく減少するものと考えられる。

他方、条例で、審議会等の役割として、個人情報保護制度の運用についての調査審議やその在り方についての意見具申の役割を規定している例も多く見られるが、このような役割は今後も求められるものであり、今後、審議会等の役割は、上記のような個別の個人情報の取扱いの判断に際して諮問を受けるものから、定型的な事例についての事前の運用ルールの検討も含

めた地方公共団体等における個人情報保護制度の運用やその在り方についての調査審議に重点が移行していくことになるものと考えられる。

５．地方公共団体が条例で定める独自の保護措置の規定が法律の範囲内において特に必要なものとして定められたものであることを担保するため、独自の保護措置を条例で規定しようとする地方公共団体は、個人情報保護委員会に対し、その内容を事前に確認し、情報の提供、助言等の必要な支援を求めることができることとすることが適当である。これを受けて、個人情報保護委員会は、個人情報の有用性に配慮しつつ、個人の権利利益を保護する観点から、必要に応じて、情報の提供、助言等の支援を行うことが適当である。

また、地方公共団体がそのような条例を定めたときは、その旨及びその内容を個人情報保護委員会に届け出ることとするのが適当である[71]。これを受けて、個人情報保護委員会は、必要に応じ、助言等の適切な監視を行うことが適当である。

この際、条例の一覧性を高め、関係者の利便性の向上を図る観点から、個人情報保護委員会は、届出を受けた内容を公表することが適当である。

なお、地方公共団体の条例に基づく事務処理が違法又は著しく適正を欠く場合、国は、地方自治法等に基づき、助言、勧告を通じて是正を促すほか、是正の要求[72]を行うこと等ができるものである。

６．なお、死者に関する情報は、現行の個情法及び行個法等の定めと同様、「個人情報」には含まれないものと整理されるが、地方公共団体において、別途、個人情報とは別のものとして、死者に関する情報の保護についての規定を設け、必要な保護を図ることは考えられる。

（６）施行期日等

１．新制度を円滑かつ適切に運用するためには、地方公共団体等において、条例等の改廃や、事務要領等の整備、職員の研修、制度周知等の準備等を

---

71 ＧＤＰＲ第 85 条第３項は、各加盟国は、例外又は特例を定める国内法を採択した場合、欧州委員会に対し、その国内法の条項を通知し、かつ、遅滞なく、その後の改正法又はそれらの条項に影響を与える改正を通知する旨規定しており、参考にすることができる。

72 事務の処理について是正の要求を受けた地方公共団体は、違反の是正又は改善のための必要な措置を講じなければならないとされている（地方自治法第 245 条の５第５項）。

行う必要がある。このため、施行期日は地方公共団体等の準備等に要する期間を十分に確保して設定することが適当である。

２．地方公共団体等が新制度の施行の準備等を円滑かつ確実に実施できるよう、国は、地方公共団体等の準備等についてガイドラインの作成や条例例の提示等必要な支援を行うことが適当である。

５　個人情報保護法令和２年改正の公的部門への反映の在り方

個人情報保護法令和２年改正[73]の改正内容のうち、公的部門（国の行政機関、規律移行法人以外の独立行政法人等及び地方公共団体等）に対しても反映することが適当な事項について、今般の一元化に併せて所要の措置を講ずることが適当である。

なお、規律移行法人については、原則として一般の個人情報取扱事業者と同様の規律を適用することとなるため、個人情報保護法令和２年改正における改正事項も原則としてそのまま適用されることとなる。

令和２年改正における改正事項	公的部門への反映の在り方
①漏えい等発生時の委員会報告等の義務化（新個情法第２２条の２）	個人の権利利益を適切に保護する観点から、公的部門においても、保有個人情報の漏えい等が発生した場合の個人情報保護委員会への報告及び本人に対する通知義務に係る規定を置くことが適当である。
②個人情報の不適正な利用の禁止（新個情法第１６条の２）	官民データ活用（官民データ活用推進基本法（平成２８年法律第１０３号）第１条）を推進し、公的部門と民間部門の間における個人情報の利活用を進めていく上では、民間部門と同様、公的部門についても、明文で個人情報の不適正な利用を禁止する旨の規定を置くことが適当である。 併せて、今回の一元化を機に、既に規定のある独立行政法人等に加え、国の行政機関及び地方公共団体等についても、個人情報の不適正取得の禁止に係る規定を置くことが適当である。
③個人関連情報の創設（新個情法第２６条の２）	公的部門においても、行政機関等が個人情報に該当しない情報を第三者に提供した結果、提供先において本人が識別される個人情報となり、本人の権利利益を侵害することとなる可能性は抽象的には存在する。その一方で、現時点でそのような可能性が顕在化している訳ではない。また、公的部門に特有の制度である目的内提供との関係を整理する必要がある。このため、個人関連情報の第三者提供について民間部門に準じた一定の規律を置くことについては、当否も含め、法制化作業の中で精査していくことが適当である。
④外国にある第三者への個人データ提供時の本人への情報提供の充実	今般の一元化を機に、公的部門を含めたＧＤＰＲ十分性認定への対応を視野に入れ、本人の

[73] 「個人情報の保護に関する法律等の一部を改正する法律」（令和２年法律第 44 号）

等（個情法第２４条）	同意に基づき取得した保有個人情報を、公的部門から外国の第三者に対して提供する場合について、民間部門に準じた一定の規律を置くことが適当である。
⑤利用停止・消去等請求権の要件緩和（新個情法第３０条第５項）	公的部門においては、法令の定める所掌事務・業務に必要な範囲内でしか個人情報を保有することはできず（行個法第３条第２項等）、法違反の場合以外で利用停止・消去等請求権の行使を認める必要のある場合は想定されない。 ただし、上述のとおり、今般の法改正において、公的部門においても個人情報の不適正な取得・利用の禁止に係る規定を置くことに伴い、不適正に取得又は利用された個人情報の利用停止に係る規定を置くことが適当である。
⑥仮名加工情報の創設（新個情法第２条第９項及び第１０項、第３５条の２並びに第３５条の３）	仮名加工情報制度は、企業等におけるイノベーションを促進する観点から、専ら内部分析に用いる個人情報について一部の義務を緩和する趣旨で創設された制度であるところ、公的部門では、現行法の下でも、保有個人情報の目的内利用（行個法第８条第１項等）又は相当な理由のある内部利用（行個法第８条第２項第２号等）に該当すれば、仮名加工情報に相当する情報の作成・利用が可能となる。このため、民間部門と同様の措置は不要と考えられる。 ただし、今般の法改正において、公的部門における個人情報の定義においても容易照合可能性を要件とする結果、行政機関等が「法令に基づく場合」として仮名加工情報を取得した場合 、これが個人情報に該当しないこととなり得る。このため、行政機関等が取得した仮名加工情報の取扱いについて、民間部門に準じた一定の規律（安全管理措置及び識別行為禁止義務）を置くことが適当である。
⑦保有個人データの開示方法の指示（新個情法第２８条第１項）	国の行政機関等においては、既に開示請求者が開示方法を選択できる仕組みとなっているため（行個法第２４条第３項等）、法律上の措置は不要と考えられる。 その一方、開示請求者は、行政機関等が情報化の進展状況等を勘案してそれぞれ定める選択肢の中から開示方法を選択することとされているため（同条第１項等）、統一的な政府方針の策定等を通じて、政府全体として開示実施のデジタル化対応を計画的に推進していくことが適当である[74]。

[74] 今般創設が予定されているデジタル庁が主導的役割を果たすことが期待される。

個人情報保護制度の見直しに関する検討会委員

	生貝　直人	東洋大学経済学部准教授
	石井　夏生利	中央大学国際情報学部教授
	大谷　和子	株式会社日本総合研究所執行役員法務部長
	佐藤　一郎	国立情報学研究所教授
	宍戸　常寿	東京大学大学院法学政治学研究科教授
（座長）	髙橋　滋	法政大学法学部教授
	長田　三紀	情報通信消費者ネットワーク
	根本　勝則	日本経済団体連合会専務理事
	増田　悦子	全国消費生活相談員協会理事長
	森　亮二	英知法律事務所弁護士

（五十音順：敬称略）

資料3　検討経緯

令和元年 12 月 25 日	「個人情報保護制度の見直しに関するタスクフォース」の設置
令和 2 年 3 月 9 日	「個人情報保護制度の見直しに関する検討会」の設置
令和 2 年 8 月 28 日	「個人情報保護制度の見直しに向けた中間整理」の取りまとめ・公表
令和 2 年 12 月 24 日	「個人情報保護制度の見直しに関する最終報告」の取りまとめ・公表
令和 3 年 2 月 9 日	「デジタル社会の形成を図るための関係法律の整備に関する法律案」閣議決定
令和 3 年 3 月～5 月	・3 月 9 日　衆・本会議（趣旨説明） ・3 月 10 日　衆・内閣委（趣旨説明） ・3 月 12 日、17 日、18 日、19 日、24 日、31 日、4 月 2 日　衆・内閣委（質疑、採決） ・4 月 6 日　衆・本会議（採決） ・4 月 14 日　参・本会議（趣旨説明） ・4 月 20 日　参・内閣委（趣旨説明） ・4 月 20 日、22 日、27 日、5 月 6 日、11 日　参・内閣委（質疑、採決） ・5 月 12 日　参・本会議（採決）
令和 3 年 5 月 19 日	「デジタル社会の形成を図るための関係法律の整備に関する法律」公布

資料4　個人情報の保護に関する法律　新旧対照条文

○　個人情報の保護に関する法律（平成十五年法律第五十七号）（抄）（第五十一条改正後）

（傍線部分は改正部分）

改正後	現行
目次	目次
第一章　総則（第一条―第三条）	第一章　総則（第一条―第三条）
第二章　国及び地方公共団体の責務等（第四条―第六条）	第二章　国及び地方公共団体の責務等（第四条―第六条）
第三章　個人情報の保護に関する施策等	第三章　個人情報の保護に関する施策等
第一節　個人情報の保護に関する基本方針（第七条）	第一節　個人情報の保護に関する基本方針（第七条）
第二節　国の施策（第八条―第十一条）	第二節　国の施策（第八条―第十条）
第三節　地方公共団体の施策（第十二条―第十四条）	第三節　地方公共団体の施策（第十一条―第十三条）
第四節　国及び地方公共団体の協力（第十五条）	第四節　国及び地方公共団体の協力（第十四条）
第四章　個人情報取扱事業者等の義務等	第四章　個人情報取扱事業者の義務等
第一節　総則（第十六条）	（新設）
第二節　個人情報取扱事業者及び個人関連情報取扱事業者の義務（第十七条―第四十条）	第一節　個人情報取扱事業者等の義務（第十五条―第三十五条）
第三節　仮名加工情報取扱事業者等の義務（第四十一条・第四十二条）	第二節　仮名加工情報取扱事業者等の義務（第三十五条の二・第三十五条の三）
第四節　匿名加工情報取扱事業者等の義務（第四十三条―第四十六条）	第三節　匿名加工情報取扱事業者等の義務（第三十六条―第三十九条）
（削除）	第四節　監督（第四十条―第四十六条）
第五節　民間団体による個人情報の保護の推進（第四十七条―第五十	第五節　民間団体による個人情報の保護の推進（第四十七条―第五十

六条）

（削除）

第六節　雑則（第五十七条―第五十九条）

第五章　行政機関等の義務等

第一節　総則（第六十条）

第二節　行政機関等における個人情報等の取扱い（第六十一条―第七十三条）

第三節　個人情報ファイル（第七十四条・第七十五条）

第四節　開示、訂正及び利用停止

第一款　開示（第七十六条―第八十九条）

第二款　訂正（第九十条―第九十七条）

第三款　利用停止（第九十八条―第百三条）

第四款　審査請求（第百四条―第百七条）

第五款　条例との関係（第百八条）

第五節　行政機関等匿名加工情報の提供等（第百九条―第百二十三条）

第六節　雑則（第百二十四条―第百二十九条）

第六章　個人情報保護委員会

第一節　設置等（第百三十条―第百四十五条）

第二節　監督及び監視

第一款　個人情報取扱事業者等の監督（第百四十六条―第百五十二条）

第二款　認定個人情報保護団体の監督（第百五十三条―第百五十五

八条）

第六節　送達（第五十八条の二―第五十八条の五）

（新設）

（新設）

（新設）

（新設）

（新設）

（新設）

（新設）

（新設）

（新設）

（新設）

（新設）

（新設）

（新設）

第五章　個人情報保護委員会（第五十九条―第七十四条）

（新設）

（新設）

（新設）

（新設）

条）

第三款　行政機関等の監視（第百五十六条―第百六十条）

第三節　送達（第百六十一条―第百六十四条）

第四節　雑則（第百六十五条―第百七十条）

第七章　雑則（第百七十一条―第百七十五条）

第八章　罰則（第百七十六条―第百八十五条）

附則

第一章　総則

（目的）

第一条　この法律は、デジタル社会の進展に伴い個人情報の利用が著しく拡大していることに鑑み、個人情報の適正な取扱いに関し、基本理念及び政府による基本方針の作成その他の個人情報の保護に関する施策の基本となる事項を定め、国及び地方公共団体の責務等を明らかにし、個人情報を取り扱う事業者及び行政機関等についてこれらの特性に応じて遵守すべき義務等を定めるとともに、個人情報保護委員会を設置することにより、行政機関等の事務及び事業の適正かつ円滑な運営を図り、並びに個人情報の適正かつ効果的な活用が新たな産業の創出並びに活力ある経済社会及び豊かな国民生活の実現に資するものであることその他の個人情報の有用性に配慮しつつ、個人の権利利益を保護することを目的とする。

（新設）

（新設）

（新設）

第六章　雑則（第七十五条―第八十一条）

第七章　罰則（第八十二条―第八十八条）

附則

第一章　総則

（目的）

第一条　この法律は、高度情報通信社会の進展に伴い個人情報の利用が著しく拡大していることに鑑み、個人情報の適正な取扱いに関し、基本理念及び政府による基本方針の作成その他の個人情報の保護に関する施策の基本となる事項を定め、国及び地方公共団体の責務等を明らかにするとともに、個人情報を取り扱う事業者の遵守すべき義務等を定めることにより、個人情報の適正かつ効果的な活用が新たな産業の創出並びに活力ある経済社会及び豊かな国民生活の実現に資するものであることその他の個人情報の有用性に配慮しつつ、個人の権利利益を保護することを目的とする。

（定義）

第二条　この法律において「個人情報」とは、生存する個人に関する情報であって、次の各号のいずれかに該当するものをいう。

一　当該情報に含まれる氏名、生年月日その他の記述等（文書、図画若しくは電磁的記録（電磁的方式（電子的方式、磁気的方式その他人の知覚によっては認識することができない方式をいう。次項第二号において同じ。）で作られる記録をいう。以下同じ。）に記載され、若しくは記録され、又は音声、動作その他の方法を用いて表された一切の事項（個人識別符号を除く。）をいう。以下同じ。）により特定の個人を識別することができるもの（他の情報と容易に照合することができ、それにより特定の個人を識別することができることとなるものを含む。）

二　個人識別符号が含まれるもの

【行個法】

第一条　この法律は、行政機関において個人情報の利用が拡大していることに鑑み、行政機関における個人情報の取扱いに関する基本的事項及び行政機関非識別加工情報（行政機関非識別加工情報ファイルを構成するものに限る。）の提供に関する事項を定めることにより、行政の適正かつ円滑な運営を図り、並びに個人情報の適正かつ効果的な活用が新たな産業の創出並びに活力ある経済社会及び豊かな国民生活の実現に資するものであることその他の個人情報の有用性に配慮しつつ、個人の権利利益を保護することを目的とする。

（定義）

第二条　この法律において「個人情報」とは、生存する個人に関する情報であって、次の各号のいずれかに該当するものをいう。

一　当該情報に含まれる氏名、生年月日その他の記述等（文書、図画若しくは電磁的記録（電磁的方式（電子的方式、磁気的方式その他人の知覚によっては認識することができない方式をいう。次項第二号において同じ。）で作られる記録をいう。第十八条第二項及び第二十八条第一項において同じ。）に記載され、若しくは記録され、又は音声、動作その他の方法を用いて表された一切の事項（個人識別符号を除く。）をいう。以下同じ。）により特定の個人を識別することができるもの（他の情報と容易に照合することができ、それにより特定の個人を識別することができることとなるものを含む。）

二　個人識別符号が含まれるもの

2　この法律において「個人識別符号」とは、次の各号のいずれかに該当する文字、番号、記号その他の符号のうち、政令で定めるものをいう。

一　特定の個人の身体の一部の特徴を電子計算機の用に供するために変換した文字、番号、記号その他の符号であって、当該特定の個人を識別することができるもの

二　個人に提供される役務の利用若しくは個人に販売される商品の購入に関し割り当てられ、又は個人に発行されるカードその他の書類に記載され、若しくは電磁的方式により記録された文字、番号、記号その他の符号であって、その利用者若しくは購入者又は発行を受ける者ごとに異なるものとなるように割り当てられ、又は記載され、若しくは記録されることにより、特定の利用者若しくは購入者又は発行を受ける者を識別することができるもの

3　この法律において「要配慮個人情報」とは、本人の人種、信条、社会的身分、病歴、犯罪の経歴、犯罪により害を被った事実その他本人に対する不当な差別、偏見その他の不利益が生じないようにその取扱いに特に配慮を要するものとして政令で定める記述等が含まれる個人情報をいう。

（削除）

2　この法律において「個人識別符号」とは、次の各号のいずれかに該当する文字、番号、記号その他の符号のうち、政令で定めるものをいう。

一　特定の個人の身体の一部の特徴を電子計算機の用に供するために変換した文字、番号、記号その他の符号であって、当該特定の個人を識別することができるもの

二　個人に提供される役務の利用若しくは個人に販売される商品の購入に関し割り当てられ、又は個人に発行されるカードその他の書類に記載され、若しくは電磁的方式により記録された文字、番号、記号その他の符号であって、その利用者若しくは購入者又は発行を受ける者ごとに異なるものとなるように割り当てられ、又は記載され、若しくは記録されることにより、特定の利用者若しくは購入者又は発行を受ける者を識別することができるもの

3　この法律において「要配慮個人情報」とは、本人の人種、信条、社会的身分、病歴、犯罪の経歴、犯罪により害を被った事実その他本人に対する不当な差別、偏見その他の不利益が生じないようにその取扱いに特に配慮を要するものとして政令で定める記述等が含まれる個人情報をいう。

4　この法律において「個人情報データベース等」とは、個人情報を含む情報の集合物であって、次に掲げるもの（利用方法からみて個人の権利利益を害するおそれが少ないものとして政令で定めるものを除く。）をいう。

一　特定の個人情報を電子計算機を用いて検索することができるように体系的に構成したもの

（削除）

（削除）

（削除）

4　この法律において個人情報について「本人」とは、個人情報によって識別される特定の個人をいう。

5　この法律において「仮名加工情報」とは、次の各号に掲げる個人情報の区分に応じて当該各号に定める措置を講じて他の情報と照合しない限り特定の個人を識別することができないように個人情報を加工して得ら

二　前号に掲げるもののほか、特定の個人情報を容易に検索することができるように体系的に構成したものとして政令で定めるもの

5　この法律において「個人情報取扱事業者」とは、個人情報データベース等を事業の用に供している者をいう。ただし、次に掲げる者を除く。

一　国の機関

二　地方公共団体

三　独立行政法人等（独立行政法人等の保有する個人情報の保護に関する法律（平成十五年法律第五十九号）第二条第一項に規定する独立行政法人等をいう。以下同じ。）

四　地方独立行政法人（地方独立行政法人法（平成十五年法律第百十八号）第二条第一項に規定する地方独立行政法人をいう。以下同じ。）

6　この法律において「個人データ」とは、個人情報データベース等を構成する個人情報をいう。

7　この法律において「保有個人データ」とは、個人情報取扱事業者が、開示、内容の訂正、追加又は削除、利用の停止、消去及び第三者への提供の停止を行うことのできる権限を有する個人データであって、その存否が明らかになることにより公益その他の利益が害されるものとして政令で定めるもの以外のものをいう。

8　この法律において個人情報について「本人」とは、個人情報によって識別される特定の個人をいう。

9　この法律において「仮名加工情報」とは、次の各号に掲げる個人情報の区分に応じて当該各号に定める措置を講じて他の情報と照合しない限り特定の個人を識別することができないように個人情報を加工して得ら

れる個人に関する情報をいう。

一　第一項第一号に該当する個人情報　当該個人情報に含まれる記述等の一部を削除すること（当該一部の記述等を復元することのできる規則性を有しない方法により他の記述等に置き換えることを含む。）。

二　第一項第二号に該当する個人情報　当該個人情報に含まれる個人識別符号の全部を削除すること（当該個人識別符号を復元することのできる規則性を有しない方法により他の記述等に置き換えることを含む。）。

（削除）

6　この法律において「匿名加工情報」とは、次の各号に掲げる個人情報の区分に応じて当該各号に定める措置を講じて特定の個人を識別することができないように個人情報を加工して得られる個人に関する情報であって、当該個人情報を復元することができないようにしたものをいう。

一　第一項第一号に該当する個人情報　当該個人情報に含まれる記述等の一部を削除すること（当該一部の記述等を復元することのできる規則性を有しない方法により他の記述等に置き換えることを含む。）。

二　第一項第二号に該当する個人情報　当該個人情報に含まれる個人識

れる個人に関する情報をいう。

一　第一項第一号に該当する個人情報　当該個人情報に含まれる記述等の一部を削除すること（当該一部の記述等を復元することのできる規則性を有しない方法により他の記述等に置き換えることを含む。）。

二　第一項第二号に該当する個人情報　当該個人情報に含まれる個人識別符号の全部を削除すること（当該個人識別符号を復元することのできる規則性を有しない方法により他の記述等に置き換えることを含む。）。

10　この法律において「仮名加工情報取扱事業者」とは、仮名加工情報を含む情報の集合物であって、特定の仮名加工情報を電子計算機を用いて検索することができるように体系的に構成したものその他特定の仮名加工情報を容易に検索することができるように体系的に構成したものとして政令で定めるもの（第三十五条の二第一項において「仮名加工情報データベース等」という。）を事業の用に供している者をいう。ただし、第五項各号に掲げる者を除く。

11　この法律において「匿名加工情報」とは、次の各号に掲げる個人情報の区分に応じて当該各号に定める措置を講じて特定の個人を識別することができないように個人情報を加工して得られる個人に関する情報であって、当該個人情報を復元することができないようにしたものをいう。

一　第一項第一号に該当する個人情報　当該個人情報に含まれる記述等の一部を削除すること（当該一部の記述等を復元することのできる規則性を有しない方法により他の記述等に置き換えることを含む。）。

二　第一項第二号に該当する個人情報　当該個人情報に含まれる個人識

別符号の全部を削除すること（当該個人識別符号を復元することのできる規則性を有しない方法により他の記述等に置き換えることを含む。）。

（削除）

7　この法律において「個人関連情報」とは、生存する個人に関する情報であって、個人情報、仮名加工情報及び匿名加工情報のいずれにも該当しないものをいう。

8　この法律において「行政機関」とは、次に掲げる機関をいう。

一　法律の規定に基づき内閣に置かれる機関（内閣府を除く。）及び内閣の所轄の下に置かれる機関

二　内閣府、宮内庁並びに内閣府設置法（平成十一年法律第八十九号）第四十九条第一項及び第二項に規定する機関（これらの機関のうち第四号の政令で定める機関が置かれる機関にあっては、当該政令で定める機関を除く。）

三　国家行政組織法（昭和二十三年法律第百二十号）第三条第二項に規定する機関（第五号の政令で定める機関が置かれる機関にあっては、

別符号の全部を削除すること（当該個人識別符号を復元することのできる規則性を有しない方法により他の記述等に置き換えることを含む。）。

12　この法律において「匿名加工情報取扱事業者」とは、匿名加工情報を含む情報の集合物であって、特定の匿名加工情報を電子計算機を用いて検索することができるように体系的に構成したものその他特定の匿名加工情報を容易に検索することができるように体系的に構成したものとして政令で定めるもの（第三十六条第一項において「匿名加工情報データベース等」という。）を事業の用に供している者をいう。ただし、第五項各号に掲げる者を除く。

（新設）

【行個法第二条第一項】

第二条　この法律において「行政機関」とは、次に掲げる機関をいう。

一　法律の規定に基づき内閣に置かれる機関（内閣府を除く。）及び内閣の所轄の下に置かれる機関

二　内閣府、宮内庁並びに内閣府設置法（平成十一年法律第八十九号）第四十九条第一項及び第二項に規定する機関（これらの機関のうち第四号の政令で定める機関が置かれる機関にあっては、当該政令で定める機関を除く。）

三　国家行政組織法（昭和二十三年法律第百二十号）第三条第二項に規定する機関（第五号の政令で定める機関が置かれる機関にあっては、

当該政令で定める機関を除く。） 四　内閣府設置法第三十九条及び第五十五条並びに宮内庁法（昭和二十二年法律第七十号）第十六条第二項の機関並びに内閣府設置法第四十条及び第五十六条（宮内庁法第十八条第一項において準用する場合を含む。）の特別の機関で、政令で定めるもの 五　国家行政組織法第八条の二の施設等機関及び同法第八条の三の特別の機関で、政令で定めるもの 六　会計検査院	当該政令で定める機関を除く。） 四　内閣府設置法第三十九条及び第五十五条並びに宮内庁法（昭和二十二年法律第七十号）第十六条第二項の機関並びに内閣府設置法第四十条及び第五十六条（宮内庁法第十八条第一項において準用する場合を含む。）の特別の機関で、政令で定めるもの 五　国家行政組織法第八条の二の施設等機関及び同法第八条の三の特別の機関で、政令で定めるもの 六　会計検査院
9　この法律において「独立行政法人等」とは、独立行政法人通則法（平成十一年法律第百三号）第二条第一項に規定する独立行政法人及び別表第一に掲げる法人をいう。	【独個法第二条第一項】 第二条　この法律において「独立行政法人等」とは、独立行政法人通則法（平成十一年法律第百三号）第二条第一項に規定する独立行政法人及び別表に掲げる法人をいう。
10　この法律において「地方独立行政法人」とは、地方独立行政法人法（平成十五年法律第百十八号）第二条第一項に規定する地方独立行政法人をいう。	（新設）
11　この法律において「行政機関等」とは、次に掲げる機関をいう。 一　行政機関 二　地方公共団体の機関（議会を除く。次章、第三章及び第六十九条第二項第三号を除き、以下同じ。） 三　独立行政法人等（別表第二に掲げる法人を除く。第十六条第二項第三号、第六十三条、第七十八条第一項第七号イ及びロ、第八十九条第四項から第六項まで、第百十九条第五項から第七項まで並びに第百二十五条第二項において同じ。）	（新設）

四　地方独立行政法人（地方独立行政法人法第二十一条第一号に掲げる業務を主たる目的とするもの又は同条第二号若しくは第三号（チに係る部分に限る。）に掲げる業務を目的とするものを除く。第十六条第二項第四号、第六十三条、第七十八条第一項第七号イ及びロ、第八十九条第七項から第九項まで、第百十九条第八項から第十項まで並びに第百二十五条第二項において同じ。）

（基本理念）

第三条　個人情報は、個人の人格尊重の理念の下に慎重に取り扱われるべきものであることに鑑み、その適正な取扱いが図られなければならない。

第二章　国及び地方公共団体の責務等

（国の責務）

第四条　国は、この法律の趣旨にのっとり、国の機関、地方公共団体の機関、独立行政法人等、地方独立行政法人及び事業者等による個人情報の適正な取扱いを確保するために必要な施策を総合的に策定し、及びこれを実施する責務を有する。

（地方公共団体の責務）

第五条　地方公共団体は、この法律の趣旨にのっとり、国の施策との整合性に配慮しつつ、その地方公共団体の区域の特性に応じて、地方公共団

（基本理念）

第三条　個人情報は、個人の人格尊重の理念の下に慎重に取り扱われるべきものであることにかんがみ、その適正な取扱いが図られなければならない。

第二章　国及び地方公共団体の責務等

（国の責務）

第四条　国は、この法律の趣旨にのっとり、個人情報の適正な取扱いを確保するために必要な施策を総合的に策定し、及びこれを実施する責務を有する。

（地方公共団体の責務）

第五条　地方公共団体は、この法律の趣旨にのっとり、その地方公共団体の区域の特性に応じて、個人情報の適正な取扱いを確保するために必要

体の機関、地方独立行政法人及び当該区域内の事業者等による個人情報の適正な取扱いを確保するために必要な施策を策定し、及びこれを実施する責務を有する。

（法制上の措置等）

第六条　政府は、個人情報の性質及び利用方法に鑑み、個人の権利利益の一層の保護を図るため特にその適正な取扱いの厳格な実施を確保する必要がある個人情報について、保護のための格別の措置が講じられるよう必要な法制上の措置その他の措置を講ずるとともに、国際機関その他の国際的な枠組みへの協力を通じて、各国政府と共同して国際的に整合のとれた個人情報に係る制度を構築するために必要な措置を講ずるものとする。

第三章　個人情報の保護に関する施策等

第一節　個人情報の保護に関する基本方針

第七条　政府は、個人情報の保護に関する施策の総合的かつ一体的な推進を図るため、個人情報の保護に関する基本方針（以下「基本方針」という。）を定めなければならない。

2　基本方針は、次に掲げる事項について定めるものとする。

一　個人情報の保護に関する施策の推進に関する基本的な方向

二　国が講ずべき個人情報の保護のための措置に関する事項

な施策を策定し、及びこれを実施する責務を有する。

（法制上の措置等）

第六条　政府は、個人情報の性質及び利用方法に鑑み、個人の権利利益の一層の保護を図るため特にその適正な取扱いの厳格な実施を確保する必要がある個人情報について、保護のための格別の措置が講じられるよう必要な法制上の措置その他の措置を講ずるとともに、国際機関その他の国際的な枠組みへの協力を通じて、各国政府と共同して国際的に整合のとれた個人情報に係る制度を構築するために必要な措置を講ずるものとする。

第三章　個人情報の保護に関する施策等

第一節　個人情報の保護に関する基本方針

第七条　政府は、個人情報の保護に関する施策の総合的かつ一体的な推進を図るため、個人情報の保護に関する基本方針（以下「基本方針」という。）を定めなければならない。

2　基本方針は、次に掲げる事項について定めるものとする。

一　個人情報の保護に関する施策の推進に関する基本的な方向

二　国が講ずべき個人情報の保護のための措置に関する事項

三　地方公共団体が講ずべき個人情報の保護のための措置に関する基本的な事項

四　独立行政法人等が講ずべき個人情報の保護のための措置に関する基本的な事項

五　地方独立行政法人が講ずべき個人情報の保護のための措置に関する基本的な事項

六　第十六条第二項に規定する個人情報取扱事業者、同条第五項に規定する仮名加工情報取扱事業者及び同条第六項に規定する匿名加工情報取扱事業者並びに第五十一条第一項に規定する認定個人情報保護団体が講ずべき個人情報の保護のための措置に関する基本的な事項

七　個人情報の取扱いに関する苦情の円滑な処理に関する事項

八　その他個人情報の保護に関する施策の推進に関する重要事項

3　内閣総理大臣は、個人情報保護委員会が作成した基本方針の案について閣議の決定を求めなければならない。

4　内閣総理大臣は、前項の規定による閣議の決定があったときは、遅滞なく、基本方針を公表しなければならない。

5　前二項の規定は、基本方針の変更について準用する。

第二節　国の施策

（国の機関等が保有する個人情報の保護）

第八条　国は、その機関が保有する個人情報の適正な取扱いが確保されるよう必要な措置を講ずるものとする。

三　地方公共団体が講ずべき個人情報の保護のための措置に関する基本的な事項

四　独立行政法人等が講ずべき個人情報の保護のための措置に関する基本的な事項

五　地方独立行政法人が講ずべき個人情報の保護のための措置に関する基本的な事項

六　個人情報取扱事業者、仮名加工情報取扱事業者及び匿名加工情報取扱事業者並びに第五十条第一項に規定する認定個人情報保護団体が講ずべき個人情報の保護のための措置に関する基本的な事項

七　個人情報の取扱いに関する苦情の円滑な処理に関する事項

八　その他個人情報の保護に関する施策の推進に関する重要事項

3　内閣総理大臣は、個人情報保護委員会が作成した基本方針の案について閣議の決定を求めなければならない。

4　内閣総理大臣は、前項の規定による閣議の決定があったときは、遅滞なく、基本方針を公表しなければならない。

5　前二項の規定は、基本方針の変更について準用する。

第二節　国の施策

（新設）

２　国は、独立行政法人等について、その保有する個人情報の適正な取扱いが確保されるよう必要な措置を講ずるものとする。

（地方公共団体等への支援）

第九条　国は、地方公共団体が策定し、又は実施する個人情報の保護に関する施策及び国民又は事業者等が個人情報の適正な取扱いの確保に関して行う活動を支援するため、情報の提供、地方公共団体又は事業者等が講ずべき措置の適切かつ有効な実施を図るための指針の策定その他の必要な措置を講ずるものとする。

（苦情処理のための措置）

第十条　国は、個人情報の取扱いに関し事業者と本人との間に生じた苦情の適切かつ迅速な処理を図るために必要な措置を講ずるものとする。

（個人情報の適正な取扱いを確保するための措置）

第十一条　国は、地方公共団体との適切な役割分担を通じ、次章に規定する個人情報取扱事業者による個人情報の適正な取扱いを確保するために必要な措置を講ずるものとする。

２　国は、第五章に規定する地方公共団体及び地方独立行政法人による個人情報の適正な取扱いを確保するために必要な措置を講ずるものとする。

第三節　地方公共団体の施策

（地方公共団体等への支援）

第八条　国は、地方公共団体が策定し、又は実施する個人情報の保護に関する施策及び国民又は事業者等が個人情報の適正な取扱いの確保に関して行う活動を支援するため、情報の提供、事業者等が講ずべき措置の適切かつ有効な実施を図るための指針の策定その他の必要な措置を講ずるものとする。

（苦情処理のための措置）

第九条　国は、個人情報の取扱いに関し事業者と本人との間に生じた苦情の適切かつ迅速な処理を図るために必要な措置を講ずるものとする。

（個人情報の適正な取扱いを確保するための措置）

第十条　国は、地方公共団体との適切な役割分担を通じ、次章に規定する個人情報取扱事業者による個人情報の適正な取扱いを確保するために必要な措置を講ずるものとする。

（新設）

第三節　地方公共団体の施策

（地方公共団体の機関等が保有する個人情報の保護）

第十二条　地方公共団体は、その機関が保有する個人情報の適正な取扱いが確保されるよう必要な措置を講ずるものとする。

2　地方公共団体は、その設立に係る地方独立行政法人について、その保有する個人情報の適正な取扱いが確保されるよう必要な措置を講ずるものとする。

（区域内の事業者等への支援）

第十三条　地方公共団体は、個人情報の適正な取扱いを確保するため、その区域内の事業者及び住民に対する支援に必要な措置を講ずるよう努めなければならない。

（苦情の処理のあっせん等）

第十四条　地方公共団体は、個人情報の取扱いに関し事業者と本人との間に生じた苦情が適切かつ迅速に処理されるようにするため、苦情の処理のあっせんその他必要な措置を講ずるよう努めなければならない。

第四節　国及び地方公共団体の協力

第十五条　国及び地方公共団体は、個人情報の保護に関する施策を講ずるにつき、相協力するものとする。

（地方公共団体等が保有する個人情報の保護）

第十一条　地方公共団体は、その保有する個人情報の性質、当該個人情報を保有する目的等を勘案し、その保有する個人情報の適正な取扱いが確保されるよう必要な措置を講ずることに努めなければならない。

2　地方公共団体は、その設立に係る地方独立行政法人について、その性格及び業務内容に応じ、その保有する個人情報の適正な取扱いが確保されるよう必要な措置を講ずることに努めなければならない。

（区域内の事業者等への支援）

第十二条　地方公共団体は、個人情報の適正な取扱いを確保するため、その区域内の事業者及び住民に対する支援に必要な措置を講ずるよう努めなければならない。

（苦情の処理のあっせん等）

第十三条　地方公共団体は、個人情報の取扱いに関し事業者と本人との間に生じた苦情が適切かつ迅速に処理されるようにするため、苦情の処理のあっせんその他必要な措置を講ずるよう努めなければならない。

第四節　国及び地方公共団体の協力

第十四条　国及び地方公共団体は、個人情報の保護に関する施策を講ずるにつき、相協力するものとする。

第四章　個人情報取扱事業者等の義務等

第一節　総則

（定義）

第十六条　この章及び第八章において「個人情報データベース等」とは、個人情報を含む情報の集合物であって、次に掲げるもの（利用方法からみて個人の権利利益を害するおそれが少ないものとして政令で定めるものを除く。）をいう。

一　特定の個人情報を電子計算機を用いて検索することができるように体系的に構成したもの

二　前号に掲げるもののほか、特定の個人情報を容易に検索することができるように体系的に構成したものとして政令で定めるもの

2　この章及び第六章から第八章までにおいて「個人情報取扱事業者」とは、個人情報データベース等を事業の用に供している者をいう。ただし、次に掲げる者を除く。

一　国の機関

二　地方公共団体

三　独立行政法人等

四　地方独立行政法人

第四章　個人情報取扱事業者の義務等

（新設）

【個情法第二条】

4　この法律において「個人情報データベース等」とは、個人情報を含む情報の集合物であって、次に掲げるもの（利用方法からみて個人の権利利益を害するおそれが少ないものとして政令で定めるものを除く。）をいう。

一　特定の個人情報を電子計算機を用いて検索することができるように体系的に構成したもの

二　前号に掲げるもののほか、特定の個人情報を容易に検索することができるように体系的に構成したものとして政令で定めるもの

5　この法律において「個人情報取扱事業者」とは、個人情報データベース等を事業の用に供している者をいう。ただし、次に掲げる者を除く。

一　国の機関

二　地方公共団体

三　独立行政法人等（独立行政法人等の保有する個人情報の保護に関する法律（平成十五年法律第五十九号）第二条第一項に規定する独立行政法人等をいう。以下同じ。）

四　地方独立行政法人（地方独立行政法人法（平成十五年法律第百十八

3　この章において「個人データ」とは、個人情報データベース等を構成する個人情報をいう。

4　この章において「保有個人データ」とは、個人情報取扱事業者が、開示、内容の訂正、追加又は削除、利用の停止、消去及び第三者への提供の停止を行うことのできる権限を有する個人データであって、その存否が明らかになることにより公益その他の利益が害されるものとして政令で定めるもの以外のものをいう。

5　この章、第六章及び第七章において「仮名加工情報取扱事業者」とは、仮名加工情報を含む情報の集合物であって、特定の仮名加工情報を電子計算機を用いて検索することができるように体系的に構成したものその他特定の仮名加工情報を容易に検索することができるように体系的に構成したものとして政令で定めるもの（第四十一条第一項において「仮名加工情報データベース等」という。）を事業の用に供している者をいう。ただし、第二項各号に掲げる者を除く。

6　この章、第六章及び第七章において「匿名加工情報取扱事業者」とは、匿名加工情報を含む情報の集合物であって、特定の匿名加工情報を電子計算機を用いて検索することができるように体系的に構成したものその他特定の匿名加工情報を容易に検索することができるように体系的に構成したものとして政令で定めるもの（第四十三条第一項において「匿名加工情報データベース等」という。）を事業の用に供している者をいう。ただし、第二項各号に掲げる者を除く。

7　この章、第六章及び第七章において「個人関連情報取扱事業者」とは

号）第二条第一項に規定する地方独立行政法人をいう。以下同じ。）

6　この法律において「個人データ」とは、個人情報データベース等を構成する個人情報をいう。

7　この法律において「保有個人データ」とは、個人情報取扱事業者が、開示、内容の訂正、追加又は削除、利用の停止、消去及び第三者への提供の停止を行うことのできる権限を有する個人データであって、その存否が明らかになることにより公益その他の利益が害されるものとして政令で定めるもの以外のものをいう。

10　この法律において「仮名加工情報取扱事業者」とは、仮名加工情報を含む情報の集合物であって、特定の仮名加工情報を電子計算機を用いて検索することができるように体系的に構成したものその他特定の仮名加工情報を容易に検索することができるように体系的に構成したものとして政令で定めるもの（第三十五条の二第一項において「仮名加工情報データベース等」という。）を事業の用に供している者をいう。ただし、第五項各号に掲げる者を除く。

12　この法律において「匿名加工情報取扱事業者」とは、匿名加工情報を含む情報の集合物であって、特定の匿名加工情報を電子計算機を用いて検索することができるように体系的に構成したものその他特定の匿名加工情報を容易に検索することができるように体系的に構成したものとして政令で定めるもの（第三十六条第一項において「匿名加工情報データベース等」という。）を事業の用に供している者をいう。ただし、第五項各号に掲げる者を除く。

（新設）

、個人関連情報を含む情報の集合物であって、特定の個人関連情報を電子計算機を用いて検索することができるように体系的に構成したものその他特定の個人関連情報を容易に検索することができるように体系的に構成したものとして政令で定めるもの（第三十一条第一項において「個人関連情報データベース等」という。）を事業の用に供している者をいう。ただし、第二項各号に掲げる者を除く。

8　この章において「学術研究機関等」とは、大学その他の学術研究を目的とする機関若しくは団体又はそれらに属する者をいう。

第二節　個人情報取扱事業者及び個人関連情報取扱事業者の義務

（利用目的の特定）

第十七条　個人情報取扱事業者は、個人情報を取り扱うに当たっては、その利用の目的（以下「利用目的」という。）をできる限り特定しなければならない。

2　個人情報取扱事業者は、利用目的を変更する場合には、変更前の利用目的と関連性を有すると合理的に認められる範囲を超えて行ってはならない。

（利用目的による制限）

第十八条　個人情報取扱事業者は、あらかじめ本人の同意を得ないで、前条の規定により特定された利用目的の達成に必要な範囲を超えて、個人情報を取り扱ってはならない。

第一節　個人情報取扱事業者等の義務

（利用目的の特定）

第十五条　個人情報取扱事業者は、個人情報を取り扱うに当たっては、その利用の目的（以下「利用目的」という。）をできる限り特定しなければならない。

2　個人情報取扱事業者は、利用目的を変更する場合には、変更前の利用目的と関連性を有すると合理的に認められる範囲を超えて行ってはならない。

（利用目的による制限）

第十六条　個人情報取扱事業者は、あらかじめ本人の同意を得ないで、前条の規定により特定された利用目的の達成に必要な範囲を超えて、個人情報を取り扱ってはならない。

2　個人情報取扱事業者は、合併その他の事由により他の個人情報取扱事業者から事業を承継することに伴って個人情報を取得した場合は、あらかじめ本人の同意を得ないで、承継前における当該個人情報の利用目的の達成に必要な範囲を超えて、当該個人情報を取り扱ってはならない。	2　個人情報取扱事業者は、合併その他の事由により他の個人情報取扱事業者から事業を承継することに伴って個人情報を取得した場合は、あらかじめ本人の同意を得ないで、承継前における当該個人情報の利用目的の達成に必要な範囲を超えて、当該個人情報を取り扱ってはならない。
3　前二項の規定は、次に掲げる場合については、適用しない。	3　前二項の規定は、次に掲げる場合については、適用しない。
一　法令（条例を含む。以下この章において同じ。）に基づく場合	一　法令に基づく場合
二　人の生命、身体又は財産の保護のために必要がある場合であって、本人の同意を得ることが困難であるとき。	二　人の生命、身体又は財産の保護のために必要がある場合であって、本人の同意を得ることが困難であるとき。
三　公衆衛生の向上又は児童の健全な育成の推進のために特に必要がある場合であって、本人の同意を得ることが困難であるとき。	三　公衆衛生の向上又は児童の健全な育成の推進のために特に必要がある場合であって、本人の同意を得ることが困難であるとき。
四　国の機関若しくは地方公共団体又はその委託を受けた者が法令の定める事務を遂行することに対して協力する必要がある場合であって、本人の同意を得ることにより当該事務の遂行に支障を及ぼすおそれがあるとき。	四　国の機関若しくは地方公共団体又はその委託を受けた者が法令の定める事務を遂行することに対して協力する必要がある場合であって、本人の同意を得ることにより当該事務の遂行に支障を及ぼすおそれがあるとき。
五　当該個人情報取扱事業者が学術研究機関等である場合であって、当該個人情報を学術研究の用に供する目的（以下この章において「学術研究目的」という。）で取り扱う必要があるとき（当該個人情報を取り扱う目的の一部が学術研究目的である場合を含み、個人の権利利益を不当に侵害するおそれがある場合を除く。）。	（新設）
六　学術研究機関等に個人データを提供する場合であって、当該学術研究機関等が当該個人データを学術研究目的で取り扱う必要があるとき（当該個人データを取り扱う目的の一部が学術研究目的である場合を含み、個人の権利利益を不当に侵害するおそれがある場合を除く。）。	（新設）

（不適正な利用の禁止）

第十九条　個人情報取扱事業者は、違法又は不当な行為を助長し、又は誘発するおそれがある方法により個人情報を利用してはならない。

（適正な取得）

第二十条　個人情報取扱事業者は、偽りその他不正の手段により個人情報を取得してはならない。

2　個人情報取扱事業者は、次に掲げる場合を除くほか、あらかじめ本人の同意を得ないで、要配慮個人情報を取得してはならない。

一　法令に基づく場合

二　人の生命、身体又は財産の保護のために必要がある場合であって、本人の同意を得ることが困難であるとき。

三　公衆衛生の向上又は児童の健全な育成の推進のために特に必要がある場合であって、本人の同意を得ることが困難であるとき。

四　国の機関若しくは地方公共団体又はその委託を受けた者が法令の定める事務を遂行することに対して協力する必要がある場合であって、本人の同意を得ることにより当該事務の遂行に支障を及ぼすおそれがあるとき。

五　当該個人情報取扱事業者が学術研究機関等である場合であって、当該要配慮個人情報を学術研究目的で取り扱う必要があるとき（当該要配慮個人情報を取り扱う目的の一部が学術研究目的である場合を含み、個人の権利利益を不当に侵害するおそれがある場合を除く。）。

（不適正な利用の禁止）

第十六条の二　個人情報取扱事業者は、違法又は不当な行為を助長し、又は誘発するおそれがある方法により個人情報を利用してはならない。

（適正な取得）

第十七条　個人情報取扱事業者は、偽りその他不正の手段により個人情報を取得してはならない。

2　個人情報取扱事業者は、次に掲げる場合を除くほか、あらかじめ本人の同意を得ないで、要配慮個人情報を取得してはならない。

一　法令に基づく場合

二　人の生命、身体又は財産の保護のために必要がある場合であって、本人の同意を得ることが困難であるとき。

三　公衆衛生の向上又は児童の健全な育成の推進のために特に必要がある場合であって、本人の同意を得ることが困難であるとき。

四　国の機関若しくは地方公共団体又はその委託を受けた者が法令の定める事務を遂行することに対して協力する必要がある場合であって、本人の同意を得ることにより当該事務の遂行に支障を及ぼすおそれがあるとき。

（新設）

六　学術研究機関等から当該要配慮個人情報を取得する場合であって、当該要配慮個人情報を学術研究目的で取得する必要があるとき（当該要配慮個人情報を取得する目的の一部が学術研究目的である場合を含み、個人の権利利益を不当に侵害するおそれがある場合を除く。）（当該個人情報取扱事業者と当該学術研究機関等が共同して学術研究を行う場合に限る。）。

七　当該要配慮個人情報が、本人、国の機関、地方公共団体、学術研究機関等、第五十七条第一項各号に掲げる者その他個人情報保護委員会規則で定める者により公開されている場合

八　その他前各号に掲げる場合に準ずるものとして政令で定める場合

（取得に際しての利用目的の通知等）

第二十一条　個人情報取扱事業者は、個人情報を取得した場合は、あらかじめその利用目的を公表している場合を除き、速やかに、その利用目的を、本人に通知し、又は公表しなければならない。

2　個人情報取扱事業者は、前項の規定にかかわらず、本人との間で契約を締結することに伴って契約書その他の書面（電磁的記録を含む。以下この項において同じ。）に記載された当該本人の個人情報を取得する場合その他本人から直接書面に記載された当該本人の個人情報を取得する場合は、あらかじめ、本人に対し、その利用目的を明示しなければならない。ただし、人の生命、身体又は財産の保護のために緊急に必要がある場合は、この限りでない。

3　個人情報取扱事業者は、利用目的を変更した場合は、変更された利用

（新設）

五　当該要配慮個人情報が、本人、国の機関、地方公共団体、第七十六条第一項各号に掲げる者その他個人情報保護委員会規則で定める者により公開されている場合

六　その他前各号に掲げる場合に準ずるものとして政令で定める場合

（取得に際しての利用目的の通知等）

第十八条　個人情報取扱事業者は、個人情報を取得した場合は、あらかじめその利用目的を公表している場合を除き、速やかに、その利用目的を、本人に通知し、又は公表しなければならない。

2　個人情報取扱事業者は、前項の規定にかかわらず、本人との間で契約を締結することに伴って契約書その他の書面（電磁的記録を含む。以下この項において同じ。）に記載された当該本人の個人情報を取得する場合その他本人から直接書面に記載された当該本人の個人情報を取得する場合は、あらかじめ、本人に対し、その利用目的を明示しなければならない。ただし、人の生命、身体又は財産の保護のために緊急に必要がある場合は、この限りでない。

3　個人情報取扱事業者は、利用目的を変更した場合は、変更された利用

目的について、本人に通知し、又は公表しなければならない。

４　前三項の規定は、次に掲げる場合については、適用しない。

一　利用目的を本人に通知し、又は公表することにより本人又は第三者の生命、身体、財産その他の権利利益を害するおそれがある場合

二　利用目的を本人に通知し、又は公表することにより当該個人情報取扱事業者の権利又は正当な利益を害するおそれがある場合

三　国の機関又は地方公共団体が法令の定める事務を遂行することに対して協力する必要がある場合であって、利用目的を本人に通知し、又は公表することにより当該事務の遂行に支障を及ぼすおそれがあるとき。

四　取得の状況からみて利用目的が明らかであると認められる場合

（データ内容の正確性の確保等）

第二十二条　個人情報取扱事業者は、利用目的の達成に必要な範囲内において、個人データを正確かつ最新の内容に保つとともに、利用する必要がなくなったときは、当該個人データを遅滞なく消去するよう努めなければならない。

（安全管理措置）

第二十三条　個人情報取扱事業者は、その取り扱う個人データの漏えい、滅失又は毀損の防止その他の個人データの安全管理のために必要かつ適切な措置を講じなければならない。

目的について、本人に通知し、又は公表しなければならない。

４　前三項の規定は、次に掲げる場合については、適用しない。

一　利用目的を本人に通知し、又は公表することにより本人又は第三者の生命、身体、財産その他の権利利益を害するおそれがある場合

二　利用目的を本人に通知し、又は公表することにより当該個人情報取扱事業者の権利又は正当な利益を害するおそれがある場合

三　国の機関又は地方公共団体が法令の定める事務を遂行することに対して協力する必要がある場合であって、利用目的を本人に通知し、又は公表することにより当該事務の遂行に支障を及ぼすおそれがあるとき。

四　取得の状況からみて利用目的が明らかであると認められる場合

（データ内容の正確性の確保等）

第十九条　個人情報取扱事業者は、利用目的の達成に必要な範囲内において、個人データを正確かつ最新の内容に保つとともに、利用する必要がなくなったときは、当該個人データを遅滞なく消去するよう努めなければならない。

（安全管理措置）

第二十条　個人情報取扱事業者は、その取り扱う個人データの漏えい、滅失又は毀損の防止その他の個人データの安全管理のために必要かつ適切な措置を講じなければならない。

（従業者の監督）

第二十四条　個人情報取扱事業者は、その従業者に個人データを取り扱わせるに当たっては、当該個人データの安全管理が図られるよう、当該従業者に対する必要かつ適切な監督を行わなければならない。

（委託先の監督）

第二十五条　個人情報取扱事業者は、個人データの取扱いの全部又は一部を委託する場合は、その取扱いを委託された個人データの安全管理が図られるよう、委託を受けた者に対する必要かつ適切な監督を行わなければならない。

（漏えい等の報告等）

第二十六条　個人情報取扱事業者は、その取り扱う個人データの漏えい、滅失、毀損その他の個人データの安全の確保に係る事態であって個人の権利利益を害するおそれが大きいものとして個人情報保護委員会規則で定めるものが生じたときは、個人情報保護委員会規則で定めるところにより、当該事態が生じた旨を個人情報保護委員会に報告しなければならない。ただし、当該個人情報取扱事業者が、他の個人情報取扱事業者又は行政機関等から当該個人データの取扱いの全部又は一部の委託を受けた場合であって、個人情報保護委員会規則で定めるところにより、当該事態が生じた旨を当該他の個人情報取扱事業者又は行政機関等に通知したときは、この限りでない。

2　前項に規定する場合には、個人情報取扱事業者（同項ただし書の規定

（従業者の監督）

第二十一条　個人情報取扱事業者は、その従業者に個人データを取り扱わせるに当たっては、当該個人データの安全管理が図られるよう、当該従業者に対する必要かつ適切な監督を行わなければならない。

（委託先の監督）

第二十二条　個人情報取扱事業者は、個人データの取扱いの全部又は一部を委託する場合は、その取扱いを委託された個人データの安全管理が図られるよう、委託を受けた者に対する必要かつ適切な監督を行わなければならない。

（漏えい等の報告等）

第二十二条の二　個人情報取扱事業者は、その取り扱う個人データの漏えい、滅失、毀損その他の個人データの安全の確保に係る事態であって個人の権利利益を害するおそれが大きいものとして個人情報保護委員会規則で定めるものが生じたときは、個人情報保護委員会規則で定めるところにより、当該事態が生じた旨を個人情報保護委員会に報告しなければならない。ただし、当該個人情報取扱事業者が、他の個人情報取扱事業者から当該個人データの取扱いの全部又は一部の委託を受けた場合であって、個人情報保護委員会規則で定めるところにより、当該事態が生じた旨を当該他の個人情報取扱事業者に通知したときは、この限りでない。

2　前項に規定する場合には、個人情報取扱事業者（同項ただし書の規定

による通知をした者を除く。）は、本人に対し、個人情報保護委員会規則で定めるところにより、当該事態が生じた旨を通知しなければならない。ただし、本人への通知が困難な場合であって、本人の権利利益を保護するため必要なこれに代わるべき措置をとるときは、この限りでない。

（第三者提供の制限）

第二十七条　個人情報取扱事業者は、次に掲げる場合を除くほか、あらかじめ本人の同意を得ないで、個人データを第三者に提供してはならない。

一　法令に基づく場合

二　人の生命、身体又は財産の保護のために必要がある場合であって、本人の同意を得ることが困難であるとき。

三　公衆衛生の向上又は児童の健全な育成の推進のために特に必要がある場合であって、本人の同意を得ることが困難であるとき。

四　国の機関若しくは地方公共団体又はその委託を受けた者が法令の定める事務を遂行することに対して協力する必要がある場合であって、本人の同意を得ることにより当該事務の遂行に支障を及ぼすおそれがあるとき。

五　当該個人情報取扱事業者が学術研究機関等である場合であって、当該個人データの提供が学術研究の成果の公表又は教授のためやむを得ないとき（個人の権利利益を不当に侵害するおそれがある場合を除く。）。

による通知をした者を除く。）は、本人に対し、個人情報保護委員会規則で定めるところにより、当該事態が生じた旨を通知しなければならない。ただし、本人への通知が困難な場合であって、本人の権利利益を保護するため必要なこれに代わるべき措置をとるときは、この限りでない。

（第三者提供の制限）

第二十三条　個人情報取扱事業者は、次に掲げる場合を除くほか、あらかじめ本人の同意を得ないで、個人データを第三者に提供してはならない。

一　法令に基づく場合

二　人の生命、身体又は財産の保護のために必要がある場合であって、本人の同意を得ることが困難であるとき。

三　公衆衛生の向上又は児童の健全な育成の推進のために特に必要がある場合であって、本人の同意を得ることが困難であるとき。

四　国の機関若しくは地方公共団体又はその委託を受けた者が法令の定める事務を遂行することに対して協力する必要がある場合であって、本人の同意を得ることにより当該事務の遂行に支障を及ぼすおそれがあるとき。

（新設）

六　当該個人情報取扱事業者が学術研究機関等である場合であって、当該個人データを学術研究目的で提供する必要があるとき（当該個人データを提供する目的の一部が学術研究目的である場合を含み、個人の権利利益を不当に侵害するおそれがある場合を除く。）（当該個人情報取扱事業者と当該第三者が共同して学術研究を行う場合に限る。）。	（新設）
七　当該第三者が学術研究機関等である場合であって、当該第三者が当該個人データを学術研究目的で取り扱う必要があるとき（当該個人データを取り扱う目的の一部が学術研究目的である場合を含み、個人の権利利益を不当に侵害するおそれがある場合を除く。）。	（新設）
2　個人情報取扱事業者は、第三者に提供される個人データについて、本人の求めに応じて当該本人が識別される個人データの第三者への提供を停止することとしている場合であって、次に掲げる事項について、個人情報保護委員会規則で定めるところにより、あらかじめ、本人に通知し、又は本人が容易に知り得る状態に置くとともに、個人情報保護委員会に届け出たときは、前項の規定にかかわらず、当該個人データを第三者に提供することができる。ただし、第三者に提供される個人データが要配慮個人情報又は第二十条第一項の規定に違反して取得されたもの若しくは他の個人情報取扱事業者からこの項本文の規定により提供されたもの（その全部又は一部を複製し、又は加工したものを含む。）である場合は、この限りでない。	2　個人情報取扱事業者は、第三者に提供される個人データについて、本人の求めに応じて当該本人が識別される個人データの第三者への提供を停止することとしている場合であって、次に掲げる事項について、個人情報保護委員会規則で定めるところにより、あらかじめ、本人に通知し、又は本人が容易に知り得る状態に置くとともに、個人情報保護委員会に届け出たときは、前項の規定にかかわらず、当該個人データを第三者に提供することができる。ただし、第三者に提供される個人データが要配慮個人情報又は第十七条第一項の規定に違反して取得されたもの若しくは他の個人情報取扱事業者からこの項本文の規定により提供されたもの（その全部又は一部を複製し、又は加工したものを含む。）である場合は、この限りでない。
一　第三者への提供を行う個人情報取扱事業者の氏名又は名称及び住所並びに法人にあっては、その代表者（法人でない団体で代表者又は管理人の定めのあるものにあっては、その代表者又は管理人。以下この	一　第三者への提供を行う個人情報取扱事業者の氏名又は名称及び住所並びに法人にあっては、その代表者（法人でない団体で代表者又は管理人の定めのあるものにあっては、その代表者又は管理人。以下この

条、第三十条第一項第一号及び第三十二条第一項第一号において同じ。）の氏名

二　第三者への提供を利用目的とすること。

三　第三者に提供される個人データの項目

四　第三者に提供される個人データの取得の方法

五　第三者への提供の方法

六　本人の求めに応じて当該本人が識別される個人データの第三者への提供を停止すること。

七　本人の求めを受け付ける方法

八　その他個人の権利利益を保護するために必要なものとして個人情報保護委員会規則で定める事項

3　個人情報取扱事業者は、前項第一号に掲げる事項に変更があったとき又は同項の規定による個人データの提供をやめたときは遅滞なく、同項第三号から第五号まで、第七号又は第八号に掲げる事項を変更しようとするときはあらかじめ、その旨について、個人情報保護委員会規則で定めるところにより、本人に通知し、又は本人が容易に知り得る状態に置くとともに、個人情報保護委員会に届け出なければならない。

4　個人情報保護委員会は、第二項の規定による届出があったときは、個人情報保護委員会規則で定めるところにより、当該届出に係る事項を公表しなければならない。前項の規定による届出があったときも、同様とする。

5　次に掲げる場合において、当該個人データの提供を受ける者は、前各項の規定の適用については、第三者に該当しないものとする。

条、第二十六条第一項第一号及び第二十七条第一項第一号において同じ。）の氏名

二　第三者への提供を利用目的とすること。

三　第三者に提供される個人データの項目

四　第三者に提供される個人データの取得の方法

五　第三者への提供の方法

六　本人の求めに応じて当該本人が識別される個人データの第三者への提供を停止すること。

七　本人の求めを受け付ける方法

八　その他個人の権利利益を保護するために必要なものとして個人情報保護委員会規則で定める事項

3　個人情報取扱事業者は、前項第一号に掲げる事項に変更があったとき又は同項の規定による個人データの提供をやめたときは遅滞なく、同項第三号から第五号まで、第七号又は第八号に掲げる事項を変更しようとするときはあらかじめ、その旨について、個人情報保護委員会規則で定めるところにより、本人に通知し、又は本人が容易に知り得る状態に置くとともに、個人情報保護委員会に届け出なければならない。

4　個人情報保護委員会は、第二項の規定による届出があったときは、個人情報保護委員会規則で定めるところにより、当該届出に係る事項を公表しなければならない。前項の規定による届出があったときも、同様とする。

5　次に掲げる場合において、当該個人データの提供を受ける者は、前各項の規定の適用については、第三者に該当しないものとする。

一　個人情報取扱事業者が利用目的の達成に必要な範囲内において個人データの取扱いの全部又は一部を委託することに伴って当該個人データが提供される場合

二　合併その他の事由による事業の承継に伴って個人データが提供される場合

三　特定の者との間で共同して利用される個人データが当該特定の者に提供される場合であって、その旨並びに共同して利用される個人データの項目、共同して利用する者の範囲、利用する者の利用目的並びに当該個人データの管理について責任を有する者の氏名又は名称及び住所並びに法人にあっては、その代表者の氏名について、あらかじめ、本人に通知し、又は本人が容易に知り得る状態に置いているとき。

6　個人情報取扱事業者は、前項第三号に規定する個人データの管理について責任を有する者の氏名、名称若しくは住所又は法人にあっては、その代表者の氏名に変更があったときは遅滞なく、同号に規定する利用する者の利用目的又は当該責任を有する者を変更しようとするときはあらかじめ、その旨について、本人に通知し、又は本人が容易に知り得る状態に置かなければならない。

（外国にある第三者への提供の制限）

第二十八条　個人情報取扱事業者は、外国（本邦の域外にある国又は地域をいう。以下この条及び第三十一条第一項第二号において同じ。）（個人の権利利益を保護する上で我が国と同等の水準にあると認められる個人情報の保護に関する制度を有している外国として個人情報保護委員会規

一　個人情報取扱事業者が利用目的の達成に必要な範囲内において個人データの取扱いの全部又は一部を委託することに伴って当該個人データが提供される場合

二　合併その他の事由による事業の承継に伴って個人データが提供される場合

三　特定の者との間で共同して利用される個人データが当該特定の者に提供される場合であって、その旨並びに共同して利用される個人データの項目、共同して利用する者の範囲、利用する者の利用目的並びに当該個人データの管理について責任を有する者の氏名又は名称及び住所並びに法人にあっては、その代表者の氏名について、あらかじめ、本人に通知し、又は本人が容易に知り得る状態に置いているとき。

6　個人情報取扱事業者は、前項第三号に規定する個人データの管理について責任を有する者の氏名、名称若しくは住所又は法人にあっては、その代表者の氏名に変更があったときは遅滞なく、同号に規定する利用する者の利用目的又は当該責任を有する者を変更しようとするときはあらかじめ、その旨について、本人に通知し、又は本人が容易に知り得る状態に置かなければならない。

（外国にある第三者への提供の制限）

第二十四条　個人情報取扱事業者は、外国（本邦の域外にある国又は地域をいう。以下同じ。）（個人の権利利益を保護する上で我が国と同等の水準にあると認められる個人情報の保護に関する制度を有している外国として個人情報保護委員会規則で定めるものを除く。以下この条及び第二

則で定めるものを除く。以下この条及び同号において同じ。）にある第三者（個人データの取扱いについてこの節の規定により個人情報取扱事業者が講ずべきこととされている措置に相当する措置（第三項において「相当措置」という。）を継続的に講ずるために必要なものとして個人情報保護委員会規則で定める基準に適合する体制を整備している者を除く。以下この項及び次項並びに同号において同じ。）に個人データを提供する場合には、前条第一項各号に掲げる場合を除くほか、あらかじめ外国にある第三者への提供を認める旨の本人の同意を得なければならない。この場合においては、同条の規定は、適用しない。

2　個人情報取扱事業者は、前項の規定により本人の同意を得ようとする場合には、個人情報保護委員会規則で定めるところにより、あらかじめ、当該外国における個人情報の保護に関する制度、当該第三者が講ずる個人情報の保護のための措置その他当該本人に参考となるべき情報を当該本人に提供しなければならない。

3　個人情報取扱事業者は、個人データを外国にある第三者（第一項に規定する体制を整備している者に限る。）に提供した場合には、個人情報保護委員会規則で定めるところにより、当該第三者による相当措置の継続的な実施を確保するために必要な措置を講ずるとともに、本人の求めに応じて当該必要な措置に関する情報を当該本人に提供しなければならない。

（第三者提供に係る記録の作成等）

第二十九条　個人情報取扱事業者は、個人データを第三者（第十六条第二

十六条の二第一項第二号において同じ。）にある第三者（個人データの取扱いについてこの節の規定により個人情報取扱事業者が講ずべきこととされている措置に相当する措置（第三項において「相当措置」という。）を継続的に講ずるために必要なものとして個人情報保護委員会規則で定める基準に適合する体制を整備している者を除く。以下この項及び次項並びに同号において同じ。）に個人データを提供する場合には、前条第一項各号に掲げる場合を除くほか、あらかじめ外国にある第三者への提供を認める旨の本人の同意を得なければならない。この場合においては、同条の規定は、適用しない。

2　個人情報取扱事業者は、前項の規定により本人の同意を得ようとする場合には、個人情報保護委員会規則で定めるところにより、あらかじめ、当該外国における個人情報の保護に関する制度、当該第三者が講ずる個人情報の保護のための措置その他当該本人に参考となるべき情報を当該本人に提供しなければならない。

3　個人情報取扱事業者は、個人データを外国にある第三者（第一項に規定する体制を整備している者に限る。）に提供した場合には、個人情報保護委員会規則で定めるところにより、当該第三者による相当措置の継続的な実施を確保するために必要な措置を講ずるとともに、本人の求めに応じて当該必要な措置に関する情報を当該本人に提供しなければならない。

（第三者提供に係る記録の作成等）

第二十五条　個人情報取扱事業者は、個人データを第三者（第二条第五項

項各号に掲げる者を除く。以下この条及び次条（第三十一条第三項において読み替えて準用する場合を含む。）において同じ。）に提供したときは、個人情報保護委員会規則で定めるところにより、当該個人データを提供した年月日、当該第三者の氏名又は名称その他の個人情報保護委員会規則で定める事項に関する記録を作成しなければならない。ただし、当該個人データの提供が第二十七条第一項各号又は第五項各号のいずれか（前条第一項の規定による個人データの提供にあっては、第二十七条第一項各号のいずれか）に該当する場合は、この限りでない。

２　個人情報取扱事業者は、前項の記録を、当該記録を作成した日から個人情報保護委員会規則で定める期間保存しなければならない。

（第三者提供を受ける際の確認等）

第三十条　個人情報取扱事業者は、第三者から個人データの提供を受けるに際しては、個人情報保護委員会規則で定めるところにより、次に掲げる事項の確認を行わなければならない。ただし、当該個人データの提供が第二十七条第一項各号又は第五項各号のいずれかに該当する場合は、この限りでない。

一　当該第三者の氏名又は名称及び住所並びに法人にあっては、その代表者の氏名

二　当該第三者による当該個人データの取得の経緯

２　前項の第三者は、個人情報取扱事業者が同項の規定による確認を行う場合において、当該個人情報取扱事業者に対して、当該確認に係る事項を偽ってはならない。

各号に掲げる者を除く。以下この条及び次条（第二十六条の二第三項において読み替えて準用する場合を含む。）において同じ。）に提供したときは、個人情報保護委員会規則で定めるところにより、当該個人データを提供した年月日、当該第三者の氏名又は名称その他の個人情報保護委員会規則で定める事項に関する記録を作成しなければならない。ただし、当該個人データの提供が第二十三条第一項各号又は第五項各号のいずれか（前条第一項の規定による個人データの提供にあっては、第二十三条第一項各号のいずれか）に該当する場合は、この限りでない。

２　個人情報取扱事業者は、前項の記録を、当該記録を作成した日から個人情報保護委員会規則で定める期間保存しなければならない。

（第三者提供を受ける際の確認等）

第二十六条　個人情報取扱事業者は、第三者から個人データの提供を受けるに際しては、個人情報保護委員会規則で定めるところにより、次に掲げる事項の確認を行わなければならない。ただし、当該個人データの提供が第二十三条第一項各号又は第五項各号のいずれかに該当する場合は、この限りでない。

一　当該第三者の氏名又は名称及び住所並びに法人にあっては、その代表者の氏名

二　当該第三者による当該個人データの取得の経緯

２　前項の第三者は、個人情報取扱事業者が同項の規定による確認を行う場合において、当該個人情報取扱事業者に対して、当該確認に係る事項を偽ってはならない。

3　個人情報取扱事業者は、第一項の規定による確認を行ったときは、個人情報保護委員会規則で定めるところにより、当該個人データの提供を受けた年月日、当該確認に係る事項その他の個人情報保護委員会規則で定める事項に関する記録を作成しなければならない。

4　個人情報取扱事業者は、前項の記録を、当該記録を作成した日から個人情報保護委員会規則で定める期間保存しなければならない。

（個人関連情報の第三者提供の制限等）

第三十一条　個人関連情報取扱事業者は、第三者が個人関連情報（個人関連情報データベース等を構成するものに限る。以下この章及び第六章において同じ。）を個人データとして取得することが想定されるときは、第二十七条第一項各号に掲げる場合を除くほか、次に掲げる事項について、あらかじめ個人情報保護委員会規則で定めるところにより確認することをしないで、当該個人関連情報を当該第三者に提供してはならない。

一　当該第三者が個人関連情報取扱事業者から個人関連情報の提供を受

3　個人情報取扱事業者は、第一項の規定による確認を行ったときは、個人情報保護委員会規則で定めるところにより、当該個人データの提供を受けた年月日、当該確認に係る事項その他の個人情報保護委員会規則で定める事項に関する記録を作成しなければならない。

4　個人情報取扱事業者は、前項の記録を、当該記録を作成した日から個人情報保護委員会規則で定める期間保存しなければならない。

（個人関連情報の第三者提供の制限等）

第二十六条の二　個人関連情報取扱事業者（個人関連情報データベース等（個人関連情報（生存する個人に関する情報であって、個人情報、仮名加工情報及び匿名加工情報のいずれにも該当しないものをいう。以下同じ。）を含む情報の集合物であって、特定の個人関連情報を電子計算機を用いて検索することができるように体系的に構成したものその他特定の個人関連情報を容易に検索することができるように体系的に構成したものとして政令で定めるものをいう。以下この項において同じ。）を事業の用に供している者であって、第二条第五項各号に掲げる者を除いたものをいう。以下同じ。）は、第三者が個人関連情報（個人関連情報データベース等を構成するものに限る。以下同じ。）を個人データとして取得することが想定されるときは、第二十三条第一項各号に掲げる場合を除くほか、次に掲げる事項について、あらかじめ個人情報保護委員会規則で定めるところにより確認することをしないで、当該個人関連情報を当該第三者に提供してはならない。

一　当該第三者が個人関連情報取扱事業者から個人関連情報の提供を受

けて本人が識別される個人データとして取得することを認める旨の当該本人の同意が得られていること。

二　外国にある第三者への提供にあっては、前号の本人の同意を得ようとする場合において、個人情報保護委員会規則で定めるところにより、あらかじめ、当該外国における個人情報の保護に関する制度、当該第三者が講ずる個人情報の保護のための措置その他当該本人に参考となるべき情報が当該本人に提供されていること。

2　第二十八条第三項の規定は、前項の規定により個人関連情報取扱事業者が個人関連情報を提供する場合について準用する。この場合において、同条第三項中「講ずるとともに、本人の求めに応じて当該必要な措置に関する情報を当該本人に提供し」とあるのは、「講じ」と読み替えるものとする。

3　前条第二項から第四項までの規定は、第一項の規定により個人関連情報取扱事業者が確認する場合について準用する。この場合において、同条第三項中「の提供を受けた」とあるのは、「を提供した」と読み替えるものとする。

（保有個人データに関する事項の公表等）

第三十二条　個人情報取扱事業者は、保有個人データに関し、次に掲げる事項について、本人の知り得る状態（本人の求めに応じて遅滞なく回答する場合を含む。）に置かなければならない。

一　当該個人情報取扱事業者の氏名又は名称及び住所並びに法人にあっては、その代表者の氏名

けて本人が識別される個人データとして取得することを認める旨の当該本人の同意が得られていること。

二　外国にある第三者への提供にあっては、前号の本人の同意を得ようとする場合において、個人情報保護委員会規則で定めるところにより、あらかじめ、当該外国における個人情報の保護に関する制度、当該第三者が講ずる個人情報の保護のための措置その他当該本人に参考となるべき情報が当該本人に提供されていること。

2　第二十四条第三項の規定は、前項の規定により個人関連情報取扱事業者が個人関連情報を提供する場合について準用する。この場合において、同条第三項中「講ずるとともに、本人の求めに応じて当該必要な措置に関する情報を当該本人に提供し」とあるのは、「講じ」と読み替えるものとする。

3　前条第二項から第四項までの規定は、第一項の規定により個人関連情報取扱事業者が確認する場合について準用する。この場合において、同条第三項中「の提供を受けた」とあるのは、「を提供した」と読み替えるものとする。

（保有個人データに関する事項の公表等）

第二十七条　個人情報取扱事業者は、保有個人データに関し、次に掲げる事項について、本人の知り得る状態（本人の求めに応じて遅滞なく回答する場合を含む。）に置かなければならない。

一　当該個人情報取扱事業者の氏名又は名称及び住所並びに法人にあっては、その代表者の氏名

二　全ての保有個人データの利用目的（第二十一条第四項第一号から第三号までに該当する場合を除く。）

三　次項の規定による求め又は次条第一項（同条第五項において準用する場合を含む。）、第三十四条第一項若しくは第三十五条第一項、第三項若しくは第五項の規定による請求に応じる手続（第三十八条第二項の規定により手数料の額を定めたときは、その手数料の額を含む。）

四　前三号に掲げるもののほか、保有個人データの適正な取扱いの確保に関し必要な事項として政令で定めるもの

2　個人情報取扱事業者は、本人から、当該本人が識別される保有個人データの利用目的の通知を求められたときは、本人に対し、遅滞なく、これを通知しなければならない。ただし、次の各号のいずれかに該当する場合は、この限りでない。

一　前項の規定により当該本人が識別される保有個人データの利用目的が明らかな場合

二　第二十一条第四項第一号から第三号までに該当する場合

3　個人情報取扱事業者は、前項の規定に基づき求められた保有個人データの利用目的を通知しない旨の決定をしたときは、本人に対し、遅滞なく、その旨を通知しなければならない。

（開示）

第三十三条　本人は、個人情報取扱事業者に対し、当該本人が識別される保有個人データの電磁的記録の提供による方法その他の個人情報保護委員会規則で定める方法による開示を請求することができる。

二　全ての保有個人データの利用目的（第十八条第四項第一号から第三号までに該当する場合を除く。）

三　次項の規定による求め又は次条第一項（同条第五項において準用する場合を含む。）、第二十九条第一項若しくは第三十条第一項、第三項若しくは第五項の規定による請求に応じる手続（第三十三条第二項の規定により手数料の額を定めたときは、その手数料の額を含む。）

四　前三号に掲げるもののほか、保有個人データの適正な取扱いの確保に関し必要な事項として政令で定めるもの

2　個人情報取扱事業者は、本人から、当該本人が識別される保有個人データの利用目的の通知を求められたときは、本人に対し、遅滞なく、これを通知しなければならない。ただし、次の各号のいずれかに該当する場合は、この限りでない。

一　前項の規定により当該本人が識別される保有個人データの利用目的が明らかな場合

二　第十八条第四項第一号から第三号までに該当する場合

3　個人情報取扱事業者は、前項の規定に基づき求められた保有個人データの利用目的を通知しない旨の決定をしたときは、本人に対し、遅滞なく、その旨を通知しなければならない。

（開示）

第二十八条　本人は、個人情報取扱事業者に対し、当該本人が識別される保有個人データの電磁的記録の提供による方法その他の個人情報保護委員会規則で定める方法による開示を請求することができる。

2　個人情報取扱事業者は、前項の規定による請求を受けたときは、本人に対し、同項の規定により当該本人が請求した方法（当該方法による開示に多額の費用を要する場合その他の当該方法による開示が困難である場合にあっては、書面の交付による方法）により、遅滞なく、当該保有個人データを開示しなければならない。ただし、開示することにより次の各号のいずれかに該当する場合は、その全部又は一部を開示しないことができる。

一　本人又は第三者の生命、身体、財産その他の権利利益を害するおそれがある場合

二　当該個人情報取扱事業者の業務の適正な実施に著しい支障を及ぼすおそれがある場合

三　他の法令に違反することとなる場合

3　個人情報取扱事業者は、第一項の規定による請求に係る保有個人データの全部若しくは一部について開示しない旨の決定をしたとき、当該保有個人データが存在しないとき、又は同項の規定により本人が請求した方法による開示が困難であるときは、本人に対し、遅滞なく、その旨を通知しなければならない。

4　他の法令の規定により、本人に対し第二項本文に規定する方法に相当する方法により当該本人が識別される保有個人データの全部又は一部を開示することとされている場合には、当該全部又は一部の保有個人データについては、第一項及び第二項の規定は、適用しない。

5　第一項から第三項までの規定は、当該本人が識別される個人データに係る第二十九条第一項及び第三十条第三項の記録（その存否が明らかに

2　個人情報取扱事業者は、前項の規定による請求を受けたときは、本人に対し、同項の規定により当該本人が請求した方法（当該方法による開示に多額の費用を要する場合その他の当該方法による開示が困難である場合にあっては、書面の交付による方法）により、遅滞なく、当該保有個人データを開示しなければならない。ただし、開示することにより次の各号のいずれかに該当する場合は、その全部又は一部を開示しないことができる。

一　本人又は第三者の生命、身体、財産その他の権利利益を害するおそれがある場合

二　当該個人情報取扱事業者の業務の適正な実施に著しい支障を及ぼすおそれがある場合

三　他の法令に違反することとなる場合

3　個人情報取扱事業者は、第一項の規定による請求に係る保有個人データの全部若しくは一部について開示しない旨の決定をしたとき、当該保有個人データが存在しないとき、又は同項の規定により本人が請求した方法による開示が困難であるときは、本人に対し、遅滞なく、その旨を通知しなければならない。

4　他の法令の規定により、本人に対し第二項本文に規定する方法に相当する方法により当該本人が識別される保有個人データの全部又は一部を開示することとされている場合には、当該全部又は一部の保有個人データについては、第一項及び第二項の規定は、適用しない。

5　第一項から第三項までの規定は、当該本人が識別される個人データに係る第二十五条第一項及び第二十六条第三項の記録（その存否が明らか

なることにより公益その他の利益が害されるものとして政令で定めるものを除く。第三十七条第二項において「第三者提供記録」という。）について準用する。

（訂正等）

第三十四条　本人は、個人情報取扱事業者に対し、当該本人が識別される保有個人データの内容が事実でないときは、当該保有個人データの内容の訂正、追加又は削除（以下この条において「訂正等」という。）を請求することができる。

2　個人情報取扱事業者は、前項の規定による請求を受けた場合には、その内容の訂正等に関して他の法令の規定により特別の手続が定められている場合を除き、利用目的の達成に必要な範囲内において、遅滞なく必要な調査を行い、その結果に基づき、当該保有個人データの内容の訂正等を行わなければならない。

3　個人情報取扱事業者は、第一項の規定による請求に係る保有個人データの内容の全部若しくは一部について訂正等を行ったとき、又は訂正等を行わない旨の決定をしたときは、本人に対し、遅滞なく、その旨（訂正等を行ったときは、その内容を含む。）を通知しなければならない。

（利用停止等）

第三十五条　本人は、個人情報取扱事業者に対し、当該本人が識別される保有個人データが第十八条若しくは第十九条の規定に違反して取り扱われているとき、又は第二十条の規定に違反して取得されたものであると

になることにより公益その他の利益が害されるものとして政令で定めるものを除く。第三十二条第二項において「第三者提供記録」という。）について準用する。

（訂正等）

第二十九条　本人は、個人情報取扱事業者に対し、当該本人が識別される保有個人データの内容が事実でないときは、当該保有個人データの内容の訂正、追加又は削除（以下この条において「訂正等」という。）を請求することができる。

2　個人情報取扱事業者は、前項の規定による請求を受けた場合には、その内容の訂正等に関して他の法令の規定により特別の手続が定められている場合を除き、利用目的の達成に必要な範囲内において、遅滞なく必要な調査を行い、その結果に基づき、当該保有個人データの内容の訂正等を行わなければならない。

3　個人情報取扱事業者は、第一項の規定による請求に係る保有個人データの内容の全部若しくは一部について訂正等を行ったとき、又は訂正等を行わない旨の決定をしたときは、本人に対し、遅滞なく、その旨（訂正等を行ったときは、その内容を含む。）を通知しなければならない。

（利用停止等）

第三十条　本人は、個人情報取扱事業者に対し、当該本人が識別される保有個人データが第十六条若しくは第十六条の二の規定に違反して取り扱われているとき、又は第十七条の規定に違反して取得されたものである

きは、当該保有個人データの利用の停止又は消去（以下この条において「利用停止等」という。）を請求することができる。

2　個人情報取扱事業者は、前項の規定による請求を受けた場合であって、その請求に理由があることが判明したときは、違反を是正するために必要な限度で、遅滞なく、当該保有個人データの利用停止等を行わなければならない。ただし、当該保有個人データの利用停止等に多額の費用を要する場合その他の利用停止等を行うことが困難な場合であって、本人の権利利益を保護するため必要なこれに代わるべき措置をとるときは、この限りでない。

3　本人は、個人情報取扱事業者に対し、当該本人が識別される保有個人データが第二十七条第一項又は第二十八条の規定に違反して第三者に提供されているときは、当該保有個人データの第三者への提供の停止を請求することができる。

4　個人情報取扱事業者は、前項の規定による請求を受けた場合であって、その請求に理由があることが判明したときは、遅滞なく、当該保有個人データの第三者への提供を停止しなければならない。ただし、当該保有個人データの第三者への提供の停止に多額の費用を要する場合その他の第三者への提供を停止することが困難な場合であって、本人の権利利益を保護するため必要なこれに代わるべき措置をとるときは、この限りでない。

5　本人は、個人情報取扱事業者に対し、当該本人が識別される保有個人データを当該個人情報取扱事業者が利用する必要がなくなった場合、当該本人が識別される保有個人データに係る第二十六条第一項本文に規定

ときは、当該保有個人データの利用の停止又は消去（以下この条において「利用停止等」という。）を請求することができる。

2　個人情報取扱事業者は、前項の規定による請求を受けた場合であって、その請求に理由があることが判明したときは、違反を是正するために必要な限度で、遅滞なく、当該保有個人データの利用停止等を行わなければならない。ただし、当該保有個人データの利用停止等に多額の費用を要する場合その他の利用停止等を行うことが困難な場合であって、本人の権利利益を保護するため必要なこれに代わるべき措置をとるときは、この限りでない。

3　本人は、個人情報取扱事業者に対し、当該本人が識別される保有個人データが第二十三条第一項又は第二十四条の規定に違反して第三者に提供されているときは、当該保有個人データの第三者への提供の停止を請求することができる。

4　個人情報取扱事業者は、前項の規定による請求を受けた場合であって、その請求に理由があることが判明したときは、遅滞なく、当該保有個人データの第三者への提供を停止しなければならない。ただし、当該保有個人データの第三者への提供の停止に多額の費用を要する場合その他の第三者への提供を停止することが困難な場合であって、本人の権利利益を保護するため必要なこれに代わるべき措置をとるときは、この限りでない。

5　本人は、個人情報取扱事業者に対し、当該本人が識別される保有個人データを当該個人情報取扱事業者が利用する必要がなくなった場合、当該本人が識別される保有個人データに係る第二十二条の二第一項本文に

する事態が生じた場合その他当該本人が識別される保有個人データの取扱いにより当該本人の権利又は正当な利益が害されるおそれがある場合には、当該保有個人データの利用停止等又は第三者への提供の停止を請求することができる。

6　個人情報取扱事業者は、前項の規定による請求を受けた場合であって、その請求に理由があることが判明したときは、本人の権利利益の侵害を防止するために必要な限度で、遅滞なく、当該保有個人データの利用停止等又は第三者への提供の停止を行わなければならない。ただし、当該保有個人データの利用停止等又は第三者への提供の停止に多額の費用を要する場合その他の利用停止等又は第三者への提供の停止を行うことが困難な場合であって、本人の権利利益を保護するため必要なこれに代わるべき措置をとるときは、この限りでない。

7　個人情報取扱事業者は、第一項若しくは第五項の規定による請求に係る保有個人データの全部若しくは一部について利用停止等を行ったとき若しくは利用停止等を行わない旨の決定をしたとき、又は第三項若しくは第五項の規定による請求に係る保有個人データの全部若しくは一部について第三者への提供を停止したとき若しくは第三者への提供を停止しない旨の決定をしたときは、本人に対し、遅滞なく、その旨を通知しなければならない。

（理由の説明）

第三十六条　個人情報取扱事業者は、第三十二条第三項、第三十三条第三項（同条第五項において準用する場合を含む。）、第三十四条第三項又は

規定する事態が生じた場合その他当該本人が識別される保有個人データの取扱いにより当該本人の権利又は正当な利益が害されるおそれがある場合には、当該保有個人データの利用停止等又は第三者への提供の停止を請求することができる。

6　個人情報取扱事業者は、前項の規定による請求を受けた場合であって、その請求に理由があることが判明したときは、本人の権利利益の侵害を防止するために必要な限度で、遅滞なく、当該保有個人データの利用停止等又は第三者への提供の停止を行わなければならない。ただし、当該保有個人データの利用停止等又は第三者への提供の停止に多額の費用を要する場合その他の利用停止等又は第三者への提供の停止を行うことが困難な場合であって、本人の権利利益を保護するため必要なこれに代わるべき措置をとるときは、この限りでない。

7　個人情報取扱事業者は、第一項若しくは第五項の規定による請求に係る保有個人データの全部若しくは一部について利用停止等を行ったとき若しくは利用停止等を行わない旨の決定をしたとき、又は第三項若しくは第五項の規定による請求に係る保有個人データの全部若しくは一部について第三者への提供を停止したとき若しくは第三者への提供を停止しない旨の決定をしたときは、本人に対し、遅滞なく、その旨を通知しなければならない。

（理由の説明）

第三十一条　個人情報取扱事業者は、第二十七条第三項、第二十八条第三項（同条第五項において準用する場合を含む。）、第二十九条第三項又は

前条第七項の規定により、本人から求められ、又は請求された措置の全部又は一部について、その措置をとらない旨を通知する場合又はその措置と異なる措置をとる旨を通知する場合には、本人に対し、その理由を説明するよう努めなければならない。

（開示等の請求等に応じる手続）

第三十七条　個人情報取扱事業者は、第三十二条第二項の規定による求め又は第三十三条第一項（同条第五項において準用する場合を含む。次条第一項及び第三十九条において同じ。）、第三十四条第一項若しくは第三十五条第一項、第三項若しくは第五項の規定による請求（以下この条及び第五十四条第一項において「開示等の請求等」という。）に関し、政令で定めるところにより、その求め又は請求を受け付ける方法を定めることができる。この場合において、本人は、当該方法に従って、開示等の請求等を行わなければならない。

2　個人情報取扱事業者は、本人に対し、開示等の請求等に関し、その対象となる保有個人データ又は第三者提供記録を特定するに足りる事項の提示を求めることができる。この場合において、個人情報取扱事業者は、本人が容易かつ的確に開示等の請求等をすることができるよう、当該保有個人データ又は当該第三者提供記録の特定に資する情報の提供その他本人の利便を考慮した適切な措置をとらなければならない。

3　開示等の請求等は、政令で定めるところにより、代理人によってすることができる。

4　個人情報取扱事業者は、前三項の規定に基づき開示等の請求等に応じ

前条第七項の規定により、本人から求められ、又は請求された措置の全部又は一部について、その措置をとらない旨を通知する場合又はその措置と異なる措置をとる旨を通知する場合には、本人に対し、その理由を説明するよう努めなければならない。

（開示等の請求等に応じる手続）

第三十二条　個人情報取扱事業者は、第二十七条第二項の規定による求め又は第二十八条第一項（同条第五項において準用する場合を含む。次条第一項及び第三十四条において同じ。）、第二十九条第一項若しくは第三十条第一項、第三項若しくは第五項の規定による請求（以下この条及び第五十三条第一項において「開示等の請求等」という。）に関し、政令で定めるところにより、その求め又は請求を受け付ける方法を定めることができる。この場合において、本人は、当該方法に従って、開示等の請求等を行わなければならない。

2　個人情報取扱事業者は、本人に対し、開示等の請求等に関し、その対象となる保有個人データ又は第三者提供記録を特定するに足りる事項の提示を求めることができる。この場合において、個人情報取扱事業者は、本人が容易かつ的確に開示等の請求等をすることができるよう、当該保有個人データ又は当該第三者提供記録の特定に資する情報の提供その他本人の利便を考慮した適切な措置をとらなければならない。

3　開示等の請求等は、政令で定めるところにより、代理人によってすることができる。

4　個人情報取扱事業者は、前三項の規定に基づき開示等の請求等に応じ

る手続を定めるに当たっては、本人に過重な負担を課するものとならないよう配慮しなければならない。

（手数料）

第三十八条　個人情報取扱事業者は、第三十二条第二項の規定による利用目的の通知を求められたとき又は第三十三条第一項の規定による開示の請求を受けたときは、当該措置の実施に関し、手数料を徴収することができる。

2　個人情報取扱事業者は、前項の規定により手数料を徴収する場合は、実費を勘案して合理的であると認められる範囲内において、その手数料の額を定めなければならない。

（事前の請求）

第三十九条　本人は、第三十三条第一項、第三十四条第一項又は第三十五条第一項、第三項若しくは第五項の規定による請求に係る訴えを提起しようとするときは、その訴えの被告となるべき者に対し、あらかじめ、当該請求を行い、かつ、その到達した日から二週間を経過した後でなければ、その訴えを提起することができない。ただし、当該訴えの被告となるべき者がその請求を拒んだときは、この限りでない。

2　前項の請求は、その請求が通常到達すべきであった時に、到達したものとみなす。

3　前二項の規定は、第三十三条第一項、第三十四条第一項又は第三十五条第一項、第三項若しくは第五項の規定による請求に係る仮処分命令の

る手続を定めるに当たっては、本人に過重な負担を課するものとならないよう配慮しなければならない。

（手数料）

第三十三条　個人情報取扱事業者は、第二十七条第二項の規定による利用目的の通知を求められたとき又は第二十八条第一項の規定による開示の請求を受けたときは、当該措置の実施に関し、手数料を徴収することができる。

2　個人情報取扱事業者は、前項の規定により手数料を徴収する場合は、実費を勘案して合理的であると認められる範囲内において、その手数料の額を定めなければならない。

（事前の請求）

第三十四条　本人は、第二十八条第一項、第二十九条第一項又は第三十条第一項、第三項若しくは第五項の規定による請求に係る訴えを提起しようとするときは、その訴えの被告となるべき者に対し、あらかじめ、当該請求を行い、かつ、その到達した日から二週間を経過した後でなければ、その訴えを提起することができない。ただし、当該訴えの被告となるべき者がその請求を拒んだときは、この限りでない。

2　前項の請求は、その請求が通常到達すべきであった時に、到達したものとみなす。

3　前二項の規定は、第二十八条第一項、第二十九条第一項又は第三十条第一項、第三項若しくは第五項の規定による請求に係る仮処分命令の申

申立てについて準用する。

（個人情報取扱事業者による苦情の処理）

第四十条　個人情報取扱事業者は、個人情報の取扱いに関する苦情の適切かつ迅速な処理に努めなければならない。

2　個人情報取扱事業者は、前項の目的を達成するために必要な体制の整備に努めなければならない。

第三節　仮名加工情報取扱事業者等の義務

（仮名加工情報の作成等）

第四十一条　個人情報取扱事業者は、仮名加工情報（仮名加工情報データベース等を構成するものに限る。以下この章及び第六章において同じ。）を作成するときは、他の情報と照合しない限り特定の個人を識別することができないようにするために必要なものとして個人情報保護委員会規則で定める基準に従い、個人情報を加工しなければならない。

2　個人情報取扱事業者は、仮名加工情報を作成したとき、又は仮名加工情報及び当該仮名加工情報に係る削除情報等（仮名加工情報の作成に用いられた個人情報から削除された記述等及び個人識別符号並びに前項の規定により行われた加工の方法に関する情報をいう。以下この条及び次条第三項において読み替えて準用する第七項において同じ。）を取得したときは、削除情報等の漏えいを防止するために必要なものとして個人情報保護委員会規則で定める基準に従い、削除情報等の安全管理のため

立てについて準用する。

（個人情報取扱事業者による苦情の処理）

第三十五条　個人情報取扱事業者は、個人情報の取扱いに関する苦情の適切かつ迅速な処理に努めなければならない。

2　個人情報取扱事業者は、前項の目的を達成するために必要な体制の整備に努めなければならない。

第二節　仮名加工情報取扱事業者等の義務

（仮名加工情報の作成等）

第三十五条の二　個人情報取扱事業者は、仮名加工情報（仮名加工情報データベース等を構成するものに限る。以下同じ。）を作成するときは、他の情報と照合しない限り特定の個人を識別することができないようにするために必要なものとして個人情報保護委員会規則で定める基準に従い、個人情報を加工しなければならない。

2　個人情報取扱事業者は、仮名加工情報を作成したとき、又は仮名加工情報及び当該仮名加工情報に係る削除情報等（仮名加工情報の作成に用いられた個人情報から削除された記述等及び個人識別符号並びに前項の規定により行われた加工の方法に関する情報をいう。以下この条及び次条第三項において読み替えて準用する第七項において同じ。）を取得したときは、削除情報等の漏えいを防止するために必要なものとして個人情報保護委員会規則で定める基準に従い、削除情報等の安全管理のため

の措置を講じなければならない。

3　仮名加工情報取扱事業者（個人情報取扱事業者である者に限る。以下この条において同じ。）は、第十八条の規定にかかわらず、法令に基づく場合を除くほか、第十七条第一項の規定により特定された利用目的の達成に必要な範囲を超えて、仮名加工情報（個人情報であるものに限る。以下この条において同じ。）を取り扱ってはならない。

4　仮名加工情報についての第二十一条の規定の適用については、同条第一項及び第三項中「、本人に通知し、又は公表し」とあるのは「公表し」と、同条第四項第一号から第三号までの規定中「本人に通知し、又は公表する」とあるのは「公表する」とする。

5　仮名加工情報取扱事業者は、仮名加工情報である個人データ及び削除情報等を利用する必要がなくなったときは、当該個人データ及び削除情報等を遅滞なく消去するよう努めなければならない。この場合においては、第二十二条の規定は、適用しない。

6　仮名加工情報取扱事業者は、第二十七条第一項及び第二項並びに第二十八条第一項の規定にかかわらず、法令に基づく場合を除くほか、仮名加工情報である個人データを第三者に提供してはならない。この場合において、第二十七条第五項中「前各項」とあるのは「第四十一条第六項」と、同項第三号中「、本人に通知し、又は本人が容易に知り得る状態に置いて」とあるのは「公表して」と、同条第六項中「、本人に通知し、又は本人が容易に知り得る状態に置かなければ」とあるのは「公表しなければ」と、第二十九条第一項ただし書中「第二十七条第一項各号又は第五項各号のいずれか（前条第一項の規定による個人データの提供に

の措置を講じなければならない。

3　仮名加工情報取扱事業者（個人情報取扱事業者である者に限る。以下この条において同じ。）は、第十六条の規定にかかわらず、法令に基づく場合を除くほか、第十五条第一項の規定により特定された利用目的の達成に必要な範囲を超えて、仮名加工情報（個人情報であるものに限る。以下この条において同じ。）を取り扱ってはならない。

4　仮名加工情報についての第十八条の規定の適用については、同条第一項及び第三項中「、本人に通知し、又は公表し」とあるのは「公表し」と、同条第四項第一号から第三号までの規定中「本人に通知し、又は公表する」とあるのは「公表する」とする。

5　仮名加工情報取扱事業者は、仮名加工情報である個人データ及び削除情報等を利用する必要がなくなったときは、当該個人データ及び削除情報等を遅滞なく消去するよう努めなければならない。この場合においては、第十九条の規定は、適用しない。

6　仮名加工情報取扱事業者は、第二十三条第一項及び第二項並びに第二十四条第一項の規定にかかわらず、法令に基づく場合を除くほか、仮名加工情報である個人データを第三者に提供してはならない。この場合において、第二十三条第五項中「前各項」とあるのは「第三十五条の二第六項」と、同項第三号中「、本人に通知し、又は本人が容易に知り得る状態に置いて」とあるのは「公表して」と、同条第六項中「、本人に通知し、又は本人が容易に知り得る状態に置かなければ」とあるのは「公表しなければ」と、第二十五条第一項ただし書中「第二十三条第一項各号又は第五項各号のいずれか（前条第一項の規定による個人データの提

あっては、第二十七条第一項各号のいずれか）」とあり、及び第三十条第一項ただし書中「第二十七条第一項各号又は第五項各号のいずれか」とあるのは「法令に基づく場合又は第二十七条第五項各号のいずれか」とする。

7　仮名加工情報取扱事業者は、仮名加工情報を取り扱うに当たっては、当該仮名加工情報の作成に用いられた個人情報に係る本人を識別するために、当該仮名加工情報を他の情報と照合してはならない。

8　仮名加工情報取扱事業者は、仮名加工情報を取り扱うに当たっては、電話をかけ、郵便若しくは民間事業者による信書の送達に関する法律（平成十四年法律第九十九号）第二条第六項に規定する一般信書便事業者若しくは同条第九項に規定する特定信書便事業者による同条第二項に規定する信書便により送付し、電報を送達し、ファクシミリ装置若しくは電磁的方法（電子情報処理組織を使用する方法その他の情報通信の技術を利用する方法であって個人情報保護委員会規則で定めるものをいう。）を用いて送信し、又は住居を訪問するために、当該仮名加工情報に含まれる連絡先その他の情報を利用してはならない。

9　仮名加工情報、仮名加工情報である個人データ及び仮名加工情報である保有個人データについては、第十七条第二項、第二十六条及び第三十二条から第三十九条までの規定は、適用しない。

（仮名加工情報の第三者提供の制限等）

第四十二条　仮名加工情報取扱事業者は、法令に基づく場合を除くほか、仮名加工情報（個人情報であるものを除く。次項及び第三項において同

供にあっては、第二十三条第一項各号のいずれか）」とあり、及び第二十六条第一項ただし書中「第二十三条第一項各号又は第五項各号のいずれか」とあるのは「法令に基づく場合又は第二十三条第五項各号のいずれか」とする。

7　仮名加工情報取扱事業者は、仮名加工情報を取り扱うに当たっては、当該仮名加工情報の作成に用いられた個人情報に係る本人を識別するために、当該仮名加工情報を他の情報と照合してはならない。

8　仮名加工情報取扱事業者は、仮名加工情報を取り扱うに当たっては、電話をかけ、郵便若しくは民間事業者による信書の送達に関する法律（平成十四年法律第九十九号）第二条第六項に規定する一般信書便事業者若しくは同条第九項に規定する特定信書便事業者による同条第二項に規定する信書便により送付し、電報を送達し、ファクシミリ装置若しくは電磁的方法（電子情報処理組織を使用する方法その他の情報通信の技術を利用する方法であって個人情報保護委員会規則で定めるものをいう。）を用いて送信し、又は住居を訪問するために、当該仮名加工情報に含まれる連絡先その他の情報を利用してはならない。

9　仮名加工情報、仮名加工情報である個人データ及び仮名加工情報である保有個人データについては、第十五条第二項、第二十二条の二及び第二十七条から第三十四条までの規定は、適用しない。

（仮名加工情報の第三者提供の制限等）

第三十五条の三　仮名加工情報取扱事業者は、法令に基づく場合を除くほか、仮名加工情報（個人情報であるものを除く。次項及び第三項におい

じ。）を第三者に提供してはならない。

2　第二十七条第五項及び第六項の規定は、仮名加工情報の提供を受ける者について準用する。この場合において、同条第五項中「前各項」とあるのは「第四十二条第一項」と、同項第一号中「個人情報取扱事業者」とあるのは「仮名加工情報取扱事業者」と、同項第三号中「、本人に通知し、又は本人が容易に知り得る状態に置いて」とあるのは「公表して」と、同条第六項中「個人情報取扱事業者」とあるのは「仮名加工情報取扱事業者」と、「、本人に通知し、又は本人が容易に知り得る状態に置かなければ」とあるのは「公表しなければ」と読み替えるものとする。

3　第二十三条から第二十五条まで、第四十条並びに前条第七項及び第八項の規定は、仮名加工情報取扱事業者による仮名加工情報の取扱いについて準用する。この場合において、第二十三条中「漏えい、滅失又は毀損」とあるのは「漏えい」と、前条第七項中「ために、」とあるのは「ために、削除情報等を取得し、又は」と読み替えるものとする。

第四節　匿名加工情報取扱事業者等の義務

（匿名加工情報の作成等）

第四十三条　個人情報取扱事業者は、匿名加工情報（匿名加工情報データベース等を構成するものに限る。以下この章及び第六章において同じ。）を作成するときは、特定の個人を識別すること及びその作成に用いる個人情報を復元することができないようにするために必要なものとして

て同じ。）を第三者に提供してはならない。

2　第二十三条第五項及び第六項の規定は、仮名加工情報の提供を受ける者について準用する。この場合において、同条第五項中「前各項」とあるのは「第三十五条の三第一項」と、同項第一号中「個人情報取扱事業者」とあるのは「仮名加工情報取扱事業者」と、同項第三号中「、本人に通知し、又は本人が容易に知り得る状態に置いて」とあるのは「公表して」と、同条第六項中「個人情報取扱事業者」とあるのは「仮名加工情報取扱事業者」と、「、本人に通知し、又は本人が容易に知り得る状態に置かなければ」とあるのは「公表しなければ」と読み替えるものとする。

3　第二十条から第二十二条まで、第三十五条並びに前条第七項及び第八項の規定は、仮名加工情報取扱事業者による仮名加工情報の取扱いについて準用する。この場合において、第二十条中「漏えい、滅失又は毀損」とあるのは「漏えい」と、前条第七項中「ために、」とあるのは「ために、削除情報等を取得し、又は」と読み替えるものとする。

第三節　匿名加工情報取扱事業者等の義務

（匿名加工情報の作成等）

第三十六条　個人情報取扱事業者は、匿名加工情報（匿名加工情報データベース等を構成するものに限る。以下同じ。）を作成するときは、特定の個人を識別すること及びその作成に用いる個人情報を復元することができないようにするために必要なものとして個人情報保護委員会規則で

個人情報保護委員会規則で定める基準に従い、当該個人情報を加工しなければならない。

2　個人情報取扱事業者は、匿名加工情報を作成したときは、その作成に用いた個人情報から削除した記述等及び個人識別符号並びに前項の規定により行った加工の方法に関する情報の漏えいを防止するために必要なものとして個人情報保護委員会規則で定める基準に従い、これらの情報の安全管理のための措置を講じなければならない。

3　個人情報取扱事業者は、匿名加工情報を作成したときは、個人情報保護委員会規則で定めるところにより、当該匿名加工情報に含まれる個人に関する情報の項目を公表しなければならない。

4　個人情報取扱事業者は、匿名加工情報を作成して当該匿名加工情報を第三者に提供するときは、個人情報保護委員会規則で定めるところにより、あらかじめ、第三者に提供される匿名加工情報に含まれる個人に関する情報の項目及びその提供の方法について公表するとともに、当該第三者に対して、当該提供に係る情報が匿名加工情報である旨を明示しなければならない。

5　個人情報取扱事業者は、匿名加工情報を作成して自ら当該匿名加工情報を取り扱うに当たっては、当該匿名加工情報の作成に用いられた個人情報に係る本人を識別するために、当該匿名加工情報を他の情報と照合してはならない。

6　個人情報取扱事業者は、匿名加工情報を作成したときは、当該匿名加工情報の安全管理のために必要かつ適切な措置、当該匿名加工情報の作成その他の取扱いに関する苦情の処理その他の当該匿名加工情報の適正

定める基準に従い、当該個人情報を加工しなければならない。

2　個人情報取扱事業者は、匿名加工情報を作成したときは、その作成に用いた個人情報から削除した記述等及び個人識別符号並びに前項の規定により行った加工の方法に関する情報の漏えいを防止するために必要なものとして個人情報保護委員会規則で定める基準に従い、これらの情報の安全管理のための措置を講じなければならない。

3　個人情報取扱事業者は、匿名加工情報を作成したときは、個人情報保護委員会規則で定めるところにより、当該匿名加工情報に含まれる個人に関する情報の項目を公表しなければならない。

4　個人情報取扱事業者は、匿名加工情報を作成して当該匿名加工情報を第三者に提供するときは、個人情報保護委員会規則で定めるところにより、あらかじめ、第三者に提供される匿名加工情報に含まれる個人に関する情報の項目及びその提供の方法について公表するとともに、当該第三者に対して、当該提供に係る情報が匿名加工情報である旨を明示しなければならない。

5　個人情報取扱事業者は、匿名加工情報を作成して自ら当該匿名加工情報を取り扱うに当たっては、当該匿名加工情報の作成に用いられた個人情報に係る本人を識別するために、当該匿名加工情報を他の情報と照合してはならない。

6　個人情報取扱事業者は、匿名加工情報を作成したときは、当該匿名加工情報の安全管理のために必要かつ適切な措置、当該匿名加工情報の作成その他の取扱いに関する苦情の処理その他の当該匿名加工情報の適正

な取扱いを確保するために必要な措置を自ら講じ、かつ、当該措置の内容を公表するよう努めなければならない。

（匿名加工情報の提供）

第四十四条　匿名加工情報取扱事業者は、匿名加工情報（自ら個人情報を加工して作成したものを除く。以下この節において同じ。）を第三者に提供するときは、個人情報保護委員会規則で定めるところにより、あらかじめ、第三者に提供される匿名加工情報に含まれる個人に関する情報の項目及びその提供の方法について公表するとともに、当該第三者に対して、当該提供に係る情報が匿名加工情報である旨を明示しなければならない。

（識別行為の禁止）

第四十五条　匿名加工情報取扱事業者は、匿名加工情報を取り扱うに当たっては、当該匿名加工情報の作成に用いられた個人情報に係る本人を識別するために、当該個人情報から削除された記述等若しくは個人識別符号若しくは第四十三条第一項若しくは第百十六条第一項（同条第二項において準用する場合を含む。）の規定により行われた加工の方法に関する情報を取得し、又は当該匿名加工情報を他の情報と照合してはならない。

な取扱いを確保するために必要な措置を自ら講じ、かつ、当該措置の内容を公表するよう努めなければならない。

（匿名加工情報の提供）

第三十七条　匿名加工情報取扱事業者は、匿名加工情報（自ら個人情報を加工して作成したものを除く。以下この節において同じ。）を第三者に提供するときは、個人情報保護委員会規則で定めるところにより、あらかじめ、第三者に提供される匿名加工情報に含まれる個人に関する情報の項目及びその提供の方法について公表するとともに、当該第三者に対して、当該提供に係る情報が匿名加工情報である旨を明示しなければならない。

（識別行為の禁止）

第三十八条　匿名加工情報取扱事業者は、匿名加工情報を取り扱うに当たっては、当該匿名加工情報の作成に用いられた個人情報に係る本人を識別するために、当該個人情報から削除された記述等若しくは個人識別符号若しくは第三十六条第一項、行政機関の保有する個人情報の保護に関する法律（平成十五年法律第五十八号）第四十四条の十第一項（同条第二項において準用する場合を含む。）若しくは独立行政法人等の保有する個人情報の保護に関する法律第四十四条の十第一項（同条第二項において準用する場合を含む。）の規定により行われた加工の方法に関する情報を取得し、又は当該匿名加工情報を他の情報と照合してはならない。

（安全管理措置等）

第四十六条　匿名加工情報取扱事業者は、匿名加工情報の安全管理のために必要かつ適切な措置、匿名加工情報の取扱いに関する苦情の処理その他の匿名加工情報の適正な取扱いを確保するために必要な措置を自ら講じ、かつ、当該措置の内容を公表するよう努めなければならない。

（削除）

第五節　民間団体による個人情報の保護の推進

（認定）

第四十七条　個人情報取扱事業者、仮名加工情報取扱事業者又は匿名加工情報取扱事業者（以下この章において「個人情報取扱事業者等」という。）の個人情報、仮名加工情報又は匿名加工情報（以下この章において「個人情報等」という。）の適正な取扱いの確保を目的として次に掲げる業務を行おうとする法人（法人でない団体で代表者又は管理人の定めのあるものを含む。次条第三号ロにおいて同じ。）は、個人情報保護委員会の認定を受けることができる。

一　業務の対象となる個人情報取扱事業者等（以下この節において「対象事業者」という。）の個人情報等の取扱いに関する第五十三条の規定による苦情の処理

二　個人情報等の適正な取扱いの確保に寄与する事項についての対象事

（安全管理措置等）

第三十九条　匿名加工情報取扱事業者は、匿名加工情報の安全管理のために必要かつ適切な措置、匿名加工情報の取扱いに関する苦情の処理その他の匿名加工情報の適正な取扱いを確保するために必要な措置を自ら講じ、かつ、当該措置の内容を公表するよう努めなければならない。

第四節　監督

第五節　民間団体による個人情報の保護の推進

（認定）

第四十七条　個人情報取扱事業者等（個人関連情報取扱事業者を除く。以下この節において同じ。）の個人情報等（個人関連情報を除く。以下この節において同じ。）の適正な取扱いの確保を目的として次に掲げる業務を行おうとする法人（法人でない団体で代表者又は管理人の定めのあるものを含む。次条第三号ロにおいて同じ。）は、個人情報保護委員会の認定を受けることができる。

一　業務の対象となる個人情報取扱事業者等（以下「対象事業者」という。）の個人情報等の取扱いに関する第五十二条の規定による苦情の処理

二　個人情報等の適正な取扱いの確保に寄与する事項についての対象事

業者に対する情報の提供

三　前二号に掲げるもののほか、対象事業者の個人情報等の適正な取扱いの確保に関し必要な業務

２　前項の認定は、対象とする個人情報取扱事業者等の事業の種類その他の業務の範囲を限定して行うことができる。

３　第一項の認定を受けようとする者は、政令で定めるところにより、個人情報保護委員会に申請しなければならない。

４　個人情報保護委員会は、第一項の認定をしたときは、その旨（第二項の規定により業務の範囲を限定する認定にあっては、その認定に係る業務の範囲を含む。）を公示しなければならない。

（欠格条項）

第四十八条　次の各号のいずれかに該当する者は、前条第一項の認定を受けることができない。

一　この法律の規定により刑に処せられ、その執行を終わり、又は執行を受けることがなくなった日から二年を経過しない者

二　第百五十五条第一項の規定により認定を取り消され、その取消しの日から二年を経過しない者

三　その業務を行う役員（法人でない団体で代表者又は管理人の定めのあるものの代表者又は管理人を含む。以下この条において同じ。）のうちに、次のいずれかに該当する者があるもの

イ　禁錮以上の刑に処せられ、又はこの法律の規定により刑に処せられ、その執行を終わり、又は執行を受けることがなくなった日から

業者に対する情報の提供

三　前二号に掲げるもののほか、対象事業者の個人情報等の適正な取扱いの確保に関し必要な業務

２　前項の認定は、対象とする個人情報取扱事業者等の事業の種類その他の業務の範囲を限定して行うことができる。

３　第一項の認定を受けようとする者は、政令で定めるところにより、個人情報保護委員会に申請しなければならない。

４　個人情報保護委員会は、第一項の認定をしたときは、その旨（第二項の規定により業務の範囲を限定する認定にあっては、その認定に係る業務の範囲を含む。）を公示しなければならない。

（欠格条項）

第四十八条　次の各号のいずれかに該当する者は、前条第一項の認定を受けることができない。

一　この法律の規定により刑に処せられ、その執行を終わり、又は執行を受けることがなくなった日から二年を経過しない者

二　第五十八条第一項の規定により認定を取り消され、その取消しの日から二年を経過しない者

三　その業務を行う役員（法人でない団体で代表者又は管理人の定めのあるものの代表者又は管理人を含む。以下この条において同じ。）のうちに、次のいずれかに該当する者があるもの

イ　禁錮以上の刑に処せられ、又はこの法律の規定により刑に処せられ、その執行を終わり、又は執行を受けることがなくなった日から

二年を経過しない者

ロ　第百五十五条第一項の規定により認定を取り消された法人において、その取消しの日前三十日以内にその役員であった者でその取消しの日から二年を経過しない者

（認定の基準）

第四十九条　個人情報保護委員会は、第四十七条第一項の認定の申請が次の各号のいずれにも適合していると認めるときでなければ、その認定をしてはならない。

一　第四十七条第一項各号に掲げる業務を適正かつ確実に行うに必要な業務の実施の方法が定められているものであること。

二　第四十七条第一項各号に掲げる業務を適正かつ確実に行うに足りる知識及び能力並びに経理的基礎を有するものであること。

三　第四十七条第一項各号に掲げる業務以外の業務を行っている場合には、その業務を行うことによって同項各号に掲げる業務が不公正になるおそれがないものであること。

（変更の認定等）

第五十条　第四十七条第一項の認定（同条第二項の規定により業務の範囲を限定する認定を含む。次条第一項及び第百五十五条第一項第五号において同じ。）を受けた者は、その認定に係る業務の範囲を変更しようとするときは、個人情報保護委員会の認定を受けなければならない。ただし、個人情報保護委員会規則で定める軽微な変更については、この限り

二年を経過しない者

ロ　第五十八条第一項の規定により認定を取り消された法人において、その取消しの日前三十日以内にその役員であった者でその取消しの日から二年を経過しない者

（認定の基準）

第四十九条　個人情報保護委員会は、第四十七条第一項の認定の申請が次の各号のいずれにも適合していると認めるときでなければ、その認定をしてはならない。

一　第四十七条第一項各号に掲げる業務を適正かつ確実に行うに必要な業務の実施の方法が定められているものであること。

二　第四十七条第一項各号に掲げる業務を適正かつ確実に行うに足りる知識及び能力並びに経理的基礎を有するものであること。

三　第四十七条第一項各号に掲げる業務以外の業務を行っている場合には、その業務を行うことによって同項各号に掲げる業務が不公正になるおそれがないものであること。

（変更の認定等）

第四十九条の二　第四十七条第一項の認定（同条第二項の規定により業務の範囲を限定する認定を含む。次条第一項及び第五十八条第一項第五号において同じ。）を受けた者は、その認定に係る業務の範囲を変更しようとするときは、個人情報保護委員会の認定を受けなければならない。ただし、個人情報保護委員会規則で定める軽微な変更については、この

でない。

２　第四十七条第三項及び第四項並びに前条の規定は、前項の変更の認定について準用する。

（廃止の届出）

第五十一条　第四十七条第一項の認定（前条第一項の変更の認定を含む。）を受けた者（以下この節及び第六章において「認定個人情報保護団体」という。）は、その認定に係る業務（以下この節及び第六章において「認定業務」という。）を廃止しようとするときは、政令で定めるところにより、あらかじめ、その旨を個人情報保護委員会に届け出なければならない。

２　個人情報保護委員会は、前項の規定による届出があったときは、その旨を公示しなければならない。

（対象事業者）

第五十二条　認定個人情報保護団体は、認定業務の対象となることについて同意を得た個人情報取扱事業者等を対象事業者としなければならない。この場合において、第五十四条第四項の規定による措置をとったにもかかわらず、対象事業者が同条第一項に規定する個人情報保護指針を遵守しないときは、当該対象事業者を認定業務の対象から除外することができる。

２　認定個人情報保護団体は、対象事業者の氏名又は名称を公表しなければならない。

限りでない。

２　第四十七条第三項及び第四項並びに前条の規定は、前項の変更の認定について準用する。

（廃止の届出）

第五十条　第四十七条第一項の認定（前条第一項の変更の認定を含む。）を受けた者（以下「認定個人情報保護団体」という。）は、その認定に係る業務（以下「認定業務」という。）を廃止しようとするときは、政令で定めるところにより、あらかじめ、その旨を個人情報保護委員会に届け出なければならない。

２　個人情報保護委員会は、前項の規定による届出があったときは、その旨を公示しなければならない。

（対象事業者）

第五十一条　認定個人情報保護団体は、認定業務の対象となることについて同意を得た個人情報取扱事業者等を対象事業者としなければならない。この場合において、第五十三条第四項の規定による措置をとったにもかかわらず、対象事業者が同条第一項に規定する個人情報保護指針を遵守しないときは、当該対象事業者を認定業務の対象から除外することができる。

２　認定個人情報保護団体は、対象事業者の氏名又は名称を公表しなければならない。

（苦情の処理）

第五十三条　認定個人情報保護団体は、本人その他の関係者から対象事業者の個人情報等の取扱いに関する苦情について解決の申出があったときは、その相談に応じ、申出人に必要な助言をし、その苦情に係る事情を調査するとともに、当該対象事業者に対し、その苦情の内容を通知してその迅速な解決を求めなければならない。

２　認定個人情報保護団体は、前項の申出に係る苦情の解決について必要があると認めるときは、当該対象事業者に対し、文書若しくは口頭による説明を求め、又は資料の提出を求めることができる。

３　対象事業者は、認定個人情報保護団体から前項の規定による求めがあったときは、正当な理由がないのに、これを拒んではならない。

（個人情報保護指針）

第五十四条　認定個人情報保護団体は、対象事業者の個人情報等の適正な取扱いの確保のために、個人情報に係る利用目的の特定、安全管理のための措置、開示等の請求等に応じる手続その他の事項又は仮名加工情報若しくは匿名加工情報に係る作成の方法、その情報の安全管理のための措置その他の事項に関し、消費者の意見を代表する者その他の関係者の意見を聴いて、この法律の規定の趣旨に沿った指針（以下この節及び第六章において「個人情報保護指針」という。）を作成するよう努めなければならない。

２　認定個人情報保護団体は、前項の規定により個人情報保護指針を作成

（苦情の処理）

第五十二条　認定個人情報保護団体は、本人その他の関係者から対象事業者の個人情報等の取扱いに関する苦情について解決の申出があったときは、その相談に応じ、申出人に必要な助言をし、その苦情に係る事情を調査するとともに、当該対象事業者に対し、その苦情の内容を通知してその迅速な解決を求めなければならない。

２　認定個人情報保護団体は、前項の申出に係る苦情の解決について必要があると認めるときは、当該対象事業者に対し、文書若しくは口頭による説明を求め、又は資料の提出を求めることができる。

３　対象事業者は、認定個人情報保護団体から前項の規定による求めがあったときは、正当な理由がないのに、これを拒んではならない。

（個人情報保護指針）

第五十三条　認定個人情報保護団体は、対象事業者の個人情報等の適正な取扱いの確保のために、個人情報に係る利用目的の特定、安全管理のための措置、開示等の請求等に応じる手続その他の事項又は仮名加工情報若しくは匿名加工情報に係る作成の方法、その情報の安全管理のための措置その他の事項に関し、消費者の意見を代表する者その他の関係者の意見を聴いて、この法律の規定の趣旨に沿った指針（以下「個人情報保護指針」という。）を作成するよう努めなければならない。

２　認定個人情報保護団体は、前項の規定により個人情報保護指針を作成

したときは、個人情報保護委員会規則で定めるところにより、遅滞なく、当該個人情報保護指針を個人情報保護委員会に届け出なければならない。これを変更したときも、同様とする。

３　個人情報保護委員会は、前項の規定による個人情報保護指針の届出があったときは、個人情報保護委員会規則で定めるところにより、当該個人情報保護指針を公表しなければならない。

４　認定個人情報保護団体は、前項の規定により個人情報保護指針が公表されたときは、対象事業者に対し、当該個人情報保護指針を遵守させるため必要な指導、勧告その他の措置をとらなければならない。

（目的外利用の禁止）

第五十五条　認定個人情報保護団体は、認定業務の実施に際して知り得た情報を認定業務の用に供する目的以外に利用してはならない。

（名称の使用制限）

第五十六条　認定個人情報保護団体でない者は、認定個人情報保護団体という名称又はこれに紛らわしい名称を用いてはならない。

（削除）

したときは、個人情報保護委員会規則で定めるところにより、遅滞なく、当該個人情報保護指針を個人情報保護委員会に届け出なければならない。これを変更したときも、同様とする。

３　個人情報保護委員会は、前項の規定による個人情報保護指針の届出があったときは、個人情報保護委員会規則で定めるところにより、当該個人情報保護指針を公表しなければならない。

４　認定個人情報保護団体は、前項の規定により個人情報保護指針が公表されたときは、対象事業者に対し、当該個人情報保護指針を遵守させるため必要な指導、勧告その他の措置をとらなければならない。

（目的外利用の禁止）

第五十四条　認定個人情報保護団体は、認定業務の実施に際して知り得た情報を認定業務の用に供する目的以外に利用してはならない。

（名称の使用制限）

第五十五条　認定個人情報保護団体でない者は、認定個人情報保護団体という名称又はこれに紛らわしい名称を用いてはならない。

（報告の徴収）

第五十六条　個人情報保護委員会は、この節の規定の施行に必要な限度において、認定個人情報保護団体に対し、認定業務に関し報告をさせることができる。

（削除）

（削除）

（削除）

第六節　雑則

（適用除外）

（命令）

第五十七条　個人情報保護委員会は、この節の規定の施行に必要な限度において、認定個人情報保護団体に対し、認定業務の実施の方法の改善、個人情報保護指針の変更その他の必要な措置をとるべき旨を命ずることができる。

（認定の取消し）

第五十八条　個人情報保護委員会は、認定個人情報保護団体が次の各号のいずれかに該当するときは、その認定を取り消すことができる。

一　第四十八条第一号又は第三号に該当するに至ったとき。

二　第四十九条各号のいずれかに適合しなくなったとき。

三　第五十四条の規定に違反したとき。

四　前条の命令に従わないとき。

五　不正の手段により第四十七条第一項の認定又は第四十九条の二第一項の変更の認定を受けたとき。

2　個人情報保護委員会は、前項の規定により認定を取り消したときは、その旨を公示しなければならない。

第六節　送達

（新設）

（適用除外）

第五十七条　個人情報取扱事業者等及び個人関連情報取扱事業者のうち次の各号に掲げる者については、その個人情報等及び個人関連情報を取り扱う目的の全部又は一部がそれぞれ当該各号に規定する目的であるときは、この章の規定は、適用しない。

一　放送機関、新聞社、通信社その他の報道機関（報道を業として行う個人を含む。）　報道の用に供する目的

二　著述を業として行う者　著述の用に供する目的

（削除）

三　宗教団体　宗教活動（これに付随する活動を含む。）の用に供する目的

四　政治団体　政治活動（これに付随する活動を含む。）の用に供する目的

2　前項第一号に規定する「報道」とは、不特定かつ多数の者に対して客観的事実を事実として知らせること（これに基づいて意見又は見解を述べることを含む。）をいう。

3　第一項各号に掲げる個人情報取扱事業者等は、個人データ、仮名加工情報又は匿名加工情報の安全管理のために必要かつ適切な措置、個人情報等の取扱いに関する苦情の処理その他の個人情報等の適正な取扱いを確保するために必要な措置を自ら講じ、かつ、当該措置の内容を公表するよう努めなければならない。

第七十六条　個人情報取扱事業者等のうち次の各号に掲げる者については、その個人情報等を取り扱う目的の全部又は一部がそれぞれ当該各号に規定する目的であるときは、第四章の規定は、適用しない。

一　放送機関、新聞社、通信社その他の報道機関（報道を業として行う個人を含む。）　報道の用に供する目的

二　著述を業として行う者　著述の用に供する目的

三　大学その他の学術研究を目的とする機関若しくは団体又はそれらに属する者　学術研究の用に供する目的

四　宗教団体　宗教活動（これに付随する活動を含む。）の用に供する目的

五　政治団体　政治活動（これに付随する活動を含む。）の用に供する目的

2　前項第一号に規定する「報道」とは、不特定かつ多数の者に対して客観的事実を事実として知らせること（これに基づいて意見又は見解を述べることを含む。）をいう。

3　第一項各号に掲げる個人情報取扱事業者等は、個人データ、仮名加工情報又は匿名加工情報の安全管理のために必要かつ適切な措置、個人情報等（個人関連情報を除く。以下この項において同じ。）の取扱いに関する苦情の処理その他の個人情報等の適正な取扱いを確保するために必要な措置を自ら講じ、かつ、当該措置の内容を公表するよう努めなければならない。

（適用の特例） 第五十八条　個人情報取扱事業者又は匿名加工情報取扱事業者のうち次に掲げる者については、第三十二条から第三十九条まで及び第四節の規定は、適用しない。 一　別表第二に掲げる法人 二　地方独立行政法人のうち地方独立行政法人法第二十一条第一号に掲げる業務を主たる目的とするもの又は同条第二号若しくは第三号（チに係る部分に限る。）に掲げる業務を目的とするもの 2　次の各号に掲げる者が行う当該各号に定める業務における個人情報、仮名加工情報又は個人関連情報の取扱いについては、個人情報取扱事業者、仮名加工情報取扱事業者又は個人関連情報取扱事業者による個人情報、仮名加工情報又は個人関連情報の取扱いとみなして、この章（第三十二条から第三十九条まで及び第四節を除く。）及び第六章から第八章までの規定を適用する。 一　地方公共団体の機関　医療法（昭和二十三年法律第二百五号）第一条の五第一項に規定する病院（次号において「病院」という。）及び同条第二項に規定する診療所並びに学校教育法（昭和二十二年法律第二十六号）第一条に規定する大学の運営 二　独立行政法人労働者健康安全機構　病院の運営	（新設）
（学術研究機関等の責務） 第五十九条　個人情報取扱事業者である学術研究機関等は、学術研究目的で行う個人情報の取扱いについて、この法律の規定を遵守するとともに	（新設）

、その適正を確保するために必要な措置を自ら講じ、かつ、当該措置の内容を公表するよう努めなければならない。

第五章　行政機関等の義務等

第一節　総則

（定義）

第六十条　この章及び第八章において「保有個人情報」とは、行政機関等の職員（独立行政法人等及び地方独立行政法人にあっては、その役員を含む。以下この章及び第八章において同じ。）が職務上作成し、又は取得した個人情報であって、当該行政機関等の職員が組織的に利用するものとして、当該行政機関等が保有しているものをいう。ただし、行政文書（行政機関の保有する情報の公開に関する法律（平成十一年法律第四十二号。以下この章において「行政機関情報公開法」という。）第二条第二項に規定する行政文書をいう。）、法人文書（独立行政法人等の保有する情報の公開に関する法律（平成十三年法律第百四十号。以下この章において「独立行政法人等情報公開法」という。）第二条第二項に規定する法人文書（同項第四号に掲げるものを含む。）をいう。）又は地方公共団体等行政文書（地方公共団体の機関又は地方独立行政法人の職員が職務上作成し、又は取得した文書、図画及び電磁的記録であって、当該地方公共団体の機関又は地方独立行政法人の職員が組織的に用いるものとして、当該地方公共団体の機関又は地方独立行政法人が保有している

（新設）

（新設）

【行個法第二条第五項】

5　この法律において「保有個人情報」とは、行政機関の職員が職務上作成し、又は取得した個人情報であって、当該行政機関の職員が組織的に利用するものとして、当該行政機関が保有しているものをいう。ただし、行政文書（行政機関の保有する情報の公開に関する法律（平成十一年法律第四十二号。以下「行政機関情報公開法」という。）第二条第二項に規定する行政文書をいう。以下同じ。）に記録されているものに限る。

もの（行政機関情報公開法第二条第二項各号に掲げるものに相当するものとして政令で定めるものを除く。）をいう。）（以下この章において「行政文書等」という。）に記録されているものに限る。

2　この章及び第八章において「個人情報ファイル」とは、保有個人情報を含む情報の集合物であって、次に掲げるものをいう。

一　一定の事務の目的を達成するために特定の保有個人情報を電子計算機を用いて検索することができるように体系的に構成したもの

二　前号に掲げるもののほか、一定の事務の目的を達成するために氏名、生年月日、その他の記述等により特定の保有個人情報を容易に検索することができるように体系的に構成したもの

3　この章において「行政機関等匿名加工情報」とは、次の各号のいずれにも該当する個人情報ファイルを構成する保有個人情報の全部又は一部（これらの一部に行政機関情報公開法第五条に規定する不開示情報（同条第一号に掲げる情報を除き、同条第二号ただし書に規定する情報を含む。以下この項において同じ。）、独立行政法人等情報公開法第五条に規定する不開示情報（同条第一号に掲げる情報を除き、同条第二号ただし書に規定する情報を含む。）又は地方公共団体の情報公開条例（地方公共団体の機関又は地方独立行政法人の保有する情報の公開を請求する住民等の権利について定める地方公共団体の条例をいう。以下この章において同じ。）に規定する不開示情報（行政機関情報公開法第五条に規定する不開示情報に相当するものをいう。）が含まれているときは、これらの不開示情報に該当する部分を除く。）を加工して得られる匿名加工

【行個法第二条第六項】

6　この法律において「個人情報ファイル」とは、保有個人情報を含む情報の集合物であって、次に掲げるものをいう。

一　一定の事務の目的を達成するために特定の保有個人情報を電子計算機を用いて検索することができるように体系的に構成したもの

二　前号に掲げるもののほか、一定の事務の目的を達成するために氏名、生年月日、その他の記述等により特定の保有個人情報を容易に検索することができるように体系的に構成したもの

【行個法第二条第九項】

9　この法律において「行政機関非識別加工情報」とは、次の各号のいずれにも該当する個人情報ファイルを構成する保有個人情報（他の情報と照合することができ、それにより特定の個人を識別することができることとなるもの（他の情報と容易に照合することができ、それにより特定の個人を識別することができることとなるものを除く。）を除く。以下この項において同じ。）の全部又は一部（これらの一部に行政機関情報公開法第五条に規定する不開示情報（同条第一号に掲げる情報を除く。以下この項において同じ。）が含まれているときは、当該不開示情報に該当する部分を除く。）を加工して得られる非識別加工情報をいう。

情報をいう。

一　第七十五条第二項各号のいずれかに該当するもの又は同条第三項の規定により同条第一項に規定する個人情報ファイル簿に掲載しないこととされるものでないこと。

二　行政機関情報公開法第三条に規定する行政機関の長、独立行政法人等情報公開法第二条第一項に規定する独立行政法人等、地方公共団体の機関又は地方独立行政法人に対し、当該個人情報ファイルを構成する保有個人情報が記録されている行政文書等の開示の請求（行政機関情報公開法第三条、独立行政法人等情報公開法第三条又は情報公開条例の規定による開示の請求をいう。）があったとしたならば、これらの者が次のいずれかを行うこととなるものであること。

イ　当該行政文書等に記録されている保有個人情報の全部又は一部を開示する旨の決定をすること。

ロ　行政機関情報公開法第十三条第一項若しくは第二項、独立行政法人等情報公開法第十四条第一項若しくは第二項又は情報公開条例（行政機関情報公開法第十三条第一項又は第二項の規定に相当する規定を設けているものに限る。）の規定により意見書の提出の機会を与えること。

三　行政機関等の事務及び事業の適正かつ円滑な運営に支障のない範囲内で、第百十六条第一項の基準に従い、当該個人情報ファイルを構成する保有個人情報を加工して匿名加工情報を作成することができるものであること。

4　この章において「行政機関等匿名加工情報ファイル」とは、行政機関

一　第十一条第二項各号のいずれかに該当するもの又は同条第三項の規定により同条第一項に規定する個人情報ファイル簿に掲載しないこととされるものでないこと。

二　行政機関情報公開法第三条に規定する行政機関の長に対し、当該個人情報ファイルを構成する保有個人情報が記録されている行政文書の同条の規定による開示の請求があったとしたならば、当該行政機関の長が次のいずれかを行うこととなるものであること。

イ　当該行政文書に記録されている保有個人情報の全部又は一部を開示する旨の決定をすること。

ロ　行政機関情報公開法第十三条第一項又は第二項の規定により意見書の提出の機会を与えること。

三　行政の適正かつ円滑な運営に支障のない範囲内で、第四十四条の十第一項の基準に従い、当該個人情報ファイルを構成する保有個人情報を加工して非識別加工情報を作成することができるものであること。

【行個法第二条第十項】

10　この法律において「行政機関非識別加工情報ファイル」とは、行政機

等匿名加工情報を含む情報の集合物であって、次に掲げるものをいう。

一　特定の行政機関等匿名加工情報を電子計算機を用いて検索することができるように体系的に構成したもの

二　前号に掲げるもののほか、特定の行政機関等匿名加工情報を容易に検索することができるように体系的に構成したものとして政令で定めるもの

5　この章において「条例要配慮個人情報」とは、地方公共団体の機関又は地方独立行政法人が保有する個人情報（要配慮個人情報を除く。）のうち、地域の特性その他の事情に応じて、本人に対する不当な差別、偏見その他の不利益が生じないようにその取扱いに特に配慮を要するものとして地方公共団体が条例で定める記述等が含まれる個人情報をいう。

第二節　行政機関等における個人情報等の取扱い

（個人情報の保有の制限等）

第六十一条　行政機関等は、個人情報を保有するに当たっては、法令（条例を含む。第六十六条第二項第三号及び第四号、第六十九条第二項第二号及び第三号並びに第四節において同じ。）の定める所掌事務又は業務を遂行するため必要な場合に限り、かつ、その利用目的をできる限り特定しなければならない。

2　行政機関等は、前項の規定により特定された利用目的の達成に必要な

関非識別加工情報を含む情報の集合物であって、次に掲げるものをいう。

一　特定の行政機関非識別加工情報を電子計算機を用いて検索することができるように体系的に構成したもの

二　前号に掲げるもののほか、特定の行政機関非識別加工情報を容易に検索することができるように体系的に構成したものとして政令で定めるもの

（新設）

（新設）

【行個法】

（個人情報の保有の制限等）

第三条　行政機関は、個人情報を保有するに当たっては、法令の定める所掌事務を遂行するため必要な場合に限り、かつ、その利用の目的をできる限り特定しなければならない。

2　行政機関は、前項の規定により特定された利用の目的（以下「利用目

範囲を超えて、個人情報を保有してはならない。

3　行政機関等は、利用目的を変更する場合には、変更前の利用目的と相当の関連性を有すると合理的に認められる範囲を超えて行ってはならない。

（利用目的の明示）

第六十二条　行政機関等は、本人から直接書面（電磁的記録を含む。）に記録された当該本人の個人情報を取得するときは、次に掲げる場合を除き、あらかじめ、本人に対し、その利用目的を明示しなければならない。

一　人の生命、身体又は財産の保護のために緊急に必要があるとき。

二　利用目的を本人に明示することにより、本人又は第三者の生命、身体、財産その他の権利利益を害するおそれがあるとき。

三　利用目的を本人に明示することにより、国の機関、独立行政法人等、地方公共団体又は地方独立行政法人が行う事務又は事業の適正な遂行に支障を及ぼすおそれがあるとき。

四　取得の状況からみて利用目的が明らかであると認められるとき。

（不適正な利用の禁止）

第六十三条　行政機関の長（第二条第八項第四号及び第五号の政令で定める機関にあっては、その機関ごとに政令で定める者をいう。以下この章

的」という。）の達成に必要な範囲を超えて、個人情報を保有してはならない。

3　行政機関は、利用目的を変更する場合には、変更前の利用目的と相当の関連性を有すると合理的に認められる範囲を超えて行ってはならない。

（利用目的の明示）

第四条　行政機関は、本人から直接書面（電磁的記録を含む。）に記録された当該本人の個人情報を取得するときは、次に掲げる場合を除き、あらかじめ、本人に対し、その利用目的を明示しなければならない。

一　人の生命、身体又は財産の保護のために緊急に必要があるとき。

二　利用目的を本人に明示することにより、本人又は第三者の生命、身体、財産その他の権利利益を害するおそれがあるとき。

三　利用目的を本人に明示することにより、国の機関、独立行政法人等、地方公共団体又は地方独立行政法人が行う事務又は事業の適正な遂行に支障を及ぼすおそれがあるとき。

四　取得の状況からみて利用目的が明らかであると認められるとき。

【個情法】

（不適正な利用の禁止）

第十六条の二　個人情報取扱事業者は、違法又は不当な行為を助長し、又は誘発するおそれがある方法により個人情報を利用してはならない。

及び第百七十四条において同じ。）、地方公共団体の機関、独立行政法人等及び地方独立行政法人（以下この章及び次章において「行政機関の長等」という。）は、違法又は不当な行為を助長し、又は誘発するおそれがある方法により個人情報を利用してはならない。

（適正な取得）

第六十四条　行政機関の長等は、偽りその他不正の手段により個人情報を取得してはならない。

（正確性の確保）

第六十五条　行政機関の長等は、利用目的の達成に必要な範囲内で、保有個人情報が過去又は現在の事実と合致するよう努めなければならない。

（安全管理措置）

【独個法】

（適正な取得）

第五条　独立行政法人等は、偽りその他不正の手段により個人情報を取得してはならない。

【行個法】

（正確性の確保）

第五条　行政機関の長（第二条第一項第四号及び第五号の政令で定める機関にあっては、その機関ごとに政令で定める者をいう。以下同じ。）は、利用目的の達成に必要な範囲内で、保有個人情報（行政機関非識別加工情報（行政機関非識別加工情報ファイルを構成するものに限る。次条第二項において同じ。）及び削除情報（第四十四条の二第三項に規定する削除情報をいう。次条第二項及び第十条第二項第五号の三において同じ。）に該当するものを除く。次条第一項、第八条及び第十二条第一項において同じ。）が過去又は現在の事実と合致するよう努めなければならない。

（安全確保の措置）

第六十六条　行政機関の長等は、保有個人情報の漏えい、滅失又は毀損の防止その他の保有個人情報の安全管理のために必要かつ適切な措置を講じなければならない。

2　前項の規定は、次の各号に掲げる者が当該各号に定める業務を行う場合における個人情報の取扱いについて準用する。

一　行政機関等から個人情報の取扱いの委託を受けた者　当該委託を受けた業務

二　指定管理者（地方自治法（昭和二十二年法律第六十七号）第二百四十四条の二第三項に規定する指定管理者をいう。）　公の施設（同法第二百四十四条第一項に規定する公の施設をいう。）の管理の業務

三　第五十八条第一項各号に掲げる者　法令に基づき行う業務であって政令で定めるもの

四　第五十八条第二項各号に掲げる者　同項各号に定める業務のうち法令に基づき行う業務であって政令で定めるもの

五　前各号に掲げる者から当該各号に定める業務の委託（二以上の段階にわたる委託を含む。）を受けた者　当該委託を受けた業務

（従事者の義務）

第六十七条　個人情報の取扱いに従事する行政機関等の職員若しくは職員であった者、前条第二項各号に定める業務に従事している者若しくは従事していた者又は行政機関等において個人情報の取扱いに従事している

第六条　行政機関の長は、保有個人情報の漏えい、滅失又は毀損の防止その他の保有個人情報の適切な管理のために必要な措置を講じなければならない。

2　前項の規定は、行政機関から個人情報（行政機関非識別加工情報及び削除情報に該当するものを除く。次条、第三十八条、第四十八条、第五十条及び第五十一条において同じ。）の取扱いの委託を受けた者が受託した業務を行う場合について準用する。

（従事者の義務）

第七条　個人情報の取扱いに従事する行政機関の職員若しくは職員であった者又は前条第二項の受託業務に従事している者若しくは従事していた者は、その業務に関して知り得た個人情報の内容をみだりに他人に知ら

派遣労働者（労働者派遣事業の適正な運営の確保及び派遣労働者の保護等に関する法律（昭和六十年法律第八十八号）第二条第二号に規定する派遣労働者をいう。以下この章及び第百七十六条において同じ。）若しくは従事していた派遣労働者は、その業務に関して知り得た個人情報の内容をみだりに他人に知らせ、又は不当な目的に利用してはならない。

（漏えい等の報告等）

第六十八条　行政機関の長等は、保有個人情報の漏えい、滅失、毀損その他の保有個人情報の安全の確保に係る事態であって個人の権利利益を害するおそれが大きいものとして個人情報保護委員会規則で定めるものが生じたときは、個人情報保護委員会規則で定めるところにより、当該事態が生じた旨を個人情報保護委員会に報告しなければならない。

2　前項に規定する場合には、行政機関の長等は、本人に対し、個人情報保護委員会規則で定めるところにより、当該事態が生じた旨を通知しなければならない。ただし、次の各号のいずれかに該当するときは、この限りでない。

一　本人への通知が困難な場合であって、本人の権利利益を保護するた

せ、又は不当な目的に利用してはならない。

【個情法】

（漏えい等の報告等）

第二十二条の二　個人情報取扱事業者は、その取り扱う個人データの漏えい、滅失、毀損その他の個人データの安全の確保に係る事態であって個人の権利利益を害するおそれが大きいものとして個人情報保護委員会規則で定めるものが生じたときは、個人情報保護委員会規則で定めるところにより、当該事態が生じた旨を個人情報保護委員会に報告しなければならない。ただし、当該個人情報取扱事業者が、他の個人情報取扱事業者から当該個人データの取扱いの全部又は一部の委託を受けた場合であって、個人情報保護委員会規則で定めるところにより、当該事態が生じた旨を当該他の個人情報取扱事業者に通知したときは、この限りでない。

2　前項に規定する場合には、個人情報取扱事業者（同項ただし書の規定による通知をした者を除く。）は、本人に対し、個人情報保護委員会規則で定めるところにより、当該事態が生じた旨を通知しなければならない。ただし、本人への通知が困難な場合であって、本人の権利利益を保護するため必要なこれに代わるべき措置をとるときは、この限りでな

め必要なこれに代わるべき措置をとるとき。

二　当該保有個人情報に第七十八条第一項各号に掲げる情報のいずれかが含まれるとき。

（利用及び提供の制限）

第六十九条　行政機関の長等は、法令に基づく場合を除き、利用目的以外の目的のために保有個人情報を自ら利用し、又は提供してはならない。

2　前項の規定にかかわらず、行政機関の長等は、次の各号のいずれかに該当すると認めるときは、利用目的以外の目的のために保有個人情報を自ら利用し、又は提供することができる。ただし、保有個人情報を利用目的以外の目的のために自ら利用し、又は提供することによって、本人又は第三者の権利利益を不当に侵害するおそれがあると認められるときは、この限りでない。

一　本人の同意があるとき、又は本人に提供するとき。

二　行政機関等が法令の定める所掌事務又は業務の遂行に必要な限度で保有個人情報を内部で利用する場合であって、当該保有個人情報を利用することについて相当の理由があるとき。

三　他の行政機関、独立行政法人等、地方公共団体の機関又は地方独立行政法人に保有個人情報を提供する場合において、保有個人情報の提供を受ける者が、法令の定める事務又は業務の遂行に必要な限度で提供に係る個人情報を利用し、かつ、当該個人情報を利用することについて相当の理由があるとき。

い。

【行個法】

（利用及び提供の制限）

第八条　行政機関の長は、法令に基づく場合を除き、利用目的以外の目的のために保有個人情報を自ら利用し、又は提供してはならない。

2　前項の規定にかかわらず、行政機関の長は、次の各号のいずれかに該当すると認めるときは、利用目的以外の目的のために保有個人情報を自ら利用し、又は提供することができる。ただし、保有個人情報を利用目的以外の目的のために自ら利用し、又は提供することによって、本人又は第三者の権利利益を不当に侵害するおそれがあると認められるときは、この限りでない。

一　本人の同意があるとき、又は本人に提供するとき。

二　行政機関が法令の定める所掌事務の遂行に必要な限度で保有個人情報を内部で利用する場合であって、当該保有個人情報を利用することについて相当な理由のあるとき。

三　他の行政機関、独立行政法人等、地方公共団体又は地方独立行政法人に保有個人情報を提供する場合において、保有個人情報の提供を受ける者が、法令の定める事務又は業務の遂行に必要な限度で提供に係る個人情報を利用し、かつ、当該個人情報を利用することについて相当な理由のあるとき。

四　前三号に掲げる場合のほか、専ら統計の作成又は学術研究の目的のために保有個人情報を提供するとき、本人以外の者に提供することが明らかに本人の利益になるとき、その他保有個人情報を提供することについて特別の理由があるとき。

3　前項の規定は、保有個人情報の利用又は提供を制限する他の法令の規定の適用を妨げるものではない。

4　行政機関の長等は、個人の権利利益を保護するため特に必要があると認めるときは、保有個人情報の利用目的以外の目的のための行政機関等の内部における利用を特定の部局若しくは機関又は職員に限るものとする。

（保有個人情報の提供を受ける者に対する措置要求）

第七十条　行政機関の長等は、利用目的のために又は前条第二項第三号若しくは第四号の規定に基づき、保有個人情報を提供する場合において、必要があると認めるときは、保有個人情報の提供を受ける者に対し、提供に係る個人情報について、その利用の目的若しくは方法の制限その他必要な制限を付し、又はその漏えいの防止その他の個人情報の適切な管理のために必要な措置を講ずることを求めるものとする。

（外国にある第三者への提供の制限）

第七十一条　行政機関の長等は、外国（本邦の域外にある国又は地域をいう。以下この条において同じ。）（個人の権利利益を保護する上で我が国

四　前三号に掲げる場合のほか、専ら統計の作成又は学術研究の目的のために保有個人情報を提供するとき、本人以外の者に提供することが明らかに本人の利益になるとき、その他保有個人情報を提供することについて特別の理由のあるとき。

3　前項の規定は、保有個人情報の利用又は提供を制限する他の法令の規定の適用を妨げるものではない。

4　行政機関の長は、個人の権利利益を保護するため特に必要があると認めるときは、保有個人情報の利用目的以外の目的のための行政機関の内部における利用を特定の部局又は機関に限るものとする。

（保有個人情報の提供を受ける者に対する措置要求）

第九条　行政機関の長は、前条第二項第三号又は第四号の規定に基づき、保有個人情報を提供する場合において、必要があると認めるときは、保有個人情報の提供を受ける者に対し、提供に係る個人情報について、その利用の目的若しくは方法の制限その他必要な制限を付し、又はその漏えいの防止その他の個人情報の適切な管理のために必要な措置を講ずることを求めるものとする。

【個情法】

（外国にある第三者への提供の制限）

第二十四条　個人情報取扱事業者は、外国（本邦の域外にある国又は地域をいう。以下同じ。）（個人の権利利益を保護する上で我が国と同等の水

と同等の水準にあると認められる個人情報の保護に関する制度を有している外国として個人情報保護委員会規則で定めるものを除く。以下この条において同じ。）にある第三者（第十六条第三項に規定する個人データの取扱いについて前章第二節の規定により同条第二項に規定する個人情報取扱事業者が講ずべきこととされている措置に相当する措置（第三項において「相当措置」という。）を継続的に講ずるために必要なものとして個人情報保護委員会規則で定める基準に適合する体制を整備している者を除く。以下この項及び次項において同じ。）に利用目的以外の目的のために保有個人情報を提供する場合には、法令に基づく場合及び第六十九条第二項第四号に掲げる場合を除くほか、あらかじめ外国にある第三者への提供を認める旨の本人の同意を得なければならない。

2　行政機関の長等は、前項の規定により本人の同意を得ようとする場合には、個人情報保護委員会規則で定めるところにより、あらかじめ、当該外国における個人情報の保護に関する制度、当該第三者が講ずる個人情報の保護のための措置その他当該本人に参考となるべき情報を当該本人に提供しなければならない。

3　行政機関の長等は、保有個人情報を外国にある第三者（第一項に規定する体制を整備している者に限る。）に利用目的以外の目的のために提供した場合には、法令に基づく場合及び第六十九条第二項第四号に掲げる場合を除くほか、個人情報保護委員会規則で定めるところにより、当該第三者による相当措置の継続的な実施を確保するために必要な措置を講ずるとともに、本人の求めに応じて当該必要な措置に関する情報を当該本人に提供しなければならない。

準にあると認められる個人情報の保護に関する制度を有している外国として個人情報保護委員会規則で定めるものを除く。以下この条及び第二十六条の二第一項第二号において同じ。）にある第三者（個人データの取扱いについてこの節の規定により個人情報取扱事業者が講ずべきこととされている措置に相当する措置（第三項において「相当措置」という。）を継続的に講ずるために必要なものとして個人情報保護委員会規則で定める基準に適合する体制を整備している者を除く。以下この項及び次項並びに同号において同じ。）に個人データを提供する場合には、前条第一項各号に掲げる場合を除くほか、あらかじめ外国にある第三者への提供を認める旨の本人の同意を得なければならない。この場合においては、同条の規定は、適用しない。

2　個人情報取扱事業者は、前項の規定により本人の同意を得ようとする場合には、個人情報保護委員会規則で定めるところにより、あらかじめ、当該外国における個人情報の保護に関する制度、当該第三者が講ずる個人情報の保護のための措置その他当該本人に参考となるべき情報を当該本人に提供しなければならない。

3　個人情報取扱事業者は、個人データを外国にある第三者（第一項に規定する体制を整備している者に限る。）に提供した場合には、個人情報保護委員会規則で定めるところにより、当該第三者による相当措置の継続的な実施を確保するために必要な措置を講ずるとともに、本人の求めに応じて当該必要な措置に関する情報を当該本人に提供しなければならない。

（個人関連情報の提供を受ける者に対する措置要求）

第七十二条　行政機関の長等は、第三者に個人関連情報を提供する場合（当該第三者が当該個人関連情報を個人情報として取得することが想定される場合に限る。）において、必要があると認めるときは、当該第三者に対し、提供に係る個人関連情報について、その利用の目的若しくは方法の制限その他必要な制限を付し、又はその漏えいの防止その他の個人関連情報の適切な管理のために必要な措置を講ずることを求めるものとする。

【参考】

（個人関連情報の第三者提供の制限等）

第二十六条の二　個人関連情報取扱事業者（個人関連情報データベース等（個人関連情報（生存する個人に関する情報であって、個人情報、仮名加工情報及び匿名加工情報のいずれにも該当しないものをいう。以下同じ。）を含む情報の集合物であって、特定の個人関連情報を電子計算機を用いて検索することができるように体系的に構成したものその他特定の個人関連情報を容易に検索することができるように体系的に構成したものとして政令で定めるものをいう。以下この項において同じ。）を事業の用に供している者であって、第二条第五項各号に掲げる者を除いたものをいう。以下同じ。）は、第三者が個人関連情報（個人関連情報データベース等を構成するものに限る。以下同じ。）を個人データとして取得することが想定されるときは、第二十三条第一項各号に掲げる場合を除くほか、次に掲げる事項について、あらかじめ個人情報保護委員会規則で定めるところにより確認することをしないで、当該個人関連情報を当該第三者に提供してはならない。

一　当該第三者が個人関連情報取扱事業者から個人関連情報の提供を受けて本人が識別される個人データとして取得することを認める旨の当該本人の同意が得られていること。

二　外国にある第三者への提供にあっては、前号の本人の同意を得ようとする場合において、個人情報保護委員会規則で定めるところにより、あらかじめ、当該外国における個人情報の保護に関する制度、当該第三者が講ずる個人情報の保護のための措置その他当該本人に参考と

（仮名加工情報の取扱いに係る義務）

第七十三条　行政機関の長等は、法令に基づく場合を除くほか、仮名加工情報（個人情報であるものを除く。以下この条及び第百二十八条において同じ。）を第三者（当該仮名加工情報の取扱いの委託を受けた者を除く。）に提供してはならない。

2　行政機関の長等は、その取り扱う仮名加工情報の漏えいの防止その他仮名加工情報の安全管理のために必要かつ適切な措置を講じなければならない。

3　行政機関の長等は、仮名加工情報を取り扱うに当たっては、法令に基づく場合を除き、当該仮名加工情報の作成に用いられた個人情報に係る

なるべき情報が当該本人に提供されていること。

2　第二十四条第三項の規定は、前項の規定により個人関連情報取扱事業者が個人関連情報を提供する場合について準用する。この場合において、同条第三項中「講ずるとともに、本人の求めに応じて当該必要な措置に関する情報を当該本人に提供し」とあるのは、「講じ」と読み替えるものとする。

（仮名加工情報の第三者提供の制限等）

第三十五条の三　仮名加工情報取扱事業者は、法令に基づく場合を除くほか、仮名加工情報（個人情報であるものを除く。次項及び第三項において同じ。）を第三者に提供してはならない。

【個情法第三十五条の二】

2　個人情報取扱事業者は、仮名加工情報を作成したとき、又は仮名加工情報及び当該仮名加工情報に係る削除情報等（仮名加工情報の作成に用いられた個人情報から削除された記述等及び個人識別符号並びに前項の規定により行われた加工の方法に関する情報をいう。以下この条及び次条第三項において読み替えて準用する第七項において同じ。）を取得したときは、削除情報等の漏えいを防止するために必要なものとして個人情報保護委員会規則で定める基準に従い、削除情報等の安全管理のための措置を講じなければならない。

7　仮名加工情報取扱事業者は、仮名加工情報を取り扱うに当たっては、当該仮名加工情報の作成に用いられた個人情報に係る本人を識別するた

本人を識別するために、削除情報等（仮名加工情報の作成に用いられた個人情報から削除された記述等及び個人識別符号並びに第四十一条第一項の規定により行われた加工の方法に関する情報をいう。）を取得し、又は当該仮名加工情報を他の情報と照合してはならない。

4　行政機関の長等は、仮名加工情報を取り扱うに当たっては、法令に基づく場合を除き、電話をかけ、郵便若しくは民間事業者による信書の送達に関する法律第二条第六項に規定する一般信書便事業者若しくは同条第九項に規定する特定信書便事業者による同条第二項に規定する信書便により送付し、電報を送達し、ファクシミリ装置若しくは電磁的方法（電子情報処理組織を使用する方法その他の情報通信の技術を利用する方法であって個人情報保護委員会規則で定めるものをいう。）を用いて送信し、又は住居を訪問するために、当該仮名加工情報に含まれる連絡先その他の情報を利用してはならない。

5　前各項の規定は、行政機関の長等から仮名加工情報の取扱いの委託（二以上の段階にわたる委託を含む。）を受けた者が受託した業務を行う場合について準用する。

第三節　個人情報ファイル

（個人情報ファイルの保有等に関する事前通知）

第七十四条　行政機関（会計検査院を除く。以下この条において同じ。）が個人情報ファイルを保有しようとするときは、当該行政機関の長は、

めに、当該仮名加工情報を他の情報と照合してはならない。

8　仮名加工情報取扱事業者は、仮名加工情報を取り扱うに当たっては、電話をかけ、郵便若しくは民間事業者による信書の送達に関する法律（平成十四年法律第九十九号）第二条第六項に規定する一般信書便事業者若しくは同条第九項に規定する特定信書便事業者による同条第二項に規定する信書便により送付し、電報を送達し、ファクシミリ装置若しくは電磁的方法（電子情報処理組織を使用する方法その他の情報通信の技術を利用する方法であって個人情報保護委員会規則で定めるものをいう。）を用いて送信し、又は住居を訪問するために、当該仮名加工情報に含まれる連絡先その他の情報を利用してはならない。

（新設）

【行個法】

第三章　個人情報ファイル

（個人情報ファイルの保有等に関する事前通知）

第十条　行政機関（会計検査院を除く。以下この条、第五十条、第五十一条及び第五十一条の五から第五十一条の七までにおいて同じ。）が個人

あらかじめ、個人情報保護委員会に対し、次に掲げる事項を通知しなければならない。通知した事項を変更しようとするときも、同様とする。

一　個人情報ファイルの名称

二　当該機関の名称及び個人情報ファイルが利用に供される事務をつかさどる組織の名称

三　個人情報ファイルの利用目的

四　個人情報ファイルに記録される項目（以下この節において「記録項目」という。）及び本人（他の個人の氏名、生年月日その他の記述等によらないで検索し得る者に限る。次項第九号において同じ。）として個人情報ファイルに記録される個人の範囲（以下この節において「記録範囲」という。）

五　個人情報ファイルに記録される個人情報（以下この節において「記録情報」という。）の収集方法

六　記録情報に要配慮個人情報が含まれるときは、その旨

七　記録情報を当該機関以外の者に経常的に提供する場合には、その提供先

八　次条第三項の規定に基づき、記録項目の一部若しくは第五号若しくは前号に掲げる事項を次条第一項に規定する個人情報ファイル簿に記載しないこととするとき、又は個人情報ファイルを同項に規定する個人情報ファイル簿に掲載しないこととするときは、その旨

九　第七十六条第一項、第九十条第一項又は第九十八条第一項の規定による請求を受理する組織の名称及び所在地

情報ファイルを保有しようとするときは、当該行政機関の長は、あらかじめ、総務大臣に対し、次に掲げる事項を通知しなければならない。通知した事項を変更しようとするときも、同様とする。

一　個人情報ファイルの名称

二　当該行政機関の名称及び個人情報ファイルが利用に供される事務をつかさどる組織の名称

三　個人情報ファイルの利用目的

四　個人情報ファイルに記録される項目（以下この章において「記録項目」という。）及び本人（他の個人の氏名、生年月日その他の記述等によらないで検索し得る者に限る。次項第九号において同じ。）として個人情報ファイルに記録される個人の範囲（以下この章において「記録範囲」という。）

五　個人情報ファイルに記録される個人情報（以下この章において「記録情報」という。）の収集方法

五の二　記録情報に要配慮個人情報が含まれるときは、その旨

六　記録情報を当該行政機関以外の者に経常的に提供する場合には、その提供先

七　次条第三項の規定に基づき、記録項目の一部若しくは第五号若しくは前号に掲げる事項を個人情報ファイル簿に記載しないこととするとき、又は個人情報ファイルを個人情報ファイル簿に掲載しないこととするときは、その旨

八　第十二条第一項、第二十七条第一項又は第三十六条第一項の規定による請求を受理する組織の名称及び所在地

十　第九十条第一項ただし書又は第九十八条第一項ただし書に該当するときは、その旨

十一　その他政令で定める事項

2　前項の規定は、次に掲げる個人情報ファイルについては、適用しない。

一　国の安全、外交上の秘密その他の国の重大な利益に関する事項を記録する個人情報ファイル

二　犯罪の捜査、租税に関する法律の規定に基づく犯則事件の調査又は公訴の提起若しくは維持のために作成し、又は取得する個人情報ファイル

三　当該機関の職員又は職員であった者に係る個人情報ファイルであって、専らその人事、給与若しくは福利厚生に関する事項又はこれらに準ずる事項を記録するもの（当該機関が行う職員の採用試験に関する個人情報ファイルを含む。）

四　専ら試験的な電子計算機処理の用に供するための個人情報ファイル

五　前項の規定による通知に係る個人情報ファイルに記録されている記録情報の全部又は一部を記録した個人情報ファイルであって、その利用目的、記録項目及び記録範囲が当該通知に係るこれらの事項の範囲内のもの

六　一年以内に消去することとなる記録情報のみを記録する個人情報ファイル

九　第二十七条第一項ただし書又は第三十六条第一項ただし書に該当するときは、その旨

十　その他政令で定める事項

2　前項の規定は、次に掲げる個人情報ファイルについては、適用しない。

一　国の安全、外交上の秘密その他の国の重大な利益に関する事項を記録する個人情報ファイル

二　犯罪の捜査、租税に関する法律の規定に基づく犯則事件の調査又は公訴の提起若しくは維持のために作成し、又は取得する個人情報ファイル

三　行政機関の職員又は職員であった者に係る個人情報ファイルであって、専らその人事、給与若しくは福利厚生に関する事項又はこれらに準ずる事項を記録するもの（行政機関が行う職員の採用試験に関する個人情報ファイルを含む。）

四　専ら試験的な電子計算機処理の用に供するための個人情報ファイル

五　前項の規定による通知に係る個人情報ファイルに記録されている記録情報の全部又は一部を記録した個人情報ファイルであって、その利用目的、記録項目及び記録範囲が当該通知に係るこれらの事項の範囲内のもの

五の二　行政機関非識別加工情報ファイルに該当する個人情報ファイル

五の三　記録情報に削除情報が含まれる個人情報ファイル

六　一年以内に消去することとなる記録情報のみを記録する個人情報ファイル

七　資料その他の物品若しくは金銭の送付又は業務上必要な連絡のために利用する記録情報を記録した個人情報ファイルであって、送付又は連絡の相手方の氏名、住所その他の送付又は連絡に必要な事項のみを記録するもの

八　職員が学術研究の用に供するためその発意に基づき作成し、又は取得する個人情報ファイルであって、記録情報を専ら当該学術研究の目的のために利用するもの

九　本人の数が政令で定める数に満たない個人情報ファイル

十　第三号から前号までに掲げる個人情報ファイルに準ずるものとして政令で定める個人情報ファイル

十一　第六十条第二項第二号に係る個人情報ファイル

3　行政機関の長は、第一項に規定する事項を通知した個人情報ファイルについて、当該行政機関がその保有をやめたとき、又はその個人情報ファイルが前項第九号に該当するに至ったときは、遅滞なく、個人情報保護委員会に対しその旨を通知しなければならない。

（個人情報ファイル簿の作成及び公表）

第七十五条　行政機関の長等は、政令で定めるところにより、当該行政機関の長等の属する行政機関等が保有している個人情報ファイルについて、それぞれ前条第一項第一号から第七号まで、第九号及び第十号に掲げる事項その他政令で定める事項を記載した帳簿（以下この章において「個人情報ファイル簿」という。）を作成し、公表しなければならない。

七　資料その他の物品若しくは金銭の送付又は業務上必要な連絡のために利用する記録情報を記録した個人情報ファイルであって、送付又は連絡の相手方の氏名、住所その他の送付又は連絡に必要な事項のみを記録するもの

八　職員が学術研究の用に供するためその発意に基づき作成し、又は取得する個人情報ファイルであって、記録情報を専ら当該学術研究の目的のために利用するもの

九　本人の数が政令で定める数に満たない個人情報ファイル

十　第三号から前号までに掲げる個人情報ファイルに準ずるものとして政令で定める個人情報ファイル

十一　第二条第六項第二号に係る個人情報ファイル

3　行政機関の長は、第一項に規定する事項を通知した個人情報ファイルについて、当該行政機関がその保有をやめたとき、又はその個人情報ファイルが前項第九号に該当するに至ったときは、遅滞なく、総務大臣に対しその旨を通知しなければならない。

（個人情報ファイル簿の作成及び公表）

第十一条　行政機関の長は、政令で定めるところにより、当該行政機関が保有している個人情報ファイルについて、それぞれ前条第一項第一号から第六号まで、第八号及び第九号に掲げる事項その他政令で定める事項を記載した帳簿（以下「個人情報ファイル簿」という。）を作成し、公表しなければならない。

2　前項の規定は、次に掲げる個人情報ファイルについては、適用しない。

一　前条第二項第一号から第十号までに掲げる個人情報ファイル

二　前項の規定による公表に係る個人情報ファイルに記録されている記録情報の全部又は一部を記録した個人情報ファイルであって、その利用目的、記録項目及び記録範囲が当該公表に係るこれらの事項の範囲内のもの

三　前号に掲げる個人情報ファイルに準ずるものとして政令で定める個人情報ファイル

3　第一項の規定にかかわらず、行政機関の長等は、記録項目の一部若しくは前条第一項第五号若しくは第七号に掲げる事項を個人情報ファイル簿に記載し、又は個人情報ファイルを個人情報ファイル簿に掲載することにより、利用目的に係る事務又は事業の性質上、当該事務又は事業の適正な遂行に著しい支障を及ぼすおそれがあると認めるときは、その記録項目の一部若しくは事項を記載せず、又はその個人情報ファイルを個人情報ファイル簿に掲載しないことができる。

4　地方公共団体の機関又は地方独立行政法人についての第一項の規定の適用については、同項中「定める事項」とあるのは、「定める事項並びに記録情報に条例要配慮個人情報が含まれているときは、その旨」とする。

5　前各項の規定は、地方公共団体の機関又は地方独立行政法人が、条例で定めるところにより、個人情報ファイル簿とは別の個人情報の保有の状況に関する事項を記載した帳簿を作成し、公表することを妨げるもの

2　前項の規定は、次に掲げる個人情報ファイルについては、適用しない。

一　前条第二項第一号から第十号までに掲げる個人情報ファイル

二　前項の規定による公表に係る個人情報ファイルに記録されている記録情報の全部又は一部を記録した個人情報ファイルであって、その利用目的、記録項目及び記録範囲が当該公表に係るこれらの事項の範囲内のもの

三　前号に掲げる個人情報ファイルに準ずるものとして政令で定める個人情報ファイル

3　第一項の規定にかかわらず、行政機関の長は、記録項目の一部若しくは前条第一項第五号若しくは第六号に掲げる事項を個人情報ファイル簿に記載し、又は個人情報ファイルを個人情報ファイル簿に掲載することにより、利用目的に係る事務の性質上、当該事務の適正な遂行に著しい支障を及ぼすおそれがあると認めるときは、その記録項目の一部若しくは事項を記載せず、又はその個人情報ファイルを個人情報ファイル簿に掲載しないことができる。

（新設）

ではない。

第四節　開示、訂正及び利用停止

第一款　開示

（開示請求権）

第七十六条　何人も、この法律の定めるところにより、行政機関の長等に対し、当該行政機関の長等の属する行政機関等の保有する自己を本人とする保有個人情報の開示を請求することができる。

2　未成年者若しくは成年被後見人の法定代理人又は本人の委任による代理人（以下この節において「代理人」と総称する。）は、本人に代わって前項の規定による開示の請求（以下この節及び第百二十七条において「開示請求」という。）をすることができる。

（開示請求の手続）

第七十七条　開示請求は、次に掲げる事項を記載した書面（第三項において「開示請求書」という。）を行政機関の長等に提出してしなければならない。

一　開示請求をする者の氏名及び住所又は居所

二　開示請求に係る保有個人情報が記録されている行政文書等の名称その他の開示請求に係る保有個人情報を特定するに足りる事項

【行個法】

第四章　開示、訂正及び利用停止

第一節　開示

（開示請求権）

第十二条　何人も、この法律の定めるところにより、行政機関の長に対し、当該行政機関の保有する自己を本人とする保有個人情報の開示を請求することができる。

2　未成年者又は成年被後見人の法定代理人は、本人に代わって前項の規定による開示の請求（以下「開示請求」という。）をすることができる。

（開示請求の手続）

第十三条　開示請求は、次に掲げる事項を記載した書面（以下「開示請求書」という。）を行政機関の長に提出してしなければならない。

一　開示請求をする者の氏名及び住所又は居所

二　開示請求に係る保有個人情報が記録されている行政文書の名称その他の開示請求に係る保有個人情報を特定するに足りる事項

2　前項の場合において、開示請求をする者は、政令で定めるところにより、開示請求に係る保有個人情報の本人であること（前条第二項の規定による開示請求にあっては、開示請求に係る保有個人情報の本人の代理人であること）を示す書類を提示し、又は提出しなければならない。

3　行政機関の長等は、開示請求書に形式上の不備があると認めるときは、開示請求をした者（以下この節において「開示請求者」という。）に対し、相当の期間を定めて、その補正を求めることができる。この場合において、行政機関の長等は、開示請求者に対し、補正の参考となる情報を提供するよう努めなければならない。

（保有個人情報の開示義務）

第七十八条　行政機関の長等は、開示請求があったときは、開示請求に係る保有個人情報に次の各号に掲げる情報（以下この節において「不開示情報」という。）のいずれかが含まれている場合を除き、開示請求者に対し、当該保有個人情報を開示しなければならない。

一　開示請求者（第七十六条第二項の規定により代理人が本人に代わって開示請求をする場合にあっては、当該本人をいう。次号及び第三号、次条第二項並びに第八十六条第一項において同じ。）の生命、健康、生活又は財産を害するおそれがある情報

二　開示請求者以外の個人に関する情報（事業を営む個人の当該事業に関する情報を除く。）であって、当該情報に含まれる氏名、生年月日

2　前項の場合において、開示請求をする者は、政令で定めるところにより、開示請求に係る保有個人情報の本人であること（前条第二項の規定による開示請求にあっては、開示請求に係る保有個人情報の本人の法定代理人であること）を示す書類を提示し、又は提出しなければならない。

3　行政機関の長は、開示請求書に形式上の不備があると認めるときは、開示請求をした者（以下「開示請求者」という。）に対し、相当の期間を定めて、その補正を求めることができる。この場合において、行政機関の長は、開示請求者に対し、補正の参考となる情報を提供するよう努めなければならない。

（保有個人情報の開示義務）

第十四条　行政機関の長は、開示請求があったときは、開示請求に係る保有個人情報に次の各号に掲げる情報（以下「不開示情報」という。）のいずれかが含まれている場合を除き、開示請求者に対し、当該保有個人情報を開示しなければならない。

一　開示請求者（第十二条第二項の規定により未成年者又は成年被後見人の法定代理人が本人に代わって開示請求をする場合にあっては、当該本人をいう。次号及び第三号、次条第二項並びに第二十三条第一項において同じ。）の生命、健康、生活又は財産を害するおそれがある情報

二　開示請求者以外の個人に関する情報（事業を営む個人の当該事業に関する情報を除く。）であって、当該情報に含まれる氏名、生年月日

その他の記述等により開示請求者以外の特定の個人を識別することができるもの（他の情報と照合することにより、開示請求者以外の特定の個人を識別することができることとなるものを含む。）若しくは個人識別符号が含まれるもの又は開示請求者以外の特定の個人を識別することはできないが、開示することにより、なお開示請求者以外の個人の権利利益を害するおそれがあるもの。ただし、次に掲げる情報を除く。

イ　法令の規定により又は慣行として開示請求者が知ることができ、又は知ることが予定されている情報

ロ　人の生命、健康、生活又は財産を保護するため、開示することが必要であると認められる情報

ハ　当該個人が公務員等（国家公務員法（昭和二十二年法律第百二十号）第二条第一項に規定する国家公務員（独立行政法人通則法第二条第四項に規定する行政執行法人の職員を除く。）、独立行政法人等の職員、地方公務員法（昭和二十五年法律第二百六十一号）第二条に規定する地方公務員及び地方独立行政法人の職員をいう。）である場合において、当該情報がその職務の遂行に係る情報であるときは、当該情報のうち、当該公務員等の職及び当該職務遂行の内容に係る部分

三　法人その他の団体（国、独立行政法人等、地方公共団体及び地方独立行政法人を除く。以下この号において「法人等」という。）に関する情報又は開示請求者以外の事業を営む個人の当該事業に関する情報であって、次に掲げるもの。ただし、人の生命、健康、生活又は財産

その他の記述等により開示請求者以外の特定の個人を識別することができるもの（他の情報と照合することにより、開示請求者以外の特定の個人を識別することができることとなるものを含む。）若しくは個人識別符号が含まれるもの又は開示請求者以外の特定の個人を識別することはできないが、開示することにより、なお開示請求者以外の個人の権利利益を害するおそれがあるもの。ただし、次に掲げる情報を除く。

イ　法令の規定により又は慣行として開示請求者が知ることができ、又は知ることが予定されている情報

ロ　人の生命、健康、生活又は財産を保護するため、開示することが必要であると認められる情報

ハ　当該個人が公務員等（国家公務員法（昭和二十二年法律第百二十号）第二条第一項に規定する国家公務員（独立行政法人通則法（平成十一年法律第百三号）第二条第四項に規定する行政執行法人の役員及び職員を除く。）、独立行政法人等の役員及び職員、地方公務員法（昭和二十五年法律第二百六十一号）第二条に規定する地方公務員並びに地方独立行政法人の役員及び職員をいう。）である場合において、当該情報がその職務の遂行に係る情報であるときは、当該情報のうち、当該公務員等の職及び当該職務遂行の内容に係る部分

三　法人その他の団体（国、独立行政法人等、地方公共団体及び地方独立行政法人を除く。以下この号において「法人等」という。）に関する情報又は開示請求者以外の事業を営む個人の当該事業に関する情報であって、次に掲げるもの。ただし、人の生命、健康、生活又は財産

を保護するため、開示することが必要であると認められる情報を除く。

イ　開示することにより、当該法人等又は当該個人の権利、競争上の地位その他正当な利益を害するおそれがあるもの

ロ　行政機関等の要請を受けて、開示しないとの条件で任意に提供されたものであって、法人等又は個人における通例として開示しないこととされているものその他の当該条件を付することが当該情報の性質、当時の状況等に照らして合理的であると認められるもの

四　行政機関の長が第八十二条各項の決定（以下この節において「開示決定等」という。）をする場合において、開示することにより、国の安全が害されるおそれ、他国若しくは国際機関との信頼関係が損なわれるおそれ又は他国若しくは国際機関との交渉上不利益を被るおそれがあると当該行政機関の長が認めることにつき相当の理由がある情報

五　行政機関の長又は地方公共団体の機関（都道府県の機関に限る。）が開示決定等をする場合において、開示することにより、犯罪の予防、鎮圧又は捜査、公訴の維持、刑の執行その他の公共の安全と秩序の維持に支障を及ぼすおそれがあると当該行政機関の長又は地方公共団体の機関が認めることにつき相当の理由がある情報

六　国の機関、独立行政法人等、地方公共団体及び地方独立行政法人の内部又は相互間における審議、検討又は協議に関する情報であって、開示することにより、率直な意見の交換若しくは意思決定の中立性が不当に損なわれるおそれ、不当に国民の間に混乱を生じさせるおそれ又は特定の者に不当に利益を与え若しくは不利益を及ぼすおそれがあ

を保護するため、開示することが必要であると認められる情報を除く。

イ　開示することにより、当該法人等又は当該個人の権利、競争上の地位その他正当な利益を害するおそれがあるもの

ロ　行政機関の要請を受けて、開示しないとの条件で任意に提供されたものであって、法人等又は個人における通例として開示しないこととされているものその他の当該条件を付することが当該情報の性質、当時の状況等に照らして合理的であると認められるもの

四　開示することにより、国の安全が害されるおそれ、他国若しくは国際機関との信頼関係が損なわれるおそれ又は他国若しくは国際機関との交渉上不利益を被るおそれがあると行政機関の長が認めることにつき相当の理由がある情報

五　開示することにより、犯罪の予防、鎮圧又は捜査、公訴の維持、刑の執行その他の公共の安全と秩序の維持に支障を及ぼすおそれがあると行政機関の長が認めることにつき相当の理由がある情報

六　国の機関、独立行政法人等、地方公共団体及び地方独立行政法人の内部又は相互間における審議、検討又は協議に関する情報であって、開示することにより、率直な意見の交換若しくは意思決定の中立性が不当に損なわれるおそれ、不当に国民の間に混乱を生じさせるおそれ又は特定の者に不当に利益を与え若しくは不利益を及ぼすおそれがあ

るもの

七　国の機関、独立行政法人等、地方公共団体又は地方独立行政法人が行う事務又は事業に関する情報であって、開示することにより、次に掲げるおそれその他当該事務又は事業の性質上、当該事務又は事業の適正な遂行に支障を及ぼすおそれがあるもの

イ　独立行政法人等、地方公共団体の機関又は地方独立行政法人が開示決定等をする場合において、国の安全が害されるおそれ、他国若しくは国際機関との信頼関係が損なわれるおそれ又は他国若しくは国際機関との交渉上不利益を被るおそれ

ロ　独立行政法人等、地方公共団体の機関（都道府県の機関を除く。）又は地方独立行政法人が開示決定等をする場合において、犯罪の予防、鎮圧又は捜査その他の公共の安全と秩序の維持に支障を及ぼすおそれ

ハ　監査、検査、取締り、試験又は租税の賦課若しくは徴収に係る事務に関し、正確な事実の把握を困難にするおそれ又は違法若しくは不当な行為を容易にし、若しくはその発見を困難にするおそれ

ニ　契約、交渉又は争訟に係る事務に関し、国、独立行政法人等、地方公共団体又は地方独立行政法人の財産上の利益又は当事者としての地位を不当に害するおそれ

ホ　調査研究に係る事務に関し、その公正かつ能率的な遂行を不当に阻害するおそれ

ヘ　人事管理に係る事務に関し、公正かつ円滑な人事の確保に支障を及ぼすおそれ

るもの

七　国の機関、独立行政法人等、地方公共団体又は地方独立行政法人が行う事務又は事業に関する情報であって、開示することにより、次に掲げるおそれその他当該事務又は事業の性質上、当該事務又は事業の適正な遂行に支障を及ぼすおそれがあるもの

イ　監査、検査、取締り、試験又は租税の賦課若しくは徴収に係る事務に関し、正確な事実の把握を困難にするおそれ又は違法若しくは不当な行為を容易にし、若しくはその発見を困難にするおそれ

ロ　契約、交渉又は争訟に係る事務に関し、国、独立行政法人等、地方公共団体又は地方独立行政法人の財産上の利益又は当事者としての地位を不当に害するおそれ

ハ　調査研究に係る事務に関し、その公正かつ能率的な遂行を不当に阻害するおそれ

ニ　人事管理に係る事務に関し、公正かつ円滑な人事の確保に支障を及ぼすおそれ

ト　独立行政法人等、地方公共団体が経営する企業又は地方独立行政法人に係る事業に関し、その企業経営上の正当な利益を害するおそれ

2　地方公共団体の機関又は地方独立行政法人についての前項の規定の適用については、同項中「掲げる情報（」とあるのは、「掲げる情報（情報公開条例の規定により開示することとされている情報として条例で定めるものを除く。）又は行政機関情報公開法第五条に規定する不開示情報に準ずる情報であって情報公開条例において開示しないこととされているもののうち当該情報公開条例との整合性を確保するために不開示とする必要があるものとして条例で定めるもの（」とする。

（部分開示）

第七十九条　行政機関の長等は、開示請求に係る保有個人情報に不開示情報が含まれている場合において、不開示情報に該当する部分を容易に区分して除くことができるときは、開示請求者に対し、当該部分を除いた部分につき開示しなければならない。

2　開示請求に係る保有個人情報に前条第一項第二号の情報（開示請求者以外の特定の個人を識別することができるものに限る。）が含まれている場合において、当該情報のうち、氏名、生年月日その他の開示請求者以外の特定の個人を識別することができることとなる記述等及び個人識別符号の部分を除くことにより、開示しても、開示請求者以外の個人の権利利益が害されるおそれがないと認められるときは、当該部分を除いた部分は、同号の情報に含まれないものとみなして、前項の規定を適用

ホ　独立行政法人等、地方公共団体が経営する企業又は地方独立行政法人に係る事業に関し、その企業経営上の正当な利益を害するおそれ

（新設）

（部分開示）

第十五条　行政機関の長は、開示請求に係る保有個人情報に不開示情報が含まれている場合において、不開示情報に該当する部分を容易に区分して除くことができるときは、開示請求者に対し、当該部分を除いた部分につき開示しなければならない。

2　開示請求に係る保有個人情報に前条第二号の情報（開示請求者以外の特定の個人を識別することができるものに限る。）が含まれている場合において、当該情報のうち、氏名、生年月日その他の開示請求者以外の特定の個人を識別することができることとなる記述等及び個人識別符号の部分を除くことにより、開示しても、開示請求者以外の個人の権利利益が害されるおそれがないと認められるときは、当該部分を除いた部分は、同号の情報に含まれないものとみなして、前項の規定を適用する。

する。

（裁量的開示）

第八十条　行政機関の長等は、開示請求に係る保有個人情報に不開示情報が含まれている場合であっても、個人の権利利益を保護するため特に必要があると認めるときは、開示請求者に対し、当該保有個人情報を開示することができる。

（保有個人情報の存否に関する情報）

第八十一条　開示請求に対し、当該開示請求に係る保有個人情報が存在しているか否かを答えるだけで、不開示情報を開示することとなるときは、行政機関の長等は、当該保有個人情報の存否を明らかにしないで、当該開示請求を拒否することができる。

（開示請求に対する措置）

第八十二条　行政機関の長等は、開示請求に係る保有個人情報の全部又は一部を開示するときは、その旨の決定をし、開示請求者に対し、その旨、開示する保有個人情報の利用目的及び開示の実施に関し政令で定める事項を書面により通知しなければならない。ただし、第六十二条第二号又は第三号に該当する場合における当該利用目的については、この限りでない。

２　行政機関の長等は、開示請求に係る保有個人情報の全部を開示しないとき（前条の規定により開示請求を拒否するとき、及び開示請求に係る

（裁量的開示）

第十六条　行政機関の長は、開示請求に係る保有個人情報に不開示情報が含まれている場合であっても、個人の権利利益を保護するため特に必要があると認めるときは、開示請求者に対し、当該保有個人情報を開示することができる。

（保有個人情報の存否に関する情報）

第十七条　開示請求に対し、当該開示請求に係る保有個人情報が存在しているか否かを答えるだけで、不開示情報を開示することとなるときは、行政機関の長は、当該保有個人情報の存否を明らかにしないで、当該開示請求を拒否することができる。

（開示請求に対する措置）

第十八条　行政機関の長は、開示請求に係る保有個人情報の全部又は一部を開示するときは、その旨の決定をし、開示請求者に対し、その旨、開示する保有個人情報の利用目的及び開示の実施に関し政令で定める事項を書面により通知しなければならない。ただし、第四条第二号又は第三号に該当する場合における当該利用目的については、この限りでない。

２　行政機関の長は、開示請求に係る保有個人情報の全部を開示しないとき（前条の規定により開示請求を拒否するとき、及び開示請求に係る保

保有個人情報を保有していないときを含む。）は、開示をしない旨の決定をし、開示請求者に対し、その旨を書面により通知しなければならない。

（開示決定等の期限）

第八十三条　開示決定等は、開示請求があった日から三十日以内にしなければならない。ただし、第七十七条第三項の規定により補正を求めた場合にあっては、当該補正に要した日数は、当該期間に算入しない。

2　前項の規定にかかわらず、行政機関の長等は、事務処理上の困難その他正当な理由があるときは、同項に規定する期間を三十日以内に限り延長することができる。この場合において、行政機関の長等は、開示請求者に対し、遅滞なく、延長後の期間及び延長の理由を書面により通知しなければならない。

（開示決定等の期限の特例）

第八十四条　開示請求に係る保有個人情報が著しく大量であるため、開示請求があった日から六十日以内にその全てについて開示決定等をすることにより事務の遂行に著しい支障が生ずるおそれがある場合には、前条の規定にかかわらず、行政機関の長等は、開示請求に係る保有個人情報のうちの相当の部分につき当該期間内に開示決定等をし、残りの保有個人情報については相当の期間内に開示決定等をすれば足りる。この場合において、行政機関の長等は、同条第一項に規定する期間内に、開示請

有個人情報を保有していないときを含む。）は、開示をしない旨の決定をし、開示請求者に対し、その旨を書面により通知しなければならない。

（開示決定等の期限）

第十九条　前条各項の決定（以下「開示決定等」という。）は、開示請求があった日から三十日以内にしなければならない。ただし、第十三条第三項の規定により補正を求めた場合にあっては、当該補正に要した日数は、当該期間に算入しない。

2　前項の規定にかかわらず、行政機関の長は、事務処理上の困難その他正当な理由があるときは、同項に規定する期間を三十日以内に限り延長することができる。この場合において、行政機関の長は、開示請求者に対し、遅滞なく、延長後の期間及び延長の理由を書面により通知しなければならない。

（開示決定等の期限の特例）

第二十条　開示請求に係る保有個人情報が著しく大量であるため、開示請求があった日から六十日以内にそのすべてについて開示決定等をすることにより事務の遂行に著しい支障が生ずるおそれがある場合には、前条の規定にかかわらず、行政機関の長は、開示請求に係る保有個人情報のうちの相当の部分につき当該期間内に開示決定等をし、残りの保有個人情報については相当の期間内に開示決定等をすれば足りる。この場合において、行政機関の長は、同条第一項に規定する期間内に、開示請求者

求者に対し、次に掲げる事項を書面により通知しなければならない。

一　この条の規定を適用する旨及びその理由

二　残りの保有個人情報について開示決定等をする期限

（事案の移送）

第八十五条　行政機関の長等は、開示請求に係る保有個人情報が当該行政機関の長等が属する行政機関等以外の行政機関等から提供されたものであるとき、その他他の行政機関の長等において開示決定等をすることにつき正当な理由があるときは、当該他の行政機関の長等と協議の上、当該他の行政機関の長等に対し、事案を移送することができる。この場合においては、移送をした行政機関の長等は、開示請求者に対し、事案を移送した旨を書面により通知しなければならない。

2　前項の規定により事案が移送されたときは、移送を受けた行政機関の長等において、当該開示請求についての開示決定等をしなければならない。この場合において、移送をした行政機関の長等が移送前にした行為は、移送を受けた行政機関の長等がしたものとみなす。

3　前項の場合において、移送を受けた行政機関の長等が第八十二条第一項の決定（以下この節において「開示決定」という。）をしたときは、当該行政機関の長等は、開示の実施をしなければならない。この場合において、移送をした行政機関の長等は、当該開示の実施に必要な協力をしなければならない。

に対し、次に掲げる事項を書面により通知しなければならない。

一　この条の規定を適用する旨及びその理由

二　残りの保有個人情報について開示決定等をする期限

（事案の移送）

第二十一条　行政機関の長は、開示請求に係る保有個人情報が他の行政機関から提供されたものであるとき、その他他の行政機関の長において開示決定等をすることにつき正当な理由があるときは、当該他の行政機関の長と協議の上、当該他の行政機関の長に対し、事案を移送することができる。この場合においては、移送をした行政機関の長は、開示請求者に対し、事案を移送した旨を書面により通知しなければならない。

2　前項の規定により事案が移送されたときは、移送を受けた行政機関の長において、当該開示請求についての開示決定等をしなければならない。この場合において、移送をした行政機関の長が移送前にした行為は、移送を受けた行政機関の長がしたものとみなす。

3　前項の場合において、移送を受けた行政機関の長が第十八条第一項の決定（以下「開示決定」という。）をしたときは、当該行政機関の長は、開示の実施をしなければならない。この場合において、移送をした行政機関の長は、当該開示の実施に必要な協力をしなければならない。

（独立行政法人等への事案の移送）

（第三者に対する意見書提出の機会の付与等）

第八十六条　開示請求に係る保有個人情報に国、独立行政法人等、地方公共団体、地方独立行政法人及び開示請求者以外の者（以下この条、第百五条第二項第三号及び第百七条第一項において「第三者」という。）に

第二十二条　行政機関の長は、開示請求に係る保有個人情報が独立行政法人等から提供されたものであるとき、その他独立行政法人等において独立行政法人等個人情報保護法第十九条第一項に規定する開示決定等をすることにつき正当な理由があるときは、当該独立行政法人等と協議の上、当該独立行政法人等に対し、事案を移送することができる。この場合においては、移送をした行政機関の長は、開示請求者に対し、事案を移送した旨を書面により通知しなければならない。

2　前項の規定により事案が移送されたときは、当該事案については、保有個人情報を移送を受けた独立行政法人等が保有する独立行政法人等個人情報保護法第二条第五項に規定する保有個人情報と、開示請求を移送を受けた独立行政法人等に対する独立行政法人等個人情報保護法第十二条第二項に規定する開示請求とみなして、独立行政法人等個人情報保護法の規定を適用する。この場合において、独立行政法人等個人情報保護法第十九条第一項中「第十三条第三項」とあるのは、「行政機関個人情報保護法第十三条第三項」とする。

3　第一項の規定により事案が移送された場合において、移送を受けた独立行政法人等が開示の実施をするときは、移送をした行政機関の長は、当該開示の実施に必要な協力をしなければならない。

（第三者に対する意見書提出の機会の付与等）

第二十三条　開示請求に係る保有個人情報に国、独立行政法人等、地方公共団体、地方独立行政法人及び開示請求者以外の者（以下この条、第四十三条第二項及び第四十四条第一項において「第三者」という。）に関

関する情報が含まれているときは、行政機関の長等は、開示決定等をするに当たって、当該情報に係る第三者に対し、政令で定めるところにより、当該第三者に関する情報の内容その他政令で定める事項を通知して、意見書を提出する機会を与えることができる。

2　行政機関の長等は、次の各号のいずれかに該当するときは、開示決定に先立ち、当該第三者に対し、政令で定めるところにより、開示請求に係る当該第三者に関する情報の内容その他政令で定める事項を書面により通知して、意見書を提出する機会を与えなければならない。ただし、当該第三者の所在が判明しない場合は、この限りでない。

一　第三者に関する情報が含まれている保有個人情報を開示しようとする場合であって、当該第三者に関する情報が第七十八条第一項第二号ロ又は同項第三号ただし書に規定する情報に該当すると認められるとき。

二　第三者に関する情報が含まれている保有個人情報を第八十条の規定により開示しようとするとき。

3　行政機関の長等は、前二項の規定により意見書の提出の機会を与えられた第三者が当該第三者に関する情報の開示に反対の意思を表示した意見書を提出した場合において、開示決定をするときは、開示決定の日と開示を実施する日との間に少なくとも二週間を置かなければならない。この場合において、行政機関の長等は、開示決定後直ちに、当該意見書（第百五条において「反対意見書」という。）を提出した第三者に対し、開示決定をした旨及びその理由並びに開示を実施する日を書面により通知しなければならない。

する情報が含まれているときは、行政機関の長は、開示決定等をするに当たって、当該情報に係る第三者に対し、政令で定めるところにより、当該第三者に関する情報の内容その他政令で定める事項を通知して、意見書を提出する機会を与えることができる。

2　行政機関の長は、次の各号のいずれかに該当するときは、開示決定に先立ち、当該第三者に対し、政令で定めるところにより、開示請求に係る当該第三者に関する情報の内容その他政令で定める事項を書面により通知して、意見書を提出する機会を与えなければならない。ただし、当該第三者の所在が判明しない場合は、この限りでない。

一　第三者に関する情報が含まれている保有個人情報を開示しようとする場合であって、当該第三者に関する情報が第十四条第二号ロ又は同条第三号ただし書に規定する情報に該当すると認められるとき。

二　第三者に関する情報が含まれている保有個人情報を第十六条の規定により開示しようとするとき。

3　行政機関の長は、前二項の規定により意見書の提出の機会を与えられた第三者が当該第三者に関する情報の開示に反対の意思を表示した意見書を提出した場合において、開示決定をするときは、開示決定の日と開示を実施する日との間に少なくとも二週間を置かなければならない。この場合において、行政機関の長は、開示決定後直ちに、当該意見書（第四十二条において「反対意見書」という。）を提出した第三者に対し、開示決定をした旨及びその理由並びに開示を実施する日を書面により通知しなければならない。

（開示の実施）

第八十七条　保有個人情報の開示は、当該保有個人情報が、文書又は図画に記録されているときは閲覧又は写しの交付により、電磁的記録に記録されているときはその種別、情報化の進展状況等を勘案して行政機関等が定める方法により行う。ただし、閲覧の方法による保有個人情報の開示にあっては、行政機関の長等は、当該保有個人情報が記録されている文書又は図画の保存に支障を生ずるおそれがあると認めるとき、その他正当な理由があるときは、その写しにより、これを行うことができる。

2　行政機関等は、前項の規定に基づく電磁的記録についての開示の方法に関する定めを一般の閲覧に供しなければならない。

3　開示決定に基づき保有個人情報の開示を受ける者は、政令で定めるところにより、当該開示決定をした行政機関の長等に対し、その求める開示の実施の方法その他の政令で定める事項を申し出なければならない。

4　前項の規定による申出は、第八十二条第一項に規定する通知があった日から三十日以内にしなければならない。ただし、当該期間内に当該申出をすることができないことにつき正当な理由があるときは、この限りでない。

（他の法令による開示の実施との調整）

第八十八条　行政機関の長等は、他の法令の規定により、開示請求者に対し開示請求に係る保有個人情報が前条第一項本文に規定する方法と同一の方法で開示することとされている場合（開示の期間が定められている

（開示の実施）

第二十四条　保有個人情報の開示は、当該保有個人情報が、文書又は図画に記録されているときは閲覧又は写しの交付により、電磁的記録に記録されているときはその種別、情報化の進展状況等を勘案して行政機関が定める方法により行う。ただし、閲覧の方法による保有個人情報の開示にあっては、行政機関の長は、当該保有個人情報が記録されている文書又は図画の保存に支障を生ずるおそれがあると認めるとき、その他正当な理由があるときは、その写しにより、これを行うことができる。

2　行政機関は、前項の規定に基づく電磁的記録についての開示の方法に関する定めを一般の閲覧に供しなければならない。

3　開示決定に基づき保有個人情報の開示を受ける者は、政令で定めるところにより、当該開示決定をした行政機関の長に対し、その求める開示の実施の方法その他の政令で定める事項を申し出なければならない。

4　前項の規定による申出は、第十八条第一項に規定する通知があった日から三十日以内にしなければならない。ただし、当該期間内に当該申出をすることができないことにつき正当な理由があるときは、この限りでない。

（他の法令による開示の実施との調整）

第二十五条　行政機関の長は、他の法令の規定により、開示請求者に対し開示請求に係る保有個人情報が前条第一項本文に規定する方法と同一の方法で開示することとされている場合（開示の期間が定められている場

場合にあっては、当該期間内に限る。）には、同項本文の規定にかかわらず、当該保有個人情報については、当該同一の方法による開示を行わない。ただし、当該他の法令の規定に一定の場合には開示をしない旨の定めがあるときは、この限りでない。

2　他の法令の規定に定める開示の方法が縦覧であるときは、当該縦覧を前条第一項本文の閲覧とみなして、前項の規定を適用する。

（手数料）

第八十九条　行政機関の長に対し開示請求をする者は、政令で定めるところにより、実費の範囲内において政令で定める額の手数料を納めなければならない。

2　地方公共団体の機関に対し開示請求をする者は、条例で定めるところにより、実費の範囲内において条例で定める額の手数料を納めなければならない。

3　前二項の手数料の額を定めるに当たっては、できる限り利用しやすい額とするよう配慮しなければならない。

4　独立行政法人等に対し開示請求をする者は、独立行政法人等の定めるところにより、手数料を納めなければならない。

5　前項の手数料の額は、実費の範囲内において、かつ、第一項の手数料の額を参酌して、独立行政法人等が定める。

6　独立行政法人等は、前二項の規定による定めを一般の閲覧に供しなければならない。

7　地方独立行政法人に対し開示請求をする者は、地方独立行政法人の定

合にあっては、当該期間内に限る。）には、同項本文の規定にかかわらず、当該保有個人情報については、当該同一の方法による開示を行わない。ただし、当該他の法令の規定に一定の場合には開示をしない旨の定めがあるときは、この限りでない。

2　他の法令の規定に定める開示の方法が縦覧であるときは、当該縦覧を前条第一項本文の閲覧とみなして、前項の規定を適用する。

（手数料）

第二十六条　開示請求をする者は、政令で定めるところにより、実費の範囲内において政令で定める額の手数料を納めなければならない。

（新設）

2　前項の手数料の額を定めるに当たっては、できる限り利用しやすい額とするよう配慮しなければならない。

（新設）

めるところにより、手数料を納めなければならない。

8　前項の手数料の額は、実費の範囲内において、かつ、第二項の条例で定める手数料の額を参酌して、地方独立行政法人が定める。

9　地方独立行政法人は、前二項の規定による定めを一般の閲覧に供しなければならない。

第二款　訂正

（訂正請求権）

第九十条　何人も、自己を本人とする保有個人情報（次に掲げるものに限る。第九十八条第一項において同じ。）の内容が事実でないと思料するときは、この法律の定めるところにより、当該保有個人情報を保有する行政機関の長等に対し、当該保有個人情報の訂正（追加又は削除を含む。以下この節において同じ。）を請求することができる。ただし、当該保有個人情報の訂正に関して他の法令の規定により特別の手続が定められているときは、この限りでない。

一　開示決定に基づき開示を受けた保有個人情報

二　開示決定に係る保有個人情報であって、第八十八条第一項の他の法令の規定により開示を受けたもの

2　代理人は、本人に代わって前項の規定による訂正の請求（以下この節

第二節　訂正

（訂正請求権）

第二十七条　何人も、自己を本人とする保有個人情報（次に掲げるものに限る。第三十六条第一項において同じ。）の内容が事実でないと思料するときは、この法律の定めるところにより、当該保有個人情報を保有する行政機関の長に対し、当該保有個人情報の訂正（追加又は削除を含む。以下同じ。）を請求することができる。ただし、当該保有個人情報の訂正に関して他の法律又はこれに基づく命令の規定により特別の手続が定められているときは、この限りでない。

一　開示決定に基づき開示を受けた保有個人情報

二　第二十二条第一項の規定により事案が移送された場合において、独立行政法人等個人情報保護法第二十一条第三項に規定する開示決定に基づき開示を受けた保有個人情報

三　開示決定に係る保有個人情報であって、第二十五条第一項の他の法令の規定により開示を受けたもの

2　未成年者又は成年被後見人の法定代理人は、本人に代わって前項の規

及び第百二十七条において「訂正請求」という。）をすることができる。

3　訂正請求は、保有個人情報の開示を受けた日から九十日以内にしなければならない。

（訂正請求の手続）

第九十一条　訂正請求は、次に掲げる事項を記載した書面（第三項において「訂正請求書」という。）を行政機関の長等に提出してしなければならない。

一　訂正請求をする者の氏名及び住所又は居所

二　訂正請求に係る保有個人情報の開示を受けた日その他当該保有個人情報を特定するに足りる事項

三　訂正請求の趣旨及び理由

2　前項の場合において、訂正請求をする者は、政令で定めるところにより、訂正請求に係る保有個人情報の本人であること（前条第二項の規定による訂正請求にあっては、訂正請求に係る保有個人情報の本人の代理人であること）を示す書類を提示し、又は提出しなければならない。

3　行政機関の長等は、訂正請求書に形式上の不備があると認めるときは、訂正請求をした者（以下この節において「訂正請求者」という。）に対し、相当の期間を定めて、その補正を求めることができる。

（保有個人情報の訂正義務）

定による訂正の請求（以下「訂正請求」という。）をすることができる。

3　訂正請求は、保有個人情報の開示を受けた日から九十日以内にしなければならない。

（訂正請求の手続）

第二十八条　訂正請求は、次に掲げる事項を記載した書面（以下「訂正請求書」という。）を行政機関の長に提出してしなければならない。

一　訂正請求をする者の氏名及び住所又は居所

二　訂正請求に係る保有個人情報の開示を受けた日その他当該保有個人情報を特定するに足りる事項

三　訂正請求の趣旨及び理由

2　前項の場合において、訂正請求をする者は、政令で定めるところにより、訂正請求に係る保有個人情報の本人であること（前条第二項の規定による訂正請求にあっては、訂正請求に係る保有個人情報の本人の法定代理人であること）を示す書類を提示し、又は提出しなければならない。

3　行政機関の長は、訂正請求書に形式上の不備があると認めるときは、訂正請求をした者（以下「訂正請求者」という。）に対し、相当の期間を定めて、その補正を求めることができる。

（保有個人情報の訂正義務）

第九十二条　行政機関の長等は、訂正請求があった場合において、当該訂正請求に理由があると認めるときは、当該訂正請求に係る保有個人情報の利用目的の達成に必要な範囲内で、当該保有個人情報の訂正をしなければならない。

（訂正請求に対する措置）

第九十三条　行政機関の長等は、訂正請求に係る保有個人情報の訂正をするときは、その旨の決定をし、訂正請求者に対し、その旨を書面により通知しなければならない。

2　行政機関の長等は、訂正請求に係る保有個人情報の訂正をしないときは、その旨の決定をし、訂正請求者に対し、その旨を書面により通知しなければならない。

（訂正決定等の期限）

第九十四条　前条各項の決定（以下この節において「訂正決定等」という。）は、訂正請求があった日から三十日以内にしなければならない。ただし、第九十一条第三項の規定により補正を求めた場合にあっては、当該補正に要した日数は、当該期間に算入しない。

2　前項の規定にかかわらず、行政機関の長等は、事務処理上の困難その他正当な理由があるときは、同項に規定する期間を三十日以内に限り延長することができる。この場合において、行政機関の長等は、訂正請求者に対し、遅滞なく、延長後の期間及び延長の理由を書面により通知しなければならない。

第二十九条　行政機関の長は、訂正請求があった場合において、当該訂正請求に理由があると認めるときは、当該訂正請求に係る保有個人情報の利用目的の達成に必要な範囲内で、当該保有個人情報の訂正をしなければならない。

（訂正請求に対する措置）

第三十条　行政機関の長は、訂正請求に係る保有個人情報の訂正をするときは、その旨の決定をし、訂正請求者に対し、その旨を書面により通知しなければならない。

2　行政機関の長は、訂正請求に係る保有個人情報の訂正をしないときは、その旨の決定をし、訂正請求者に対し、その旨を書面により通知しなければならない。

（訂正決定等の期限）

第三十一条　前条各項の決定（以下「訂正決定等」という。）は、訂正請求があった日から三十日以内にしなければならない。ただし、第二十八条第三項の規定により補正を求めた場合にあっては、当該補正に要した日数は、当該期間に算入しない。

2　前項の規定にかかわらず、行政機関の長は、事務処理上の困難その他正当な理由があるときは、同項に規定する期間を三十日以内に限り延長することができる。この場合において、行政機関の長は、訂正請求者に対し、遅滞なく、延長後の期間及び延長の理由を書面により通知しなければならない。

（訂正決定等の期限の特例）

第九十五条　行政機関の長等は、訂正決定等に特に長期間を要すると認めるときは、前条の規定にかかわらず、相当の期間内に訂正決定等をすれば足りる。この場合において、行政機関の長等は、同条第一項に規定する期間内に、訂正請求者に対し、次に掲げる事項を書面により通知しなければならない。

一　この条の規定を適用する旨及びその理由

二　訂正決定等をする期限

（事案の移送）

第九十六条　行政機関の長等は、訂正請求に係る保有個人情報が第八十五条第三項の規定に基づく開示に係るものであるとき、その他他の行政機関の長等において訂正決定等をすることにつき正当な理由があるときは、当該他の行政機関の長等と協議の上、当該他の行政機関の長等に対し、事案を移送することができる。この場合においては、移送をした行政機関の長等は、訂正請求者に対し、事案を移送した旨を書面により通知しなければならない。

2　前項の規定により事案が移送されたときは、移送を受けた行政機関の長等において、当該訂正請求についての訂正決定等をしなければならない。この場合において、移送をした行政機関の長等が移送前にした行為は、移送を受けた行政機関の長等がしたものとみなす。

3　前項の場合において、移送を受けた行政機関の長等が第九十三条第一

（訂正決定等の期限の特例）

第三十二条　行政機関の長は、訂正決定等に特に長期間を要すると認めるときは、前条の規定にかかわらず、相当の期間内に訂正決定等をすれば足りる。この場合において、行政機関の長は、同条第一項に規定する期間内に、訂正請求者に対し、次に掲げる事項を書面により通知しなければならない。

一　この条の規定を適用する旨及びその理由

二　訂正決定等をする期限

（事案の移送）

第三十三条　行政機関の長は、訂正請求に係る保有個人情報が第二十一条第三項の規定に基づく開示に係るものであるとき、その他他の行政機関の長において訂正決定等をすることにつき正当な理由があるときは、当該他の行政機関の長と協議の上、当該他の行政機関の長に対し、事案を移送することができる。この場合においては、移送をした行政機関の長は、訂正請求者に対し、事案を移送した旨を書面により通知しなければならない。

2　前項の規定により事案が移送されたときは、移送を受けた行政機関の長において、当該訂正請求についての訂正決定等をしなければならない。この場合において、移送をした行政機関の長が移送前にした行為は、移送を受けた行政機関の長がしたものとみなす。

3　前項の場合において、移送を受けた行政機関の長が第三十条第一項の

項の決定（以下この項及び次条において「訂正決定」という。）をしたときは、移送をした行政機関の長等は、当該訂正決定に基づき訂正の実施をしなければならない。

決定（以下「訂正決定」という。）をしたときは、移送をした行政機関の長は、当該訂正決定に基づき訂正の実施をしなければならない。

（独立行政法人等への事案の移送）

第三十四条　行政機関の長は、訂正請求に係る保有個人情報が第二十七条第一項第二号に掲げるものであるとき、その他独立行政法人等において独立行政法人等個人情報保護法第三十一条第一項に規定する訂正決定等をすることにつき正当な理由があるときは、当該独立行政法人等と協議の上、当該独立行政法人等に対し、事案を移送することができる。この場合においては、移送をした行政機関の長は、訂正請求者に対し、事案を移送した旨を書面により通知しなければならない。

2　前項の規定により事案が移送されたときは、当該事案については、保有個人情報を移送を受けた独立行政法人等が保有する独立行政法人等個人情報保護法第二条第五項に規定する保有個人情報と、訂正請求を移送を受けた独立行政法人等に対する独立行政法人等個人情報保護法第二十七条第二項に規定する訂正請求とみなして、独立行政法人等個人情報保護法の規定を適用する。この場合において、独立行政法人等個人情報保護法第三十一条第一項中「第二十八条第三項」とあるのは、「行政機関個人情報保護法第二十八条第三項」とする。

3　第一項の規定により事案が移送された場合において、移送を受けた独立行政法人等が独立行政法人等個人情報保護法第三十三条第三項に規定する訂正決定をしたときは、移送をした行政機関の長は、当該訂正決定に基づき訂正の実施をしなければならない。

（保有個人情報の提供先への通知）

第九十七条　行政機関の長等は、訂正決定に基づく保有個人情報の訂正の実施をした場合において、必要があると認めるときは、当該保有個人情報の提供先に対し、遅滞なく、その旨を書面により通知するものとする。

第三款　利用停止

（利用停止請求権）

第九十八条　何人も、自己を本人とする保有個人情報が次の各号のいずれかに該当すると思料するときは、この法律の定めるところにより、当該保有個人情報を保有する行政機関の長等に対し、当該各号に定める措置を請求することができる。ただし、当該保有個人情報の利用の停止、消去又は提供の停止（以下この節において「利用停止」という。）に関して他の法令の規定により特別の手続が定められているときは、この限りでない。

一　第六十一条第二項の規定に違反して保有されているとき、第六十三条の規定に違反して取り扱われているとき、第六十四条の規定に違反して取得されたものであるとき、又は第六十九条第一項及び第二項の規定に違反して利用されているとき　当該保有個人情報の利用の停止又は消去

二　第六十九条第一項及び第二項又は第七十一条第一項の規定に違反し

（保有個人情報の提供先への通知）

第三十五条　行政機関の長は、訂正決定（前条第三項の訂正決定を含む。）に基づく保有個人情報の訂正の実施をした場合において、必要があると認めるときは、当該保有個人情報の提供先に対し、遅滞なく、その旨を書面により通知するものとする。

第三節　利用停止

（利用停止請求権）

第三十六条　何人も、自己を本人とする保有個人情報が次の各号のいずれかに該当すると思料するときは、この法律の定めるところにより、当該保有個人情報を保有する行政機関の長に対し、当該各号に定める措置を請求することができる。ただし、当該保有個人情報の利用の停止、消去又は提供の停止（以下「利用停止」という。）に関して他の法律又はこれに基づく命令の規定により特別の手続が定められているときは、この限りでない。

一　当該保有個人情報を保有する行政機関により適法に取得されたものでないとき、第三条第二項の規定に違反して保有されているとき、又は第八条第一項及び第二項の規定に違反して利用されているとき　当該保有個人情報の利用の停止又は消去

二　第八条第一項及び第二項の規定に違反して提供されているとき　当

て提供されているとき　当該保有個人情報の提供の停止

2　代理人は、本人に代わって前項の規定による利用停止の請求（以下この節及び第百二十七条において「利用停止請求」という。）をすることができる。

3　利用停止請求は、保有個人情報の開示を受けた日から九十日以内にしなければならない。

（利用停止請求の手続）

第九十九条　利用停止請求は、次に掲げる事項を記載した書面（第三項において「利用停止請求書」という。）を行政機関の長等に提出してしなければならない。

一　利用停止請求をする者の氏名及び住所又は居所

二　利用停止請求に係る保有個人情報の開示を受けた日その他当該保有個人情報を特定するに足りる事項

三　利用停止請求の趣旨及び理由

2　前項の場合において、利用停止請求をする者は、政令で定めるところにより、利用停止請求に係る保有個人情報の本人であること（前条第二項の規定による利用停止請求にあっては、利用停止請求に係る保有個人情報の本人の代理人であること）を示す書類を提示し、又は提出しなければならない。

3　行政機関の長等は、利用停止請求書に形式上の不備があると認めるときは、利用停止請求をした者（以下この節において「利用停止請求者」という。）に対し、相当の期間を定めて、その補正を求めることができ

該保有個人情報の提供の停止

2　未成年者又は成年被後見人の法定代理人は、本人に代わって前項の規定による利用停止の請求（以下「利用停止請求」という。）をすることができる。

3　利用停止請求は、保有個人情報の開示を受けた日から九十日以内にしなければならない。

（利用停止請求の手続）

第三十七条　利用停止請求は、次に掲げる事項を記載した書面（以下「利用停止請求書」という。）を行政機関の長に提出してしなければならない。

一　利用停止請求をする者の氏名及び住所又は居所

二　利用停止請求に係る保有個人情報の開示を受けた日その他当該保有個人情報を特定するに足りる事項

三　利用停止請求の趣旨及び理由

2　前項の場合において、利用停止請求をする者は、政令で定めるところにより、利用停止請求に係る保有個人情報の本人であること（前条第二項の規定による利用停止請求にあっては、利用停止請求に係る保有個人情報の本人の法定代理人であること）を示す書類を提示し、又は提出しなければならない。

3　行政機関の長は、利用停止請求書に形式上の不備があると認めるときは、利用停止請求をした者（以下「利用停止請求者」という。）に対し、相当の期間を定めて、その補正を求めることができる。

る。

（保有個人情報の利用停止義務）

第百条　行政機関の長等は、利用停止請求があった場合において、当該利用停止請求に理由があると認めるときは、当該行政機関の長等の属する行政機関等における個人情報の適正な取扱いを確保するために必要な限度で、当該利用停止請求に係る保有個人情報の利用停止をしなければならない。ただし、当該保有個人情報の利用停止をすることにより、当該保有個人情報の利用目的に係る事務又は事業の性質上、当該事務又は事業の適正な遂行に著しい支障を及ぼすおそれがあると認められるときは、この限りでない。

（利用停止請求に対する措置）

第百一条　行政機関の長等は、利用停止請求に係る保有個人情報の利用停止をするときは、その旨の決定をし、利用停止請求者に対し、その旨を書面により通知しなければならない。

2　行政機関の長等は、利用停止請求に係る保有個人情報の利用停止をしないときは、その旨の決定をし、利用停止請求者に対し、その旨を書面により通知しなければならない。

（利用停止決定等の期限）

第百二条　前条各項の決定（以下この節において「利用停止決定等」という。）は、利用停止請求があった日から三十日以内にしなければならな

（保有個人情報の利用停止義務）

第三十八条　行政機関の長は、利用停止請求があった場合において、当該利用停止請求に理由があると認めるときは、当該行政機関における個人情報の適正な取扱いを確保するために必要な限度で、当該利用停止請求に係る保有個人情報の利用停止をしなければならない。ただし、当該保有個人情報の利用停止をすることにより、当該保有個人情報の利用目的に係る事務の性質上、当該事務の適正な遂行に著しい支障を及ぼすおそれがあると認められるときは、この限りでない。

（利用停止請求に対する措置）

第三十九条　行政機関の長は、利用停止請求に係る保有個人情報の利用停止をするときは、その旨の決定をし、利用停止請求者に対し、その旨を書面により通知しなければならない。

2　行政機関の長は、利用停止請求に係る保有個人情報の利用停止をしないときは、その旨の決定をし、利用停止請求者に対し、その旨を書面により通知しなければならない。

（利用停止決定等の期限）

第四十条　前条各項の決定（以下「利用停止決定等」という。）は、利用停止請求があった日から三十日以内にしなければならない。ただし、第

い。ただし、第九十九条第三項の規定により補正を求めた場合にあっては、当該補正に要した日数は、当該期間に算入しない。

2　前項の規定にかかわらず、行政機関の長等は、事務処理上の困難その他正当な理由があるときは、同項に規定する期間を三十日以内に限り延長することができる。この場合において、行政機関の長等は、利用停止請求者に対し、遅滞なく、延長後の期間及び延長の理由を書面により通知しなければならない。

（利用停止決定等の期限の特例）

第百三条　行政機関の長等は、利用停止決定等に特に長期間を要すると認めるときは、前条の規定にかかわらず、相当の期間内に利用停止決定等をすれば足りる。この場合において、行政機関の長等は、同条第一項に規定する期間内に、利用停止請求者に対し、次に掲げる事項を書面により通知しなければならない。

一　この条の規定を適用する旨及びその理由

二　利用停止決定等をする期限

第四款　審査請求

（審理員による審理手続に関する規定の適用除外等）

第百四条　行政機関の長等（地方公共団体の機関又は地方独立行政法人を除く。次項及び次条において同じ。）に対する開示決定等、訂正決定等、利用停止決定等又は開示請求、訂正請求若しくは利用停止請求に係る

三十七条第三項の規定により補正を求めた場合にあっては、当該補正に要した日数は、当該期間に算入しない。

2　前項の規定にかかわらず、行政機関の長は、事務処理上の困難その他正当な理由があるときは、同項に規定する期間を三十日以内に限り延長することができる。この場合において、行政機関の長は、利用停止請求者に対し、遅滞なく、延長後の期間及び延長の理由を書面により通知しなければならない。

（利用停止決定等の期限の特例）

第四十一条　行政機関の長は、利用停止決定等に特に長期間を要すると認めるときは、前条の規定にかかわらず、相当の期間内に利用停止決定等をすれば足りる。この場合において、行政機関の長は、同条第一項に規定する期間内に、利用停止請求者に対し、次に掲げる事項を書面により通知しなければならない。

一　この条の規定を適用する旨及びその理由

二　利用停止決定等をする期限

第四節　審査請求

（審理員による審理手続に関する規定の適用除外等）

第四十二条　開示決定等、訂正決定等、利用停止決定等又は開示請求、訂正請求若しくは利用停止請求に係る不作為に係る審査請求については、行政不服審査法（平成二十六年法律第六十八号）第九条、第十七条、第

不作為に係る審査請求については、行政不服審査法（平成二十六年法律第六十八号）第九条、第十七条、第二十四条、第二章第三節及び第四節並びに第五十条第二項の規定は、適用しない。

2　行政機関の長等に対する開示決定等、訂正決定等、利用停止決定等又は開示請求、訂正請求若しくは利用停止請求に係る不作為に係る審査請求についての行政不服審査法第二章の規定の適用については、同法第十一条第二項中「第九条第一項の規定により指名された者（以下「審理員」という。）」とあるのは「第四条（個人情報の保護に関する法律（平成十五年法律第五十七号）第百七条第二項の規定に基づく政令を含む。）の規定により審査請求がされた行政庁（第十四条の規定により引継ぎを受けた行政庁を含む。以下「審査庁」という。）」と、同法第十三条第一項及び第二項中「審理員」とあるのは「審査庁」と、同法第二十五条第七項中「あったとき、又は審理員から第四十条に規定する執行停止をすべき旨の意見書が提出されたとき」とあるのは「あったとき」と、同法第四十四条中「行政不服審査会等」とあるのは「情報公開・個人情報保護審査会（審査庁が会計検査院長である場合にあっては、別に法律で定める審査会。第五十条第一項第四号において同じ。）」と、「受けたとき（前条第一項の規定による諮問を要しない場合（同項第二号又は第三号に該当する場合を除く。）にあっては審理員意見書が提出されたとき、同項第二号又は第三号に該当する場合にあっては同項第二号又は第三号に規定する議を経たとき）」とあるのは「受けたとき」と、同法第五十条第一項第四号中「審理員意見書又は行政不服審査会等若しくは審議会等」とあるのは「情報公開・個人情報保護審査会」とする。

二十四条、第二章第三節及び第四節並びに第五十条第二項の規定は、適用しない。

2　開示決定等、訂正決定等、利用停止決定等又は開示請求、訂正請求若しくは利用停止請求に係る不作為に係る審査請求についての行政不服審査法第二章の規定の適用については、同法第十一条第二項中「第九条第一項の規定により指名された者（以下「審理員」という。）」とあるのは「第四条（行政機関の保有する個人情報の保護に関する法律（平成十五年法律第五十八号）第四十四条第二項の規定に基づく政令を含む。）の規定により審査請求がされた行政庁（第十四条の規定により引継ぎを受けた行政庁を含む。以下「審査庁」という。）」と、同法第十三条第一項及び第二項中「審理員」とあるのは「審査庁」と、同法第二十五条第七項中「あったとき、又は審理員から第四十条に規定する執行停止をすべき旨の意見書が提出されたとき」とあるのは「あったとき」と、同法第四十四条中「行政不服審査会等」とあるのは「情報公開・個人情報保護審査会（審査庁が会計検査院長である場合にあっては、別に法律で定める審査会。第五十条第一項第四号において同じ。）」と、「受けたとき（前条第一項の規定による諮問を要しない場合（同項第二号又は第三号に該当する場合を除く。）にあっては審理員意見書が提出されたとき、同項第二号又は第三号に該当する場合にあっては同項第二号又は第三号に規定する議を経たとき）」とあるのは「受けたとき」と、同法第五十条第一項第四号中「審理員意見書又は行政不服審査会等若しくは審議会等」とあるのは「情報公開・個人情報保護審査会」とする。

（審査会への諮問）

第百五条　開示決定等、訂正決定等、利用停止決定等又は開示請求、訂正請求若しくは利用停止請求に係る不作為について審査請求があったときは、当該審査請求に対する裁決をすべき行政機関の長等は、次の各号のいずれかに該当する場合を除き、情報公開・個人情報保護審査会（審査請求に対する裁決をすべき行政機関の長等が会計検査院長である場合にあっては、別に法律で定める審査会）に諮問しなければならない。

一　審査請求が不適法であり、却下する場合

二　裁決で、審査請求の全部を認容し、当該審査請求に係る保有個人情報の全部を開示することとする場合（当該保有個人情報の開示について反対意見書が提出されている場合を除く。）

三　裁決で、審査請求の全部を認容し、当該審査請求に係る保有個人情報の訂正をすることとする場合

四　裁決で、審査請求の全部を認容し、当該審査請求に係る保有個人情報の利用停止をすることとする場合

2　前項の規定により諮問をした行政機関の長等は、次に掲げる者に対し、諮問をした旨を通知しなければならない。

一　審査請求人及び参加人（行政不服審査法第十三条第四項に規定する参加人をいう。以下この項及び第百七条第一項第二号において同じ。）

二　開示請求者、訂正請求者又は利用停止請求者（これらの者が審査請求人又は参加人である場合を除く。）

（審査会への諮問）

第四十三条　開示決定等、訂正決定等、利用停止決定等又は開示請求、訂正請求若しくは利用停止請求に係る不作為について審査請求があったときは、当該審査請求に対する裁決をすべき行政機関の長は、次の各号のいずれかに該当する場合を除き、情報公開・個人情報保護審査会（審査請求に対する裁決をすべき行政機関の長が会計検査院長である場合にあっては、別に法律で定める審査会）に諮問しなければならない。

一　審査請求が不適法であり、却下する場合

二　裁決で、審査請求の全部を認容し、当該審査請求に係る保有個人情報の全部を開示することとする場合（当該保有個人情報の開示について反対意見書が提出されている場合を除く。）

三　裁決で、審査請求の全部を認容し、当該審査請求に係る保有個人情報の訂正をすることとする場合

四　裁決で、審査請求の全部を認容し、当該審査請求に係る保有個人情報の利用停止をすることとする場合

2　前項の規定により諮問をした行政機関の長は、次に掲げる者に対し、諮問をした旨を通知しなければならない。

一　審査請求人及び参加人（行政不服審査法第十三条第四項に規定する参加人をいう。以下この項及び次条第一項第二号において同じ。）

二　開示請求者、訂正請求者又は利用停止請求者（これらの者が審査請求人又は参加人である場合を除く。）

三　当該審査請求に係る保有個人情報の開示について反対意見書を提出した第三者（当該第三者が審査請求人又は参加人である場合を除く。）

3　前二項の規定は、地方公共団体の機関又は地方独立行政法人について準用する。この場合において、第一項中「情報公開・個人情報保護審査会（審査請求に対する裁決をすべき行政機関の長等が会計検査院長である場合にあっては、別に法律で定める審査会）」とあるのは、「行政不服審査法第八十一条第一項又は第二項の機関」と読み替えるものとする。

（地方公共団体の機関等における審理員による審理手続に関する規定の適用除外等）

第百六条　地方公共団体の機関又は地方独立行政法人に対する開示決定等、訂正決定等、利用停止決定等又は開示請求、訂正請求若しくは利用停止請求に係る不作為に係る審査請求については、行政不服審査法第九条第一項から第三項まで、第十七条、第四十条、第四十二条、第二章第四節及び第五十条第二項の規定は、適用しない。

2　地方公共団体の機関又は地方独立行政法人に対する開示決定等、訂正決定等、利用停止決定等又は開示請求、訂正請求若しくは利用停止請求に係る不作為に係る審査請求についての次の表の上欄に掲げる行政不服審査法の規定の適用については、これらの規定中同表の中欄に掲げる字句は、それぞれ同表の下欄に掲げる字句とするほか、必要な技術的読替えは、政令で定める。

第九条第四項	前項に規定する場合におい	第四条又は個人情報の

（新設）

（新設）

三　当該審査請求に係る保有個人情報の開示について反対意見書を提出した第三者（当該第三者が審査請求人又は参加人である場合を除く。）

	て、審査庁	保護に関する法律（平成十五年法律第五十七号）第百七条第二項の規定に基づく条例の規定により審査請求がされた行政庁（第十四条の規定により引継ぎを受けた行政庁を含む。以下「審査庁」という。）
	前項において読み替えて適用する第三十一条第一項	同法第百六条第二項において読み替えて適用する第三十一条第一項
	前項において読み替えて適用する第三十四条	同法第百六条第二項において読み替えて適用する第三十四条
	前項において読み替えて適用する第三十六条	同法第百六条第二項において読み替えて適用する第三十六条
第十一条第二項	第九条第一項の規定により指名された者（以下「審理員」という。）	審査庁
第十三条第一項及	審理員	審査庁

び第二項、第二十八条、第三十条、第三十一条、第三十二条第三項、第三十三条から第三十七条まで、第三十八条第一項から第三項まで及び第五項、第三十九条並びに第四十一条第一項及び第二項		
第二十五条第七項	執行停止の申立てがあったとき、又は審理員から第四十条に規定する執行停止をすべき旨の意見書が提出されたとき	執行停止の申立てがあったとき
第二十九条第一項	審理員は、審査庁から指名されたときは、直ちに	審査庁は、審査請求がされたときは、第二十四条の規定により当該審査請求を却下する場合を除き、速やかに
第二十九条第二項	審理員は	審査庁は、審査庁が処分庁等以外である場合

		にあっては
	提出を求める	提出を求め、審査庁が処分庁等である場合にあっては、相当の期間内に、弁明書を作成する
第二十九条第五項	審理員は	審査庁は、第二項の規定により
	提出があったとき	提出があったとき、又は弁明書を作成したとき
第三十条第三項	参加人及び処分庁等	参加人及び処分庁等（処分庁等が審査庁である場合にあっては、参加人）
	審査請求人及び処分庁等	審査請求人及び処分庁等（処分庁等が審査庁である場合にあっては、審査請求人）
第三十一条第二項	審理関係人	審理関係人（処分庁等が審査庁である場合にあっては、審査請求人及び参加人。以下この

		節及び第五十条第一項第三号において同じ。）
第四十一条第三項	審理員が	審査庁が
	終結した旨並びに次条第一項に規定する審理員意見書及び事件記録（審査請求書、弁明書その他審査請求に係る事件に関する書類その他の物件のうち政令で定めるものをいう。同条第二項及び第四十三条第二項において同じ。）を審査庁に提出する予定時期を通知するものとする。当該予定時期を変更したときも、同様とする	終結した旨を通知するものとする
第四十四条	行政不服審査会等	第八十一条第一項又は第二項の機関
	受けたとき（前条第一項の規定による諮問を要しない場合（同項第二号又は第三号に該当する場合を除く。）	受けたとき

	）にあっては審理員意見書が提出されたとき、同項第二号又は第三号に該当する場合にあっては同項第二号又は第三号に規定する議を経たとき）	
第五十条第一項第四号	審理員意見書又は行政不服審査会等若しくは審議会等	第八十一条第一項又は第二項の機関
第八十一条第三項において準用する第七十四条	第四十三条第一項の規定により審査会に諮問をした審査庁	審査庁

（第三者からの審査請求を棄却する場合等における手続等）

第百七条 第八十六条第三項の規定は、次の各号のいずれかに該当する裁決をする場合について準用する。

一 開示決定に対する第三者からの審査請求を却下し、又は棄却する裁決

二 審査請求に係る開示決定等（開示請求に係る保有個人情報の全部を開示する旨の決定を除く。）を変更し、当該審査請求に係る保有個人情報を開示する旨の裁決（第三者である参加人が当該第三者に関する情報の開示に反対の意思を表示している場合に限る。）

2 開示決定等、訂正決定等、利用停止決定等又は開示請求、訂正請求若

【行個法】

（第三者からの審査請求を棄却する場合等における手続等）

第四十四条 第二十三条第三項の規定は、次の各号のいずれかに該当する裁決をする場合について準用する。

一 開示決定に対する第三者からの審査請求を却下し、又は棄却する裁決

二 審査請求に係る開示決定等（開示請求に係る保有個人情報の全部を開示する旨の決定を除く。）を変更し、当該審査請求に係る保有個人情報を開示する旨の裁決（第三者である参加人が当該第三者に関する情報の開示に反対の意思を表示している場合に限る。）

2 開示決定等、訂正決定等、利用停止決定等又は開示請求、訂正請求若

しくは利用停止請求に係る不作為についての審査請求については、政令（地方公共団体の機関又は地方独立行政法人にあっては、条例）で定めるところにより、行政不服審査法第四条の規定の特例を設けることができる。

第五款　条例との関係

第百八条　この節の規定は、地方公共団体が、保有個人情報の開示、訂正及び利用停止の手続並びに審査請求の手続に関する事項について、この節の規定に反しない限り、条例で必要な規定を定めることを妨げるものではない。

第五節　行政機関等匿名加工情報の提供等

（行政機関等匿名加工情報の作成及び提供等）

第百九条　行政機関の長等は、この節の規定に従い、行政機関等匿名加工情報（行政機関等匿名加工情報ファイルを構成するものに限る。以下この節において同じ。）を作成することができる。

2　行政機関の長等は、次の各号のいずれかに該当する場合を除き、行政機関等匿名加工情報を提供してはならない。

しくは利用停止請求に係る不作為についての審査請求については、政令で定めるところにより、行政不服審査法第四条の規定の特例を設けることができる。

（新設）

（新設）

【行個法】

第四章の二　行政機関非識別加工情報の提供

（行政機関非識別加工情報の作成及び提供等）

第四十四条の二　行政機関の長は、この章の規定に従い、行政機関非識別加工情報（行政機関非識別加工情報ファイルを構成するものに限る。以下この章及び次章において同じ。）を作成し、及び提供することができる。

2　行政機関の長は、法令に基づく場合を除き、利用目的以外の目的のために行政機関非識別加工情報及び削除情報（保有個人情報に該当するものに限る。）を自ら利用し、又は提供してはならない。

一　法令に基づく場合（この節の規定に従う場合を含む。）

二　保有個人情報を利用目的のために第三者に提供することができる場合において、当該保有個人情報を加工して作成した行政機関等匿名加工情報を当該第三者に提供するとき。

3　第六十九条の規定にかかわらず、行政機関の長等は、法令に基づく場合を除き、利用目的以外の目的のために削除情報（保有個人情報に該当するものに限る。）を自ら利用し、又は提供してはならない。

4　前項の「削除情報」とは、行政機関等匿名加工情報の作成に用いた保有個人情報から削除した記述等及び個人識別符号をいう。

（提案の募集に関する事項の個人情報ファイル簿への記載）

第百十条　行政機関の長等は、当該行政機関の長等の属する行政機関等が保有している個人情報ファイルが第六十条第三項各号のいずれにも該当すると認めるときは、当該個人情報ファイルについては、個人情報ファイル簿に次に掲げる事項を記載しなければならない。この場合における当該個人情報ファイルについての第七十五条第一項の規定の適用については、同項中「第十号」とあるのは、「第十号並びに第百十条各号」とする。

一　第百十二条第一項の提案の募集をする個人情報ファイルである旨

（新設）

3　前項の「削除情報」とは、行政機関非識別加工情報の作成に用いた保有個人情報（他の情報と照合することができ、それにより特定の個人を識別することができることとなるもの（他の情報と容易に照合することができ、それにより特定の個人を識別することができることとなるものを除く。）を除く。以下この章において同じ。）から削除した記述等及び個人識別符号をいう。

（提案の募集に関する事項の個人情報ファイル簿への記載）

第四十四条の三　行政機関の長は、当該行政機関が保有している個人情報ファイルが第二条第九項各号のいずれにも該当すると認めるときは、当該個人情報ファイルについては、個人情報ファイル簿に次に掲げる事項を記載しなければならない。この場合における当該個人情報ファイルについての第十一条第一項の規定の適用については、同項中「第九号」とあるのは、「第九号並びに第四十四条の三各号」とする。

一　第四十四条の五第一項の提案の募集をする個人情報ファイルである

二　第百十二条第一項の提案を受ける組織の名称及び所在地

（提案の募集）

第百十一条　行政機関の長等は、個人情報保護委員会規則で定めるところにより、定期的に、当該行政機関の長等の属する行政機関等が保有している個人情報ファイル（個人情報ファイル簿に前条第一号に掲げる事項の記載があるものに限る。以下この節において同じ。）について、次条第一項の提案を募集するものとする。

（行政機関等匿名加工情報をその用に供して行う事業に関する提案）

第百十二条　前条の規定による募集に応じて個人情報ファイルを構成する保有個人情報を加工して作成する行政機関等匿名加工情報をその事業の用に供しようとする者は、行政機関の長等に対し、当該事業に関する提案をすることができる。

2　前項の提案は、個人情報保護委員会規則で定めるところにより、次に掲げる事項を記載した書面を行政機関の長等に提出してしなければならない。

一　提案をする者の氏名又は名称及び住所又は居所並びに法人その他の

旨

二　第四十四条の五第一項の提案を受ける組織の名称及び所在地

三　当該個人情報ファイルが第二条第九項第二号（ロに係る部分に限る。）に該当するときは、第四十四条の八第一項において準用する行政機関情報公開法第十三条第一項又は第二項の規定により意見書の提出の機会が与えられる旨

（提案の募集）

第四十四条の四　行政機関の長は、個人情報保護委員会規則で定めるところにより、定期的に、当該行政機関が保有している個人情報ファイル（個人情報ファイル簿に前条第一号に掲げる事項の記載があるものに限る。以下この章において同じ。）について、次条第一項の提案を募集するものとする。

（行政機関非識別加工情報をその用に供して行う事業に関する提案）

第四十四条の五　前条の規定による募集に応じて個人情報ファイルを構成する保有個人情報を加工して作成する行政機関非識別加工情報をその事業の用に供する行政機関非識別加工情報取扱事業者になろうとする者は、行政機関の長に対し、当該事業に関する提案をすることができる。

2　前項の提案は、個人情報保護委員会規則で定めるところにより、次に掲げる事項を記載した書面を行政機関の長に提出してしなければならない。

一　提案をする者の氏名又は名称及び住所又は居所並びに法人その他の

団体にあっては、その代表者の氏名

二　提案に係る個人情報ファイルの名称

三　提案に係る行政機関等匿名加工情報の本人の数

四　前号に掲げるもののほか、提案に係る行政機関等匿名加工情報の作成に用いる第百十六条第一項の規定による加工の方法を特定するに足りる事項

五　提案に係る行政機関等匿名加工情報の利用の目的及び方法その他当該行政機関等匿名加工情報がその用に供される事業の内容

六　提案に係る行政機関等匿名加工情報を前号の事業の用に供しようとする期間

七　提案に係る行政機関等匿名加工情報の漏えいの防止その他当該行政機関等匿名加工情報の適切な管理のために講ずる措置

八　前各号に掲げるもののほか、個人情報保護委員会規則で定める事項

3　前項の書面には、次に掲げる書面その他個人情報保護委員会規則で定める書類を添付しなければならない。

一　第一項の提案をする者が次条各号のいずれにも該当しないことを誓約する書面

二　前項第五号の事業が新たな産業の創出又は活力ある経済社会若しくは豊かな国民生活の実現に資するものであることを明らかにする書面

（欠格事由）

第百十三条　次の各号のいずれかに該当する者は、前条第一項の提案をすることができない。

団体にあっては、その代表者の氏名

二　提案に係る個人情報ファイルの名称

三　提案に係る行政機関非識別加工情報の本人の数

四　前号に掲げるもののほか、提案に係る行政機関非識別加工情報の作成に用いる第四十四条の十第一項の規定による加工の方法を特定するに足りる事項

五　提案に係る行政機関非識別加工情報の利用の目的及び方法その他当該行政機関非識別加工情報がその用に供される事業の内容

六　提案に係る行政機関非識別加工情報を前号の事業の用に供しようとする期間

七　提案に係る行政機関非識別加工情報の漏えいの防止その他当該行政機関非識別加工情報の適切な管理のために講ずる措置

八　前各号に掲げるもののほか、個人情報保護委員会規則で定める事項

3　前項の書面には、次に掲げる書面その他個人情報保護委員会規則で定める書類を添付しなければならない。

一　第一項の提案をする者が次条各号のいずれにも該当しないことを誓約する書面

二　前項第五号の事業が新たな産業の創出又は活力ある経済社会若しくは豊かな国民生活の実現に資するものであることを明らかにする書面

（欠格事由）

第四十四条の六　次の各号のいずれかに該当する者は、前条第一項の提案をすることができない。

一　未成年者
二　心身の故障により前条第一項の提案に係る行政機関等匿名加工情報をその用に供して行う事業を適正に行うことができない者として個人情報保護委員会規則で定めるもの
三　破産手続開始の決定を受けて復権を得ない者
四　禁錮以上の刑に処せられ、又はこの法律の規定により刑に処せられ、その執行を終わり、又は執行を受けることがなくなった日から起算して二年を経過しない者
五　第百二十条の規定により行政機関等匿名加工情報の利用に関する契約を解除され、その解除の日から起算して二年を経過しない者
六　法人その他の団体であって、その役員のうちに前各号のいずれかに該当する者があるもの
（提案の審査等）
第百十四条　行政機関の長等は、第百十二条第一項の提案があったときは、当該提案が次に掲げる基準に適合するかどうかを審査しなければならない。

一　未成年者
二　心身の故障により前条第一項の提案に係る行政機関非識別加工情報をその用に供して行う事業を適正に行うことができない者として個人情報保護委員会規則で定めるもの
三　破産手続開始の決定を受けて復権を得ない者
四　禁錮以上の刑に処せられ、又はこの法律、個人情報の保護に関する法律（平成十五年法律第五十七号）若しくは独立行政法人等個人情報保護法の規定により刑に処せられ、その執行を終わり、又は執行を受けることがなくなった日から起算して二年を経過しない者
五　第四十四条の十四の規定により行政機関非識別加工情報の利用に関する契約を解除され、その解除の日から起算して二年を経過しない者
六　独立行政法人等個人情報保護法第四十四条の十四の規定により独立行政法人等個人情報保護法第二条第九項に規定する独立行政法人等非識別加工情報（同条第十項に規定する独立行政法人等非識別加工情報ファイルを構成するものに限る。）の利用に関する契約を解除され、その解除の日から起算して二年を経過しない者
七　法人その他の団体であって、その役員のうちに前各号のいずれかに該当する者があるもの
（提案の審査等）
第四十四条の七　行政機関の長は、第四十四条の五第一項の提案があったときは、当該提案が次に掲げる基準に適合するかどうかを審査しなければならない。

一　第百十二条第一項の提案をした者が前条各号のいずれにも該当しないこと。

二　第百十二条第二項第三号の提案に係る行政機関等匿名加工情報の本人の数が、行政機関等匿名加工情報の効果的な活用の観点からみて個人情報保護委員会規則で定める数以上であり、かつ、提案に係る個人情報ファイルを構成する保有個人情報の本人の数以下であること。

三　第百十二条第二項第三号及び第四号に掲げる事項により特定される加工の方法が第百十六条第一項の基準に適合するものであること。

四　第百十二条第二項第五号の事業が新たな産業の創出又は活力ある経済社会若しくは豊かな国民生活の実現に資するものであること。

五　第百十二条第二項第六号の期間が行政機関等匿名加工情報の効果的な活用の観点からみて個人情報保護委員会規則で定める期間を超えないものであること。

六　第百十二条第二項第五号の提案に係る行政機関等匿名加工情報の利用の目的及び方法並びに同項第七号の措置が当該行政機関等匿名加工情報の本人の権利利益を保護するために適切なものであること。

七　前各号に掲げるもののほか、個人情報保護委員会規則で定める基準に適合するものであること。

2　行政機関の長等は、前項の規定により審査した結果、第百十二条第一項の提案が前項各号に掲げる基準のいずれにも適合すると認めるときは、個人情報保護委員会規則で定めるところにより、当該提案をした者に

一　第四十四条の五第一項の提案をした者が前条各号のいずれにも該当しないこと。

二　第四十四条の五第二項第三号の提案に係る行政機関非識別加工情報の本人の数が、行政機関非識別加工情報の効果的な活用の観点からみて個人情報保護委員会規則で定める数以上であり、かつ、提案に係る個人情報ファイルを構成する保有個人情報の本人の数以下であること。

三　第四十四条の五第二項第三号及び第四号に掲げる事項により特定される加工の方法が第四十四条の十第一項の基準に適合するものであること。

四　第四十四条の五第二項第五号の事業が新たな産業の創出又は活力ある経済社会若しくは豊かな国民生活の実現に資するものであること。

五　第四十四条の五第二項第六号の期間が行政機関非識別加工情報の効果的な活用の観点からみて個人情報保護委員会規則で定める期間を超えないものであること。

六　第四十四条の五第二項第五号の提案に係る行政機関非識別加工情報の利用の目的及び方法並びに同項第七号の措置が当該行政機関非識別加工情報の本人の権利利益を保護するために適切なものであること。

七　前各号に掲げるもののほか、個人情報保護委員会規則で定める基準に適合するものであること。

2　行政機関の長は、前項の規定により審査した結果、第四十四条の五第一項の提案が前項各号に掲げる基準に適合すると認めるときは、個人情報保護委員会規則で定めるところにより、当該提案をした者に対し、次

対し、次に掲げる事項を通知するものとする。

一　次条の規定により行政機関の長等との間で行政機関等匿名加工情報の利用に関する契約を締結することができる旨

二　前号に掲げるもののほか、個人情報保護委員会規則で定める事項

3　行政機関の長等は、第一項の規定により審査した結果、第百十二条第一項の提案が第一項各号に掲げる基準のいずれかに適合しないと認めるときは、個人情報保護委員会規則で定めるところにより、当該提案をした者に対し、理由を付して、その旨を通知するものとする。

に掲げる事項を通知するものとする。

一　第四十四条の九の規定により行政機関の長との間で行政機関非識別加工情報の利用に関する契約を締結することができる旨

二　前号に掲げるもののほか、個人情報保護委員会規則で定める事項

3　行政機関の長は、第一項の規定により審査した結果、第四十四条の五第一項の提案が第一項各号に掲げる基準のいずれかに適合しないと認めるときは、個人情報保護委員会規則で定めるところにより、当該提案をした者に対し、理由を付して、その旨を通知するものとする。

（第三者に対する意見書提出の機会の付与等）

第四十四条の八　個人情報ファイル簿に第四十四条の三第三号に掲げる事項の記載がある個人情報ファイルに係る第四十四条の五第一項の提案については、当該提案を当該提案に係る個人情報ファイルを構成する保有個人情報が記録されている行政文書の行政機関情報公開法第三条の規定による開示の請求と、前条第二項の規定による通知を当該行政文書の全部又は一部を開示する旨の決定とみなして、行政機関情報公開法第十三条第一項及び第二項の規定を準用する。この場合において、同条第一項中「行政機関の長」とあるのは、「行政機関の長（行政機関の保有する個人情報の保護に関する法律第五条に規定する行政機関の長をいう。次項において同じ。）」と読み替えるものとするほか、必要な技術的読替えは、政令で定める。

2　前項において準用する行政機関情報公開法第十三条第一項又は第二項の規定により意見書の提出の機会を与えられた同条第一項に規定する第

（行政機関等匿名加工情報の利用に関する契約の締結）

第百十五条　前条第二項の規定による通知を受けた者は、個人情報保護委員会規則で定めるところにより、行政機関の長等との間で、行政機関等匿名加工情報の利用に関する契約を締結することができる。

（行政機関等匿名加工情報の作成等）

第百十六条　行政機関の長等は、行政機関等匿名加工情報を作成するときは、特定の個人を識別することができないように及びその作成に用いる保有個人情報を復元することができないようにするために必要なものとして個人情報保護委員会規則で定める基準に従い、当該保有個人情報を加工しなければならない。

2　前項の規定は、行政機関等から行政機関等匿名加工情報の作成の委託（二以上の段階にわたる委託を含む。）を受けた者が受託した業務を行う場合について準用する。

三者が第四十四条の五第一項の提案に係る行政機関非識別加工情報の作成に反対の意思を表示した意見書を提出したときは、当該提案に係る個人情報ファイルから当該第三者を本人とする保有個人情報を除いた部分を当該提案に係る個人情報ファイルとみなして、この章の規定を適用する。

（行政機関非識別加工情報の利用に関する契約の締結）

第四十四条の九　第四十四条の七第二項の規定による通知を受けた者は、個人情報保護委員会規則で定めるところにより、行政機関の長との間で、行政機関非識別加工情報の利用に関する契約を締結することができる。

（行政機関非識別加工情報の作成等）

第四十四条の十　行政機関の長は、行政機関非識別加工情報を作成するときは、特定の個人を識別することができないように及びその作成に用いる保有個人情報を復元することができないようにするために必要なものとして個人情報保護委員会規則で定める基準に従い、当該保有個人情報を加工しなければならない。

2　前項の規定は、行政機関から行政機関非識別加工情報の作成の委託を受けた者が受託した業務を行う場合について準用する。

（行政機関等匿名加工情報に関する事項の個人情報ファイル簿への記載）

第百十七条　行政機関の長等は、行政機関等匿名加工情報を作成したときは、当該行政機関等匿名加工情報の作成に用いた保有個人情報を含む個人情報ファイルについては、個人情報ファイル簿に次に掲げる事項を記載しなければならない。この場合における当該個人情報ファイルについての第百十条の規定により読み替えて適用する第七十五条第一項の規定の適用については、同項中「並びに第百十条各号」とあるのは、「、第百十条各号並びに第百十七条各号」とする。

一　行政機関等匿名加工情報の概要として個人情報保護委員会規則で定める事項

二　次条第一項の提案を受ける組織の名称及び所在地

三　次条第一項の提案をすることができる期間

（作成された行政機関等匿名加工情報をその用に供して行う事業に関する提案等）

第百十八条　前条の規定により個人情報ファイル簿に同条第一号に掲げる事項が記載された行政機関等匿名加工情報をその事業の用に供しようとする者は、行政機関の長等に対し、当該事業に関する提案をすることができる。当該行政機関等匿名加工情報について第百十五条の規定により行政機関等匿名加工情報の利用に関する契約を締結した者が、当該行政機関等匿名加工情報をその用に供する事業を変更しようとするときも、同様とする。

（行政機関非識別加工情報に関する事項の個人情報ファイル簿への記載）

第四十四条の十一　行政機関の長は、行政機関非識別加工情報を作成したときは、当該行政機関非識別加工情報の作成に用いた保有個人情報を含む個人情報ファイルについては、個人情報ファイル簿に次に掲げる事項を記載しなければならない。この場合における当該個人情報ファイルについての第四十四条の三の規定により読み替えられた第十一条第一項の規定の適用については、同項中「並びに第四十四条の三各号」とあるのは、「、第四十四条の三各号並びに第四十四条の十一各号」とする。

一　行政機関非識別加工情報の概要として個人情報保護委員会規則で定める事項

二　次条第一項の提案を受ける組織の名称及び所在地

三　次条第一項の提案をすることができる期間

（作成された行政機関非識別加工情報をその用に供して行う事業に関する提案等）

第四十四条の十二　前条の規定により個人情報ファイル簿に同条第一号に掲げる事項が記載された行政機関非識別加工情報をその事業の用に供する行政機関非識別加工情報取扱事業者になろうとする者は、行政機関の長に対し、当該事業に関する提案をすることができる。当該行政機関非識別加工情報について第四十四条の九の規定により行政機関非識別加工情報の利用に関する契約を締結した者が、当該行政機関非識別加工情報をその用に供する事業を変更しようとするときも、同様とする。

2　第百十二条第二項及び第三項並びに第百十三条から第百十五条までの規定は、前項の提案について準用する。この場合において、第百十二条第二項中「次に」とあるのは「第一号及び第四号から第八号までに」と、同項第四号中「前号に掲げるもののほか、提案」とあるのは「提案」と、「の作成に用いる第百十六条第一項の規定による加工の方法を特定する」とあるのは「を特定する」と、同項第八号中「前各号」とあるのは「第一号及び第四号から前号まで」と、第百十四条第一項中「次に」とあるのは「第一号及び第四号から第七号までに」と、同項第七号中「前各号」とあるのは「第一号及び前三号」と、同条第二項中「前項各号」とあるのは「前項第一号及び第四号から第七号まで」と、同条第三項中「第一項各号」とあるのは「第一項第一号及び第四号から第七号まで」と読み替えるものとする。

（手数料）

第百十九条　第百十五条の規定により行政機関等匿名加工情報の利用に関する契約を行政機関の長と締結する者は、政令で定めるところにより、実費を勘案して政令で定める額の手数料を納めなければならない。

2　前条第二項において準用する第百十五条の規定により行政機関等匿名加工情報の利用に関する契約を行政機関の長と締結する者は、政令で定めるところにより、前項の政令で定める額を参酌して政令で定める額の手数料を納めなければならない。

3　第百十五条の規定により行政機関等匿名加工情報の利用に関する契約を地方公共団体の機関と締結する者は、条例で定めるところにより、実

2　第四十四条の五第二項及び第三項、第四十四条の六、第四十四条の七並びに第四十四条の九の規定は、前項の提案について準用する。この場合において、第四十四条の五第二項中「次に」とあるのは「第一号及び第四号から第八号までに」と、同項第四号中「前号に掲げるもののほか、提案」とあるのは「提案」と、「の作成に用いる第四十四条の十第一項の規定による加工の方法を特定する」とあるのは「を特定する」と、同項第八号中「前各号」とあるのは「第一号及び第四号から前号まで」と、第四十四条の七第一項中「次に」とあるのは「第一号及び第四号から第七号までに」と、同項第七号中「前各号」とあるのは「第一号及び前三号」と、同条第二項中「前項各号」とあるのは「前項第一号及び第四号から第七号まで」と、同条第三項中「第一項各号」とあるのは「第一項第一号及び第四号から第七号まで」と読み替えるものとする。

（手数料）

第四十四条の十三　第四十四条の九の規定により行政機関非識別加工情報の利用に関する契約を締結する者は、政令で定めるところにより、実費を勘案して政令で定める額の手数料を納めなければならない。

2　前条第二項において準用する第四十四条の九の規定により行政機関非識別加工情報の利用に関する契約を締結する者は、政令で定めるところにより、前項の政令で定める額を参酌して政令で定める額の手数料を納めなければならない。

（新設）

費を勘案して政令で定める額を標準として条例で定める額の手数料を納めなければならない。

4　前条第二項において準用する第百十五条の規定により行政機関等匿名加工情報の利用に関する契約を地方公共団体の機関と締結する者は、条例で定めるところにより、前項の政令で定める額を参酌して政令で定める額を標準として条例で定める額の手数料を納めなければならない。

5　第百十五条の規定（前条第二項において準用する場合を含む。第八項及び次条において同じ。）により行政機関等匿名加工情報の利用に関する契約を独立行政法人等と締結する者は、独立行政法人等の定めるところにより、利用料を納めなければならない。

6　前項の利用料の額は、実費を勘案して合理的であると認められる範囲内において、独立行政法人等が定める。

7　独立行政法人等は、前二項の規定による定めを一般の閲覧に供しなければならない。

8　第百十五条の規定により行政機関等匿名加工情報の利用に関する契約を地方独立行政法人と締結する者は、地方独立行政法人の定めるところにより、手数料を納めなければならない。

9　前項の手数料の額は、実費を勘案し、かつ、第三項又は第四項の条例で定める手数料の額を参酌して、地方独立行政法人が定める。

10　地方独立行政法人は、前二項の規定による定めを一般の閲覧に供しなければならない。

（行政機関等匿名加工情報の利用に関する契約の解除）

（行政機関非識別加工情報の利用に関する契約の解除）

第百二十条　行政機関の長等は、第百十五条の規定により行政機関等匿名加工情報の利用に関する契約を締結した者が次の各号のいずれかに該当するときは、当該契約を解除することができる。

一　偽りその他不正の手段により当該契約を締結したとき。

二　第百十三条各号（第百十八条第二項において準用する場合を含む。）のいずれかに該当することとなったとき。

三　当該契約において定められた事項について重大な違反があったとき。

（識別行為の禁止等）

第百二十一条　行政機関の長等は、行政機関等匿名加工情報を取り扱うに当たっては、法令に基づく場合を除き、当該行政機関等匿名加工情報の作成に用いられた個人情報に係る本人を識別するために、当該行政機関等匿名加工情報を他の情報と照合してはならない。

２　行政機関の長等は、行政機関等匿名加工情報、第百九条第四項に規定する削除情報及び第百十六条第一項の規定により行った加工の方法に関する情報（以下この条及び次条において「行政機関等匿名加工情報等」という。）の漏えいを防止するために必要なものとして個人情報保護委員会規則で定める基準に従い、行政機関等匿名加工情報等の適切な管理のために必要な措置を講じなければならない。

３　前二項の規定は、行政機関等から行政機関等匿名加工情報等の取扱い

第四十四条の十四　行政機関の長は、第四十四条の九（第四十四条の十二第二項において準用する場合を含む。）の規定により行政機関非識別加工情報の利用に関する契約を締結した者が次の各号のいずれかに該当するときは、当該契約を解除することができる。

一　偽りその他不正の手段により当該契約を締結したとき。

二　第四十四条の六各号（第四十四条の十二第二項において準用する場合を含む。）のいずれかに該当することとなったとき。

三　当該契約において定められた事項について重大な違反があったとき。

（安全確保の措置）

第四十四条の十五　行政機関の長は、行政機関非識別加工情報、行政機関非識別加工情報の作成に用いた保有個人情報から削除した記述等及び個人識別符号並びに第四十四条の十第一項の規定により行った加工の方法に関する情報（以下この条及び次条において「行政機関非識別加工情報等」という。）の漏えいを防止するために必要なものとして個人情報保護委員会規則で定める基準に従い、行政機関非識別加工情報等の適切な管理のために必要な措置を講じなければならない。

２　前項の規定は、行政機関から行政機関非識別加工情報等の取扱いの委

の委託（二以上の段階にわたる委託を含む。）を受けた者が受託した業務を行う場合について準用する。

（従事者の義務）

第百二十二条　行政機関等匿名加工情報等の取扱いに従事する行政機関等の職員若しくは職員であった者、前条第三項の委託を受けた業務に従事している者若しくは従事していた者又は行政機関等において行政機関等匿名加工情報等の取扱いに従事している派遣労働者若しくは従事していた派遣労働者は、その業務に関して知り得た行政機関等匿名加工情報等の内容をみだりに他人に知らせ、又は不当な目的に利用してはならない。

（匿名加工情報の取扱いに係る義務）

第百二十三条　行政機関等は、匿名加工情報（行政機関等匿名加工情報を除く。以下この条において同じ。）を第三者に提供するときは、法令に基づく場合を除き、個人情報保護委員会規則で定めるところにより、あらかじめ、第三者に提供される匿名加工情報に含まれる個人に関する情報の項目及びその提供の方法について公表するとともに、当該第三者に対して、当該提供に係る情報が匿名加工情報である旨を明示しなければならない。

2　行政機関等は、匿名加工情報を取り扱うに当たっては、法令に基づく場合を除き、当該匿名加工情報の作成に用いられた個人情報に係る本人

託を受けた者が受託した業務を行う場合について準用する。

（従事者の義務）

第四十四条の十六　行政機関非識別加工情報等の取扱いに従事する行政機関の職員若しくは職員であった者又は前条第二項の受託業務に従事している者若しくは従事していた者は、その業務に関して知り得た行政機関非識別加工情報等の内容をみだりに他人に知らせ、又は不当な目的に利用してはならない。

【個情法】

（匿名加工情報の提供）

第三十七条　匿名加工情報取扱事業者は、匿名加工情報（自ら個人情報を加工して作成したものを除く。以下この節において同じ。）を第三者に提供するときは、個人情報保護委員会規則で定めるところにより、あらかじめ、第三者に提供される匿名加工情報に含まれる個人に関する情報の項目及びその提供の方法について公表するとともに、当該第三者に対して、当該提供に係る情報が匿名加工情報である旨を明示しなければならない。

第三十八条　匿名加工情報取扱事業者は、匿名加工情報を取り扱うに当たっては、当該匿名加工情報の作成に用いられた個人情報に係る本人を識

を識別するために、当該個人情報から削除された記述等若しくは個人識別符号若しくは第四十三条第一項の規定により行われた加工の方法に関する情報を取得し、又は当該匿名加工情報を他の情報と照合してはならない。

3　行政機関等は、匿名加工情報の漏えいを防止するために必要なものとして個人情報保護委員会規則で定める基準に従い、匿名加工情報の適切な管理のために必要な措置を講じなければならない。

4　前二項の規定は、行政機関等から匿名加工情報の取扱いの委託（二以上の段階にわたる委託を含む。）を受けた者が受託した業務を行う場合について準用する。

第六節　雑則

（適用除外等）

第百二十四条　第四節の規定は、刑事事件若しくは少年の保護事件に係る裁判、検察官、検察事務官若しくは司法警察職員が行う処分、刑若しくは保護処分の執行、更生緊急保護又は恩赦に係る保有個人情報（当該裁

別するために、当該個人情報から削除された記述等若しくは個人識別符号若しくは第三十六条第一項、行政機関の保有する個人情報の保護に関する法律（平成十五年法律第五十八号）第四十四条の十第一項（同条第二項において準用する場合を含む。）若しくは独立行政法人等の保有する個人情報の保護に関する法律第四十四条の十第一項（同条第二項において準用する場合を含む。）の規定により行われた加工の方法に関する情報を取得し、又は当該匿名加工情報を他の情報と照合してはならない。

第三十九条　匿名加工情報取扱事業者は、匿名加工情報の安全管理のために必要かつ適切な措置、匿名加工情報の取扱いに関する苦情の処理その他の匿名加工情報の適正な取扱いを確保するために必要な措置を自ら講じ、かつ、当該措置の内容を公表するよう努めなければならない。

【行個法】

第五章　雑則

（適用除外等）

第四十五条　第四章の規定は、刑事事件若しくは少年の保護事件に係る裁判、検察官、検察事務官若しくは司法警察職員が行う処分、刑若しくは保護処分の執行、更生緊急保護又は恩赦に係る保有個人情報（当該裁判

判、処分若しくは執行を受けた者、更生緊急保護の申出をした者又は恩赦の上申があった者に係るものに限る。）については、適用しない。

2　保有個人情報（行政機関情報公開法第五条、独立行政法人等情報公開法第五条又は情報公開条例に規定する不開示情報を専ら記録する行政文書等に記録されているものに限る。）のうち、まだ分類その他の整理が行われていないもので、同一の利用目的に係るものが著しく大量にあるためその中から特定の保有個人情報を検索することが著しく困難であるものは、第四節（第四款を除く。）の規定の適用については、行政機関等に保有されていないものとみなす。

（適用の特例）

第百二十五条　第五十八条第二項各号に掲げる者が行う当該各号に定める業務における個人情報、仮名加工情報又は個人関連情報の取扱いについては、この章（第一節、第六十六条第二項（第四号及び第五号（同項第四号に係る部分に限る。）に係る部分に限る。）において準用する同条第一項、第七十五条、前二節、前条第二項及び第百二十七条を除く。）の規定、第百七十六条及び第百八十条の規定（これらの規定のうち第六十六条第二項第四号及び第五号（同項第四号に係る部分に限る。）に定める業務に係る部分を除く。）並びに第百八十一条の規定は、適用しない。

2　第五十八条第一項各号に掲げる者による個人情報又は匿名加工情報の取扱いについては、同項第一号に掲げる者を独立行政法人等と、同項第二号に掲げる者を地方独立行政法人と、それぞれみなして、第一節、第

、処分若しくは執行を受けた者、更生緊急保護の申出をした者又は恩赦の上申があった者に係るものに限る。）については、適用しない。

2　保有個人情報（行政機関情報公開法第五条に規定する不開示情報を専ら記録する行政文書に記録されているものに限る。）のうち、まだ分類その他の整理が行われていないもので、同一の利用目的に係るものが著しく大量にあるためその中から特定の保有個人情報を検索することが著しく困難であるものは、第四章（第四節を除く。）の規定の適用については、行政機関に保有されていないものとみなす。

（新設）

七十五条、前二節、前条第二項、第百二十七条及び次章から第八章まで（第百七十六条、第百八十条及び第百八十一条を除く。）の規定を適用する。

3　第五十八条第一項各号及び第二項各号に掲げる者（同項各号に定める業務を行う場合に限る。）についての第九十八条の規定の適用については、同条第一項第一号中「第六十一条第二項の規定に違反して保有されているとき、第六十三条の規定に違反して取り扱われているとき、第六十四条の規定に違反して取得されたものであるとき、又は第六十九条第一項及び第二項の規定に違反して利用されているとき」とあるのは「第十八条若しくは第十九条の規定に違反して取り扱われているとき、又は第二十条の規定に違反して取得されたものであるとき」と、同項第二号中「第六十九条第一項及び第二項又は第七十一条第一項」とあるのは「第二十七条第一項又は第二十八条」とする。

（権限又は事務の委任）

第百二十六条　行政機関の長は、政令（内閣の所轄の下に置かれる機関及び会計検査院にあっては、当該機関の命令）で定めるところにより、第二節から前節まで（第七十四条及び第四節第四款を除く。）に定める権限又は事務を当該行政機関の職員に委任することができる。

（開示請求等をしようとする者に対する情報の提供等）

第百二十七条　行政機関の長等は、開示請求、訂正請求若しくは利用停止

【行個法】

（権限又は事務の委任）

第四十六条　行政機関の長は、政令（内閣の所轄の下に置かれる機関及び会計検査院にあっては、当該機関の命令）で定めるところにより、第二章から前章まで（第十条及び第四章第四節を除く。）に定める権限又は事務を当該行政機関の職員に委任することができる。

（開示請求等をしようとする者に対する情報の提供等）

第四十七条　行政機関の長は、開示請求、訂正請求又は利用停止請求（以

請求又は第百十二条第一項若しくは第百十八条第一項の提案（以下この条において「開示請求等」という。）をしようとする者がそれぞれ容易かつ的確に開示請求等をすることができるよう、当該行政機関の長等の属する行政機関等が保有する保有個人情報の特定又は当該提案に資する情報の提供その他開示請求等をしようとする者の利便を考慮した適切な措置を講ずるものとする。	下この項において「開示請求等」という。）をしようとする者がそれぞれ容易かつ的確に開示請求等をすることができるよう、当該行政機関が保有する保有個人情報の特定に資する情報の提供その他開示請求等をしようとする者の利便を考慮した適切な措置を講ずるものとする。 ２　総務大臣は、この法律（前章を除く。第四十九条第一項、第五十条及び第五十一条において同じ。）の円滑な運用を確保するため、総合的な案内所を整備するものとする。
（行政機関等における個人情報等の取扱いに関する苦情処理） 第百二十八条　行政機関の長等は、行政機関等における個人情報、仮名加工情報又は匿名加工情報の取扱いに関する苦情の適切かつ迅速な処理に努めなければならない。	（行政機関における個人情報の取扱いに関する苦情処理） 第四十八条　行政機関の長は、行政機関における個人情報の取扱いに関する苦情の適切かつ迅速な処理に努めなければならない。
（地方公共団体に置く審議会等への諮問） 第百二十九条　地方公共団体の機関は、条例で定めるところにより、第三章第三節の施策を講ずる場合その他の場合において、個人情報の適正な取扱いを確保するため専門的な知見に基づく意見を聴くことが特に必要であると認めるときは、審議会その他の合議制の機関に諮問することができる。	（新設）
第六章　個人情報保護委員会	第五章　個人情報保護委員会

第一節　設置等	（新設）
（設置） 第百三十条　内閣府設置法第四十九条第三項の規定に基づいて、個人情報保護委員会（以下「委員会」という。）を置く。 2　委員会は、内閣総理大臣の所轄に属する。	（設置） 第五十九条　内閣府設置法第四十九条第三項の規定に基づいて、個人情報保護委員会（以下「委員会」という。）を置く。 2　委員会は、内閣総理大臣の所轄に属する。
（任務） 第百三十一条　委員会は、行政機関等の事務及び事業の適正かつ円滑な運営を図り、並びに個人情報の適正かつ効果的な活用が新たな産業の創出並びに活力ある経済社会及び豊かな国民生活の実現に資するものであることその他の個人情報の有用性に配慮しつつ、個人の権利利益を保護するため、個人情報の適正な取扱いの確保を図ること（個人番号利用事務等実施者（行政手続における特定の個人を識別するための番号の利用等に関する法律（平成二十五年法律第二十七号。以下「番号利用法」という。）第十二条に規定する個人番号利用事務等実施者をいう。）に対する指導及び助言その他の措置を講ずることを含む。）を任務とする。	（任務） 第六十条　委員会は、個人情報の適正かつ効果的な活用が新たな産業の創出並びに活力ある経済社会及び豊かな国民生活の実現に資するものであることその他の個人情報の有用性に配慮しつつ、個人の権利利益を保護するため、個人情報の適正な取扱いの確保を図ること（個人番号利用事務等実施者（行政手続における特定の個人を識別するための番号の利用等に関する法律（平成二十五年法律第二十七号。以下「番号利用法」という。）第十二条に規定する個人番号利用事務等実施者をいう。）に対する指導及び助言その他の措置を講ずることを含む。）を任務とする。
（所掌事務） 第百三十二条　委員会は、前条の任務を達成するため、次に掲げる事務をつかさどる。 一　基本方針の策定及び推進に関すること。	（所掌事務） 第六十一条　委員会は、前条の任務を達成するため、次に掲げる事務をつかさどる。 一　基本方針の策定及び推進に関すること。

二　個人情報取扱事業者における個人情報の取扱い、個人情報取扱事業者及び仮名加工情報取扱事業者における仮名加工情報の取扱い、個人情報取扱事業者及び匿名加工情報取扱事業者における匿名加工情報の取扱い並びに個人関連情報取扱事業者における個人関連情報の取扱いに関する監督、行政機関等における個人情報、仮名加工情報、匿名加工情報及び個人関連情報の取扱いに関する監視並びに個人情報、仮名加工情報及び匿名加工情報の取扱いに関する苦情の申出についての必要なあっせん及びその処理を行う事業者への協力に関すること（第四号に掲げるものを除く。）。

三　認定個人情報保護団体に関すること。

四　特定個人情報（番号利用法第二条第八項に規定する特定個人情報をいう。）の取扱いに関する監視又は監督並びに苦情の申出についての必要なあっせん及びその処理を行う事業者への協力に関すること。

五　特定個人情報保護評価（番号利用法第二十七条第一項に規定する特定個人情報保護評価をいう。）に関すること。

六　個人情報の保護及び適正かつ効果的な活用についての広報及び啓発

二　個人情報取扱事業者における個人情報の取扱い、個人関連情報取扱事業者における個人関連情報の取扱い、個人情報取扱事業者及び仮名加工情報取扱事業者における仮名加工情報の取扱い並びに個人情報取扱事業者及び匿名加工情報取扱事業者における匿名加工情報の取扱いに関する監督、行政機関の保有する個人情報の保護に関する法律第二条第一項に規定する行政機関における同条第九項に規定する行政機関非識別加工情報（同条第十項に規定する行政機関非識別加工情報ファイルを構成するものに限る。）の取扱いに関する監視、独立行政法人等の保有する個人情報の保護に関する法律第二条第九項に規定する独立行政法人等非識別加工情報（同条第十項に規定する独立行政法人等非識別加工情報ファイルを構成するものに限る。）の取扱いに関する監督並びに個人情報、仮名加工情報及び匿名加工情報の取扱いに関する苦情の申出についての必要なあっせん及びその処理を行う事業者への協力に関すること（第四号に掲げるものを除く。）。

三　認定個人情報保護団体に関すること。

四　特定個人情報（番号利用法第二条第八項に規定する特定個人情報をいう。第六十三条第四項において同じ。）の取扱いに関する監視又は監督並びに苦情の申出についての必要なあっせん及びその処理を行う事業者への協力に関すること。

五　特定個人情報保護評価（番号利用法第二十七条第一項に規定する特定個人情報保護評価をいう。）に関すること。

六　個人情報の保護及び適正かつ効果的な活用についての広報及び啓発

に関すること。

七　前各号に掲げる事務を行うために必要な調査及び研究に関すること。

八　所掌事務に係る国際協力に関すること。

九　前各号に掲げるもののほか、法律（法律に基づく命令を含む。）に基づき委員会に属させられた事務

（職権行使の独立性）

第百三十三条　委員会の委員長及び委員は、独立してその職権を行う。

（組織等）

第百三十四条　委員会は、委員長及び委員八人をもって組織する。

2　委員のうち四人は、非常勤とする。

3　委員長及び委員は、人格が高潔で識見の高い者のうちから、両議院の同意を得て、内閣総理大臣が任命する。

4　委員長及び委員には、個人情報の保護及び適正かつ効果的な活用に関する学識経験のある者、消費者の保護に関して十分な知識と経験を有する者、情報処理技術に関する学識経験のある者、行政分野に関する学識経験のある者、民間企業の実務に関して十分な知識と経験を有する者並びに連合組織（地方自治法第二百六十三条の三第一項の連合組織で同項の規定による届出をしたものをいう。）の推薦する者が含まれるものとする。

に関すること。

七　前各号に掲げる事務を行うために必要な調査及び研究に関すること。

八　所掌事務に係る国際協力に関すること。

九　前各号に掲げるもののほか、法律（法律に基づく命令を含む。）に基づき委員会に属させられた事務

（職権行使の独立性）

第六十二条　委員会の委員長及び委員は、独立してその職権を行う。

（組織等）

第六十三条　委員会は、委員長及び委員八人をもって組織する。

2　委員のうち四人は、非常勤とする。

3　委員長及び委員は、人格が高潔で識見の高い者のうちから、両議院の同意を得て、内閣総理大臣が任命する。

4　委員長及び委員には、個人情報の保護及び適正かつ効果的な活用に関する学識経験のある者、消費者の保護に関して十分な知識と経験を有する者、情報処理技術に関する学識経験のある者、特定個人情報が利用される行政分野に関する学識経験のある者、民間企業の実務に関して十分な知識と経験を有する者並びに連合組織（地方自治法（昭和二十二年法律第六十七号）第二百六十三条の三第一項の連合組織で同項の規定による届出をしたものをいう。）の推薦する者が含まれるものとする。

（任期等）

第百三十五条　委員長及び委員の任期は、五年とする。ただし、補欠の委員長又は委員の任期は、前任者の残任期間とする。

2　委員長及び委員は、再任されることができる。

3　委員長及び委員の任期が満了したときは、当該委員長及び委員は、後任者が任命されるまで引き続きその職務を行うものとする。

4　委員長又は委員の任期が満了し、又は欠員を生じた場合において、国会の閉会又は衆議院の解散のために両議院の同意を得ることができないときは、内閣総理大臣は、前条第三項の規定にかかわらず、同項に定める資格を有する者のうちから、委員長又は委員を任命することができる。

5　前項の場合においては、任命後最初の国会において両議院の事後の承認を得なければならない。この場合において、両議院の事後の承認が得られないときは、内閣総理大臣は、直ちに、その委員長又は委員を罷免しなければならない。

（身分保障）

第百三十六条　委員長及び委員は、次の各号のいずれかに該当する場合を除いては、在任中、その意に反して罷免されることがない。

一　破産手続開始の決定を受けたとき。

二　この法律又は番号利用法の規定に違反して刑に処せられたとき。

三　禁錮以上の刑に処せられたとき。

四　委員会により、心身の故障のため職務を執行することができないと

（任期等）

第六十四条　委員長及び委員の任期は、五年とする。ただし、補欠の委員長又は委員の任期は、前任者の残任期間とする。

2　委員長及び委員は、再任されることができる。

3　委員長及び委員の任期が満了したときは、当該委員長及び委員は、後任者が任命されるまで引き続きその職務を行うものとする。

4　委員長又は委員の任期が満了し、又は欠員を生じた場合において、国会の閉会又は衆議院の解散のために両議院の同意を得ることができないときは、内閣総理大臣は、前条第三項の規定にかかわらず、同項に定める資格を有する者のうちから、委員長又は委員を任命することができる。

5　前項の場合においては、任命後最初の国会において両議院の事後の承認を得なければならない。この場合において、両議院の事後の承認が得られないときは、内閣総理大臣は、直ちに、その委員長又は委員を罷免しなければならない。

（身分保障）

第六十五条　委員長及び委員は、次の各号のいずれかに該当する場合を除いては、在任中、その意に反して罷免されることがない。

一　破産手続開始の決定を受けたとき。

二　この法律又は番号利用法の規定に違反して刑に処せられたとき。

三　禁錮以上の刑に処せられたとき。

四　委員会により、心身の故障のため職務を執行することができないと

認められたとき、又は職務上の義務違反その他委員長若しくは委員たるに適しない非行があると認められたとき。

（罷免）

第百三十七条　内閣総理大臣は、委員長又は委員が前条各号のいずれかに該当するときは、その委員長又は委員を罷免しなければならない。

（委員長）

第百三十八条　委員長は、委員会の会務を総理し、委員会を代表する。

2　委員会は、あらかじめ常勤の委員のうちから、委員長に事故がある場合に委員長を代理する者を定めておかなければならない。

（会議）

第百三十九条　委員会の会議は、委員長が招集する

2　委員会は、委員長及び四人以上の委員の出席がなければ、会議を開き、議決をすることができない。

3　委員会の議事は、出席者の過半数でこれを決し、可否同数のときは、委員長の決するところによる。

4　第百三十六条第四号の規定による認定をするには、前項の規定にかかわらず、本人を除く全員の一致がなければならない。

5　委員長に事故がある場合の第二項の規定の適用については、前条第二項に規定する委員長を代理する者は、委員長とみなす。

認められたとき、又は職務上の義務違反その他委員長若しくは委員たるに適しない非行があると認められたとき。

（罷免）

第六十六条　内閣総理大臣は、委員長又は委員が前条各号のいずれかに該当するときは、その委員長又は委員を罷免しなければならない。

（委員長）

第六十七条　委員長は、委員会の会務を総理し、委員会を代表する。

2　委員会は、あらかじめ常勤の委員のうちから、委員長に事故がある場合に委員長を代理する者を定めておかなければならない。

（会議）

第六十八条　委員会の会議は、委員長が招集する。

2　委員会は、委員長及び四人以上の委員の出席がなければ、会議を開き、議決をすることができない。

3　委員会の議事は、出席者の過半数でこれを決し、可否同数のときは、委員長の決するところによる。

4　第六十五条第四号の規定による認定をするには、前項の規定にかかわらず、本人を除く全員の一致がなければならない。

5　委員長に事故がある場合の第二項の規定の適用については、前条第二項に規定する委員長を代理する者は、委員長とみなす。

（専門委員）

第百四十条　委員会に、専門の事項を調査させるため、専門委員を置くことができる。

2　専門委員は、委員会の申出に基づいて内閣総理大臣が任命する。

3　専門委員は、当該専門の事項に関する調査が終了したときは、解任されるものとする。

4　専門委員は、非常勤とする。

（事務局）

第百四十一条　委員会の事務を処理させるため、委員会に事務局を置く。

2　事務局に、事務局長その他の職員を置く。

3　事務局長は、委員長の命を受けて、局務を掌理する。

（政治運動等の禁止）

第百四十二条　委員長及び委員は、在任中、政党その他の政治団体の役員となり、又は積極的に政治運動をしてはならない。

2　委員長及び常勤の委員は、在任中、内閣総理大臣の許可のある場合を除くほか、報酬を得て他の職務に従事し、又は営利事業を営み、その他金銭上の利益を目的とする業務を行ってはならない。

（秘密保持義務）

第百四十三条　委員長、委員、専門委員及び事務局の職員は、職務上知ることのできた秘密を漏らし、又は盗用してはならない。その職務を退い

（専門委員）

第六十九条　委員会に、専門の事項を調査させるため、専門委員を置くことができる。

2　専門委員は、委員会の申出に基づいて内閣総理大臣が任命する。

3　専門委員は、当該専門の事項に関する調査が終了したときは、解任されるものとする。

4　専門委員は、非常勤とする。

（事務局）

第七十条　委員会の事務を処理させるため、委員会に事務局を置く。

2　事務局に、事務局長その他の職員を置く。

3　事務局長は、委員長の命を受けて、局務を掌理する。

（政治運動等の禁止）

第七十一条　委員長及び委員は、在任中、政党その他の政治団体の役員となり、又は積極的に政治運動をしてはならない。

2　委員長及び常勤の委員は、在任中、内閣総理大臣の許可のある場合を除くほか、報酬を得て他の職務に従事し、又は営利事業を営み、その他金銭上の利益を目的とする業務を行ってはならない。

（秘密保持義務）

第七十二条　委員長、委員、専門委員及び事務局の職員は、職務上知ることのできた秘密を漏らし、又は盗用してはならない。その職務を退いた

た後も、同様とする。

（給与）

第百四十四条　委員長及び委員の給与は、別に法律で定める。

（規則の制定）

第百四十五条　委員会は、その所掌事務について、法律若しくは政令を実施するため、又は法律若しくは政令の特別の委任に基づいて、個人情報保護委員会規則を制定することができる。

第二節　監督及び監視

第一款　個人情報取扱事業者等の監督

（報告及び立入検査）

第百四十六条　委員会は、第四章（第五節を除く。次条及び第百五十一条において同じ。）の規定の施行に必要な限度において、個人情報取扱事業者、仮名加工情報取扱事業者、匿名加工情報取扱事業者又は個人関連情報取扱事業者（以下この款において「個人情報取扱事業者等」という。）その他の関係者に対し、個人情報、仮名加工情報、匿名加工情報又は個人関連情報（以下この款及び第三款において「個人情報等」という。）の取扱いに関し、必要な報告若しくは資料の提出を求め、又はその職員に、当該個人情報取扱事業者等その他の関係者の事務所その他必

後も、同様とする。

（給与）

第七十三条　委員長及び委員の給与は、別に法律で定める。

（規則の制定）

第七十四条　委員会は、その所掌事務について、法律若しくは政令を実施するため、又は法律若しくは政令の特別の委任に基づいて、個人情報保護委員会規則を制定することができる。

（新設）

（新設）

（報告及び立入検査）

第四十条　個人情報保護委員会は、前三節及びこの節の規定の施行に必要な限度において、個人情報取扱事業者、仮名加工情報取扱事業者、匿名加工情報取扱事業者又は個人関連情報取扱事業者（以下「個人情報取扱事業者等」という。）その他の関係者に対し、個人情報、個人関連情報、仮名加工情報又は匿名加工情報（以下「個人情報等」という。）の取扱いに関し、必要な報告若しくは資料の提出を求め、又はその職員に、当該個人情報取扱事業者等その他の関係者の事務所その他必要な場所に立ち入らせ、個人情報等の取扱いに関し質問させ、若しくは帳簿書類そ

要な場所に立ち入らせ、個人情報等の取扱いに関し質問させ、若しくは帳簿書類その他の物件を検査させることができる。

2　前項の規定により立入検査をする職員は、その身分を示す証明書を携帯し、関係人の請求があったときは、これを提示しなければならない。

3　第一項の規定による立入検査の権限は、犯罪捜査のために認められたものと解釈してはならない。

（指導及び助言）

第百四十七条　委員会は、第四章の規定の施行に必要な限度において、個人情報取扱事業者等に対し、個人情報等の取扱いに関し必要な指導及び助言をすることができる。

（勧告及び命令）

第百四十八条　委員会は、個人情報取扱事業者が第十八条から第二十条まで、第二十一条（第一項、第三項及び第四項の規定を第四十一条第四項の規定により読み替えて適用する場合を含む。）、第二十三条から第二十六条まで、第二十七条（第四項を除き、第五項及び第六項の規定を第四十一条第六項の規定により読み替えて適用する場合を含む。）、第二十八条、第二十九条（第一項ただし書の規定を第四十一条第六項の規定により読み替えて適用する場合を含む。）、第三十条（第二項を除き、第一項ただし書の規定を第四十一条第六項の規定により読み替えて適用する場合を含む。）、第三十二条、第三十三条（第一項（第五項において準用する場合を含む。）を除く。）、第三十四条第二項若しくは第三項、第三十

の他の物件を検査させることができる。

2　前項の規定により立入検査をする職員は、その身分を示す証明書を携帯し、関係人の請求があったときは、これを提示しなければならない。

3　第一項の規定による立入検査の権限は、犯罪捜査のために認められたものと解釈してはならない。

（指導及び助言）

第四十一条　個人情報保護委員会は、前三節の規定の施行に必要な限度において、個人情報取扱事業者等に対し、個人情報等の取扱いに関し必要な指導及び助言をすることができる。

（勧告及び命令）

第四十二条　個人情報保護委員会は、個人情報取扱事業者が第十六条から第十七条まで、第十八条（第一項、第三項及び第四項の規定を第三十五条の二第四項の規定により読み替えて適用する場合を含む。）、第二十条から第二十二条の二まで、第二十三条（第四項を除き、第五項及び第六項の規定を第三十五条の二第六項の規定により読み替えて適用する場合を含む。）、第二十四条、第二十五条（第一項ただし書の規定を第三十五条の二第六項の規定により読み替えて適用する場合を含む。）、第二十六条（第二項を除き、第一項ただし書の規定を第三十五条の二第六項の規定により読み替えて適用する場合を含む。）、第二十七条、第二十八条（第一項（第五項において準用する場合を含む。）を除く。）、第二十九

五条（第一項、第三項及び第五項を除く。）、第三十八条第二項、第四十一条（第四項及び第五項を除く。）若しくは第四十三条（第六項を除く。）の規定に違反した場合、個人関連情報取扱事業者が第三十一条第一項、同条第二項において読み替えて準用する第二十八条第三項若しくは第三十一条第三項において読み替えて準用する第三十条第三項若しくは第四項の規定に違反した場合、仮名加工情報取扱事業者が第四十二条第一項、同条第二項において読み替えて準用する第二十七条第五項若しくは第六項若しくは第四十二条第三項において読み替えて準用する第二十三条から第二十五条まで若しくは第四十一条第七項若しくは第八項の規定に違反した場合又は匿名加工情報取扱事業者が第四十四条若しくは第四十五条の規定に違反した場合において個人の権利利益を保護するため必要があると認めるときは、当該個人情報取扱事業者等に対し、当該違反行為の中止その他違反を是正するために必要な措置をとるべき旨を勧告することができる。

2　委員会は、前項の規定による勧告を受けた個人情報取扱事業者等が正当な理由がなくてその勧告に係る措置をとらなかった場合において個人の重大な権利利益の侵害が切迫していると認めるときは、当該個人情報取扱事業者等に対し、その勧告に係る措置をとるべきことを命ずることができる。

3　委員会は、前二項の規定にかかわらず、個人情報取扱事業者が第十八条から第二十条まで、第二十三条から第二十六条まで、第二十七条第一項、第二十八条第一項若しくは第三項、第四十一条第一項から第三項ま

条第二項若しくは第三項、第三十条（第一項、第三項及び第五項を除く。）、第三十三条第二項、第三十五条の二（第四項及び第五項を除く。）若しくは第三十六条（第六項を除く。）の規定に違反した場合、個人関連情報取扱事業者が第二十六条の二第一項若しくは同条第二項において読み替えて準用する第二十四条第三項若しくは第二十六条の二第三項において読み替えて準用する第二十六条第三項若しくは第四項の規定に違反した場合、仮名加工情報取扱事業者が第三十五条の三第一項若しくは同条第二項において読み替えて準用する第二十三条第五項若しくは第六項若しくは第三十五条の三第三項において読み替えて準用する第二十条から第二十二条まで若しくは第三十五条の二第七項若しくは第八項の規定に違反した場合又は匿名加工情報取扱事業者が第三十七条若しくは第三十八条の規定に違反した場合において個人の権利利益を保護するため必要があると認めるときは、当該個人情報取扱事業者等に対し、当該違反行為の中止その他違反を是正するために必要な措置をとるべき旨を勧告することができる。

2　個人情報保護委員会は、前項の規定による勧告を受けた個人情報取扱事業者等が正当な理由がなくてその勧告に係る措置をとらなかった場合において個人の重大な権利利益の侵害が切迫していると認めるときは、当該個人情報取扱事業者等に対し、その勧告に係る措置をとるべきことを命ずることができる。

3　個人情報保護委員会は、前二項の規定にかかわらず、個人情報取扱事業者が第十六条から第十七条まで、第二十条から第二十二条の二まで、第二十三条第一項、第二十四条第一項若しくは第三項、第三十五条の二

で若しくは第六項から第八項まで若しくは第四十三条第一項、第二項若しくは第五項の規定に違反した場合、個人関連情報取扱事業者が第三十一条第一項若しくは同条第二項において読み替えて準用する第二十八条第三項の規定に違反した場合、仮名加工情報取扱事業者が第四十二条第一項若しくは同条第三項において読み替えて準用する第二十三条から第二十五条まで若しくは第四十一条第七項若しくは第八項の規定に違反した場合又は匿名加工情報取扱事業者が第四十五条の規定に違反した場合において個人の重大な権利利益を害する事実があるため緊急に措置をとる必要があると認めるときは、当該個人情報取扱事業者等に対し、当該違反行為の中止その他違反を是正するために必要な措置をとるべきことを命ずることができる。

4　委員会は、前二項の規定による命令をした場合において、その命令を受けた個人情報取扱事業者等がその命令に違反したときは、その旨を公表することができる。

（委員会の権限の行使の制限）

第百四十九条　委員会は、前三条の規定により個人情報取扱事業者等に対し報告若しくは資料の提出の要求、立入検査、指導、助言、勧告又は命令を行うに当たっては、表現の自由、学問の自由、信教の自由及び政治活動の自由を妨げてはならない。

2　前項の規定の趣旨に照らし、委員会は、個人情報取扱事業者等が第五十七条第一項各号に掲げる者（それぞれ当該各号に定める目的で個人情報等を取り扱う場合に限る。）に対して個人情報等を提供する行為につ

第一項から第三項まで若しくは第六項から第八項まで若しくは第三十六条第一項、第二項若しくは第五項の規定に違反した場合、個人関連情報取扱事業者が第二十六条の二第一項若しくは同条第二項において読み替えて準用する第二十四条第三項の規定に違反した場合、仮名加工情報取扱事業者が第三十五条の三第一項若しくは同条第三項において読み替えて準用する第二十条から第二十二条まで若しくは第三十五条の二第七項若しくは第八項の規定に違反した場合又は匿名加工情報取扱事業者が第三十八条の規定に違反した場合において個人の重大な権利利益を害する事実があるため緊急に措置をとる必要があると認めるときは、当該個人情報取扱事業者等に対し、当該違反行為の中止その他違反を是正するために必要な措置をとるべきことを命ずることができる。

4　個人情報保護委員会は、前二項の規定による命令をした場合において、その命令を受けた個人情報取扱事業者等がその命令に違反したときは、その旨を公表することができる。

（個人情報保護委員会の権限の行使の制限）

第四十三条　個人情報保護委員会は、前三条の規定により個人情報取扱事業者等に対し報告若しくは資料の提出の要求、立入検査、指導、助言、勧告又は命令を行うに当たっては、表現の自由、学問の自由、信教の自由及び政治活動の自由を妨げてはならない。

2　前項の規定の趣旨に照らし、個人情報保護委員会は、個人情報取扱事業者等が第七十六条第一項各号に掲げる者（それぞれ当該各号に定める目的で個人情報等を取り扱う場合に限る。）に対して個人情報等を提供

いては、その権限を行使しないものとする。

（権限の委任）

第百五十条　委員会は、緊急かつ重点的に個人情報等の適正な取扱いの確保を図る必要があることその他の政令で定める事情があるため、個人情報取扱事業者等に対し、第百四十八条第一項の規定による勧告又は同条第二項若しくは第三項の規定による命令を効果的に行う上で必要があると認めるときは、政令で定めるところにより、第二十六条第一項、第百四十六条第一項、第百六十二条において読み替えて準用する民事訴訟法（平成八年法律第百九号）第九十九条、第百一条、第百三条、第百五条、第百六条、第百八条及び第百九条、第百六十三条並びに第百六十四条の規定による権限を事業所管大臣に委任することができる。

2　事業所管大臣は、前項の規定により委任された権限を行使したときは、政令で定めるところにより、その結果について委員会に報告するものとする。

3　事業所管大臣は、政令で定めるところにより、第一項の規定により委

する行為については、その権限を行使しないものとする。

【独個法】

（個人情報保護委員会の権限の行使の制限）

第四十八条の八　個人情報保護委員会は、第四十八条の四から前条までの規定により独立行政法人等に対し報告、資料の提出若しくは説明の要求、実地調査、指導、助言又は勧告を行うに当たっては、学問の自由を妨げてはならない。

（権限の委任）

第四十四条　個人情報保護委員会は、緊急かつ重点的に個人情報等の適正な取扱いの確保を図る必要があることその他の政令で定める事情があるため、個人情報取扱事業者等に対し、第四十二条第一項の規定による勧告又は同条第二項若しくは第三項の規定による命令を効果的に行う上で必要があると認めるときは、政令で定めるところにより、第二十二条の二第一項、第四十条第一項、第五十八条の三において読み替えて準用する民事訴訟法（平成八年法律第百九号）第九十九条、第百一条、第百三条、第百五条、第百六条、第百八条及び第百九条、第五十八条の四並びに第五十八条の五の規定による権限を事業所管大臣に委任することができる。

2　事業所管大臣は、前項の規定により委任された権限を行使したときは、政令で定めるところにより、その結果について個人情報保護委員会に報告するものとする。

3　事業所管大臣は、政令で定めるところにより、第一項の規定により委

任された権限及び前項の規定による権限について、その全部又は一部を内閣府設置法第四十三条の地方支分部局その他の政令で定める部局又は機関の長に委任することができる。

4　内閣総理大臣は、第一項の規定により委任された権限及び第二項の規定による権限（金融庁の所掌に係るものに限り、政令で定めるものを除く。）を金融庁長官に委任する。

5　金融庁長官は、政令で定めるところにより、前項の規定により委任された権限について、その一部を証券取引等監視委員会に委任することができる。

6　金融庁長官は、政令で定めるところにより、第四項の規定により委任された権限（前項の規定により証券取引等監視委員会に委任されたものを除く。）の一部を財務局長又は財務支局長に委任することができる。

7　証券取引等監視委員会は、政令で定めるところにより、第五項の規定により委任された権限の一部を財務局長又は財務支局長に委任することができる。

8　前項の規定により財務局長又は財務支局長に委任された権限に係る事務に関しては、証券取引等監視委員会が財務局長又は財務支局長を指揮監督する。

9　第五項の場合において、証券取引等監視委員会が行う報告又は資料の提出の要求（第七項の規定により財務局長又は財務支局長が行う場合を含む。）についての審査請求は、証券取引等監視委員会に対してのみ行うことができる。

任された権限及び前項の規定による権限について、その全部又は一部を内閣府設置法（平成十一年法律第八十九号）第四十三条の地方支分部局その他の政令で定める部局又は機関の長に委任することができる。

4　内閣総理大臣は、第一項の規定により委任された権限及び第二項の規定による権限（金融庁の所掌に係るものに限り、政令で定めるものを除く。）を金融庁長官に委任する。

5　金融庁長官は、政令で定めるところにより、前項の規定により委任された権限について、その一部を証券取引等監視委員会に委任することができる。

6　金融庁長官は、政令で定めるところにより、第四項の規定により委任された権限（前項の規定により証券取引等監視委員会に委任されたものを除く。）の一部を財務局長又は財務支局長に委任することができる。

7　証券取引等監視委員会は、政令で定めるところにより、第五項の規定により委任された権限の一部を財務局長又は財務支局長に委任することができる。

8　前項の規定により財務局長又は財務支局長に委任された権限に係る事務に関しては、証券取引等監視委員会が財務局長又は財務支局長を指揮監督する。

9　第五項の場合において、証券取引等監視委員会が行う報告又は資料の提出の要求（第七項の規定により財務局長又は財務支局長が行う場合を含む。）についての審査請求は、証券取引等監視委員会に対してのみ行うことができる。

（事業所管大臣の請求）

第百五十一条　事業所管大臣は、個人情報取扱事業者等に第四章の規定に違反する行為があると認めるときその他個人情報取扱事業者等による個人情報等の適正な取扱いを確保するために必要があると認めるときは、委員会に対し、この法律の規定に従い適当な措置をとるべきことを求めることができる。

（事業所管大臣）

第百五十二条　この款の規定における事業所管大臣は、次のとおりとする。

一　個人情報取扱事業者等が行う個人情報等の取扱いのうち雇用管理に関するものについては、厚生労働大臣（船員の雇用管理に関するものについては、国土交通大臣）及び当該個人情報取扱事業者等が行う事業を所管する大臣、国家公安委員会又はカジノ管理委員会（次号において「大臣等」という。）

二　個人情報取扱事業者等が行う個人情報等の取扱いのうち前号に掲げるもの以外のものについては、当該個人情報取扱事業者等が行う事業を所管する大臣等

第二款　認定個人情報保護団体の監督

（報告の徴収）

第百五十三条　委員会は、第四章第五節の規定の施行に必要な限度におい

（事業所管大臣の請求）

第四十五条　事業所管大臣は、個人情報取扱事業者等に前三節の規定に違反する行為があると認めるときその他個人情報取扱事業者等による個人情報等の適正な取扱いを確保するために必要があると認めるときは、個人情報保護委員会に対し、この法律の規定に従い適当な措置をとるべきことを求めることができる。

（事業所管大臣）

第四十六条　この節の規定における事業所管大臣は、次のとおりとする。

一　個人情報取扱事業者等が行う個人情報等の取扱いのうち雇用管理に関するものについては、厚生労働大臣（船員の雇用管理に関するものについては、国土交通大臣）及び当該個人情報取扱事業者等が行う事業を所管する大臣、国家公安委員会又はカジノ管理委員会（次号において「大臣等」という。）

二　個人情報取扱事業者等が行う個人情報等の取扱いのうち前号に掲げるもの以外のものについては、当該個人情報取扱事業者等が行う事業を所管する大臣等

（新設）

（報告の徴収）

第五十六条　個人情報保護委員会は、この節の規定の施行に必要な限度に

て、認定個人情報保護団体に対し、認定業務に関し報告をさせることができる。

（命令）

第百五十四条　委員会は、第四章第五節の規定の施行に必要な限度において、認定個人情報保護団体に対し、認定業務の実施の方法の改善、個人情報保護指針の変更その他の必要な措置をとるべき旨を命ずることができる。

（認定の取消し）

第百五十五条　委員会は、認定個人情報保護団体が次の各号のいずれかに該当するときは、その認定を取り消すことができる。

一　第四十八条第一号又は第三号に該当するに至ったとき。

二　第四十九条各号のいずれかに適合しなくなったとき。

三　第五十五条の規定に違反したとき。

四　前条の命令に従わないとき。

五　不正の手段により第四十七条第一項の認定又は第五十条第一項の変更の認定を受けたとき。

2　委員会は、前項の規定により認定を取り消したときは、その旨を公示しなければならない。

第三款　行政機関等の監視

おいて、認定個人情報保護団体に対し、認定業務に関し報告をさせることができる。

（命令）

第五十七条　個人情報保護委員会は、この節の規定の施行に必要な限度において、認定個人情報保護団体に対し、認定業務の実施の方法の改善、個人情報保護指針の変更その他の必要な措置をとるべき旨を命ずることができる。

（認定の取消し）

第五十八条　個人情報保護委員会は、認定個人情報保護団体が次の各号のいずれかに該当するときは、その認定を取り消すことができる。

一　第四十八条第一号又は第三号に該当するに至ったとき。

二　第四十九条各号のいずれかに適合しなくなったとき。

三　第五十四条の規定に違反したとき。

四　前条の命令に従わないとき。

五　不正の手段により第四十七条第一項の認定又は第四十九条の二第一項の変更の認定を受けたとき。

2　個人情報保護委員会は、前項の規定により認定を取り消したときは、その旨を公示しなければならない。

（新設）

【行個法】

（資料の提出及び説明の要求）

第五十条　総務大臣は、前条第一項に定めるもののほか、この法律の目的を達成するため必要があると認めるときは、行政機関の長に対し、行政機関における個人情報の取扱いに関する事務の実施状況について、資料の提出及び説明を求めることができる。

（意見の陳述）

第五十一条　総務大臣は、この法律の目的を達成するため必要があると認めるときは、行政機関の長に対し、行政機関における個人情報の取扱いに関し意見を述べることができる。

（第四十四条の五第一項等の提案をしようとする者に対する情報の提供等）

第五十一条の二　行政機関の長は、第四十四条の五第一項又は第四十四条の十二第一項の提案をしようとする者がそれぞれ容易かつ的確に当該提案をすることができるよう、当該提案に資する情報の提供その他当該提案をしようとする者の利便を考慮した適切な措置を講ずるものとする。

2　個人情報保護委員会は、前章の規定の円滑な運用を確保するため、総合的な案内所を整備するものとする。

（行政機関における行政機関非識別加工情報の取扱いに関する苦情処理）

（資料の提出の要求及び実地調査）

第百五十六条　委員会は、前章の規定の円滑な運用を確保するため必要があると認めるときは、行政機関の長等（会計検査院長を除く。以下この款において同じ。）に対し、行政機関等における個人情報等の取扱いに関する事務の実施状況について、資料の提出及び説明を求め、又はその職員に実地調査をさせることができる。

（指導及び助言）

第百五十七条　委員会は、前章の規定の円滑な運用を確保するため必要があると認めるときは、行政機関の長等に対し、行政機関等における個人情報等の取扱いについて、必要な指導及び助言をすることができる。

（勧告）

第百五十八条　委員会は、前章の規定の円滑な運用を確保するため必要が

第五十一条の三　行政機関の長は、行政機関における行政機関非識別加工情報の取扱いに関する苦情の適切かつ迅速な処理に努めなければならない。

（報告の要求）

第五十一条の四　個人情報保護委員会は、行政機関の長に対し、前章の規定の施行の状況について報告を求めることができる。

（資料の提出の要求及び実地調査）

第五十一条の五　個人情報保護委員会は、前条に定めるもののほか、前章の規定の円滑な運用を確保するため必要があると認めるときは、行政機関の長に対し、行政機関における行政機関非識別加工情報の取扱いに関する事務の実施状況について、資料の提出及び説明を求め、又はその職員に実地調査をさせることができる。

（指導及び助言）

第五十一条の六　個人情報保護委員会は、前章の規定の円滑な運用を確保するため必要があると認めるときは、行政機関の長に対し、行政機関における行政機関非識別加工情報の取扱いについて、必要な指導及び助言をすることができる。

（勧告）

第五十一条の七　個人情報保護委員会は、前章の規定の円滑な運用を確保

あると認めるときは、行政機関の長等に対し、行政機関等における個人情報等の取扱いについて勧告をすることができる。	するため必要があると認めるときは、行政機関の長に対し、行政機関における行政機関非識別加工情報の取扱いについて勧告をすることができる。
（勧告に基づいてとった措置についての報告の要求） 第百五十九条　委員会は、前条の規定により行政機関の長等に対し勧告をしたときは、当該行政機関の長等に対し、その勧告に基づいてとった措置について報告を求めることができる。	【行政機関等が行う政策の評価に関する法律第十七条】 2　総務大臣は、前項の規定による勧告をしたときは、当該行政機関の長に対し、その勧告に基づいてとった措置について報告を求めることができる。
（委員会の権限の行使の制限） 第百六十条　第百四十九条第一項の規定の趣旨に照らし、委員会は、行政機関の長等が第五十七条第一項各号に掲げる者（それぞれ当該各号に定める目的で個人情報等を取り扱う場合に限る。）に対して個人情報等を提供する行為については、その権限を行使しないものとする。	【行個法】 （個人情報保護委員会の権限の行使の制限） 第五十一条の八　個人情報の保護に関する法律第四十三条第一項の規定の趣旨に照らし、個人情報保護委員会は、行政機関の長が同法第七十六条第一項各号に掲げる者（それぞれ当該各号に定める目的で行政機関非識別加工情報を取り扱う場合に限る。）に対して行政機関非識別加工情報を提供する行為については、その権限を行使しないものとする。
第三節　送達	（新設）
（送達すべき書類） 第百六十一条　第百四十六条第一項の規定による報告若しくは資料の提出の要求、第百四十八条第一項の規定による勧告若しくは同条第二項若し	（送達すべき書類） 第五十八条の二　第四十条第一項の規定による報告若しくは資料の提出の要求、第四十二条第一項の規定による勧告若しくは同条第二項若しくは

くは第三項の規定による命令、第百五十三条の規定による報告の徴収、第百五十四条の規定による命令又は第百五十五条第一項の規定による取消しは、個人情報保護委員会規則で定める書類を送達して行う。

2　第百四十八条第二項若しくは第三項若しくは第百五十四条の規定による命令又は第百五十五条第一項の規定による取消しに係る行政手続法（平成五年法律第八十八号）第十五条第一項又は第三十条の通知は、同法第十五条第一項及び第二項又は第三十条の書類を送達して行う。この場合において、同法第十五条第三項（同法第三十一条において読み替えて準用する場合を含む。）の規定は、適用しない。

（送達に関する民事訴訟法の準用）

第百六十二条　前条の規定による送達については、民事訴訟法第九十九条、第百一条、第百三条、第百五条、第百六条、第百八条及び第百九条の規定を準用する。この場合において、同法第九十九条第一項中「執行官」とあるのは「個人情報保護委員会の職員」と、同法第百八条中「裁判長」とあり、及び同法第百九条中「裁判所」とあるのは「個人情報保護委員会」と読み替えるものとする。

（公示送達）

第百六十三条　委員会は、次に掲げる場合には、公示送達をすることができる。

一　送達を受けるべき者の住所、居所その他送達をすべき場所が知れない場合

第三項の規定による命令、第五十六条の規定による報告の徴収、第五十七条の規定による命令又は前条第一項の規定による取消しは、個人情報保護委員会規則で定める書類を送達して行う。

2　第四十二条第二項若しくは第三項若しくは第五十七条の規定による命令又は前条第一項の規定による取消しに係る行政手続法（平成五年法律第八十八号）第十五条第一項又は第三十条の通知は、同法第十五条第一項及び第二項又は第三十条の書類を送達して行う。この場合において、同法第十五条第三項（同法第三十一条において読み替えて準用する場合を含む。）の規定は、適用しない。

（送達に関する民事訴訟法の準用）

第五十八条の三　前条の規定による送達については、民事訴訟法第九十九条、第百一条、第百三条、第百五条、第百六条、第百八条及び第百九条の規定を準用する。この場合において、同法第九十九条第一項中「執行官」とあるのは「個人情報保護委員会の職員」と、同法第百八条中「裁判長」とあり、及び同法第百九条中「裁判所」とあるのは「個人情報保護委員会」と読み替えるものとする。

（公示送達）

第五十八条の四　個人情報保護委員会は、次に掲げる場合には、公示送達をすることができる。

一　送達を受けるべき者の住所、居所その他送達をすべき場所が知れない場合

二　外国（本邦の域外にある国又は地域をいう。以下同じ。）においてすべき送達について、前条において読み替えて準用する民事訴訟法第百八条の規定によることができず、又はこれによっても送達をすることができないと認めるべき場合

三　前条において読み替えて準用する民事訴訟法第百八条の規定により外国の管轄官庁に嘱託を発した後六月を経過してもその送達を証する書面の送付がない場合

2　公示送達は、送達をすべき書類を送達を受けるべき者にいつでも交付すべき旨を委員会の掲示場に掲示することにより行う。

3　公示送達は、前項の規定による掲示を始めた日から二週間を経過することによって、その効力を生ずる。

4　外国においてすべき送達についてした公示送達にあっては、前項の期間は、六週間とする。

（電子情報処理組織の使用）

第百六十四条　委員会の職員が、情報通信技術を活用した行政の推進等に関する法律（平成十四年法律第百五十一号）第三条第九号に規定する処分通知等であって第百六十一条の規定により書類を送達して行うこととしているものに関する事務を、同法第七条第一項の規定により同法第六条第一項に規定する電子情報処理組織を使用して行ったときは、第百六十二条において読み替えて準用する民事訴訟法第百九条の規定による送達に関する事項を記載した書面の作成及び提出に代えて、当該事項を当該電子情報処理組織を使用して委員会の使用に係る電子計算機（入出力

二　外国においてすべき送達について、前条において読み替えて準用する民事訴訟法第百八条の規定によることができず、又はこれによっても送達をすることができないと認めるべき場合

三　前条において読み替えて準用する民事訴訟法第百八条の規定により外国の管轄官庁に嘱託を発した後六月を経過してもその送達を証する書面の送付がない場合

2　公示送達は、送達をすべき書類を送達を受けるべき者にいつでも交付すべき旨を個人情報保護委員会の掲示場に掲示することにより行う。

3　公示送達は、前項の規定による掲示を始めた日から二週間を経過することによって、その効力を生ずる。

4　外国においてすべき送達についてした公示送達にあっては、前項の期間は、六週間とする。

（電子情報処理組織の使用）

第五十八条の五　個人情報保護委員会の職員が、情報通信技術を活用した行政の推進等に関する法律（平成十四年法律第百五十一号）第三条第九号に規定する処分通知等であって第五十八条の二の規定により書類を送達して行うこととしているものに関する事務を、同法第七条第一項の規定により同法第六条第一項に規定する電子情報処理組織を使用して行ったときは、第五十八条の三において読み替えて準用する民事訴訟法第百九条の規定による送達に関する事項を記載した書面の作成及び提出に代えて、当該事項を当該電子情報処理組織を使用して個人情報保護委員会

装置を含む。）に備えられたファイルに記録しなければならない。	の使用に係る電子計算機（入出力装置を含む。）に備えられたファイルに記録しなければならない。
第四節　雑則	（新設）
（施行の状況の公表） 第百六十五条　委員会は、行政機関の長等に対し、この法律の施行の状況について報告を求めることができる。 2　委員会は、毎年度、前項の報告を取りまとめ、その概要を公表するものとする。	【行個法】 （施行の状況の公表） 第四十九条　総務大臣は、行政機関の長に対し、この法律の施行の状況について報告を求めることができる。 2　総務大臣は、毎年度、前項の報告を取りまとめ、その概要を公表するものとする。
（地方公共団体による必要な情報の提供等の求め） 第百六十六条　地方公共団体は、地方公共団体の機関、地方独立行政法人及び事業者等による個人情報の適正な取扱いを確保するために必要があると認めるときは、委員会に対し、必要な情報の提供又は技術的な助言を求めることができる。 2　委員会は、前項の規定による求めがあったときは、必要な情報の提供又は技術的な助言を行うものとする。	（新設）
（条例を定めたときの届出） 第百六十七条　地方公共団体の長は、この法律の規定に基づき個人情報の保護に関する条例を定めたときは、遅滞なく、個人情報保護委員会規則	（新設）

で定めるところにより、その旨及びその内容を委員会に届け出なければならない。

2　委員会は、前項の規定による届出があったときは、当該届出に係る事項をインターネットの利用その他適切な方法により公表しなければならない。

3　前二項の規定は、第一項の規定による届出に係る事項の変更について準用する。

（国会に対する報告）

第百六十八条　委員会は、毎年、内閣総理大臣を経由して国会に対し所掌事務の処理状況を報告するとともに、その概要を公表しなければならない。

（案内所の整備）

第百六十九条　委員会は、この法律の円滑な運用を確保するため、総合的な案内所を整備するものとする。

（地方公共団体が処理する事務）

第百七十条　この法律に規定する委員会の権限及び第百五十条第一項又は第四項の規定により事業所管大臣又は金融庁長官に委任された権限に属

（国会に対する報告）

第七十九条　委員会は、毎年、内閣総理大臣を経由して国会に対し所掌事務の処理状況を報告するとともに、その概要を公表しなければならない。

【行個法】

（開示請求等をしようとする者に対する情報の提供等）

第四十七条　（略）

2　総務大臣は、この法律（前章を除く。第四十九条第一項、第五十条及び第五十一条において同じ。）の円滑な運用を確保するため、総合的な案内所を整備するものとする。

（地方公共団体が処理する事務）

第七十七条　この法律に規定する委員会の権限及び第四十四条第一項又は第四項の規定により事業所管大臣又は金融庁長官に委任された権限に属

する事務は、政令で定めるところにより、地方公共団体の長その他の執行機関が行うこととすることができる。

第七章　雑則

（適用範囲）

第百七十一条　この法律は、個人情報取扱事業者、仮名加工情報取扱事業者、匿名加工情報取扱事業者又は個人関連情報取扱事業者が、国内にある者に対する物品又は役務の提供に関連して、国内にある者を本人とする個人情報、当該個人情報として取得されることとなる個人関連情報又は当該個人情報を用いて作成された仮名加工情報若しくは匿名加工情報を、外国において取り扱う場合についても、適用する。

（外国執行当局への情報提供）

第百七十二条　委員会は、この法律に相当する外国の法令を執行する外国の当局（以下この条において「外国執行当局」という。）に対し、その職務（この法律に規定する委員会の職務に相当するものに限る。次項において同じ。）の遂行に資すると認める情報の提供を行うことができる。

2　前項の規定による情報の提供については、当該情報が当該外国執行当局の職務の遂行以外に使用されず、かつ、次項の規定による同意がなければ外国の刑事事件の捜査（その対象たる犯罪事実が特定された後のものに限る。）又は審判（同項において「捜査等」という。）に使用されな

する事務は、政令で定めるところにより、地方公共団体の長その他の執行機関が行うこととすることができる。

第六章　雑則

（適用範囲）

第七十五条　この法律は、個人情報取扱事業者等が、国内にある者に対する物品又は役務の提供に関連して、国内にある者を本人とする個人情報、当該個人情報として取得されることとなる個人関連情報又は当該個人情報を用いて作成された仮名加工情報若しくは匿名加工情報を、外国において取り扱う場合についても、適用する。

（外国執行当局への情報提供）

第七十八条　委員会は、この法律に相当する外国の法令を執行する外国の当局（以下この条において「外国執行当局」という。）に対し、その職務（この法律に規定する委員会の職務に相当するものに限る。次項において同じ。）の遂行に資すると認める情報の提供を行うことができる。

2　前項の規定による情報の提供については、当該情報が当該外国執行当局の職務の遂行以外に使用されず、かつ、次項の規定による同意がなければ外国の刑事事件の捜査（その対象たる犯罪事実が特定された後のものに限る。）又は審判（同項において「捜査等」という。）に使用されな

いよう適切な措置がとられなければならない。

3　委員会は、外国執行当局からの要請があったときは、次の各号のいずれかに該当する場合を除き、第一項の規定により提供した情報を当該要請に係る外国の刑事事件の捜査等に使用することについて同意をすることができる。

一　当該要請に係る刑事事件の捜査等の対象とされている犯罪が政治犯罪であるとき、又は当該要請が政治犯罪について捜査等を行う目的で行われたものと認められるとき。

二　当該要請に係る刑事事件の捜査等の対象とされている犯罪に係る行為が日本国内において行われたとした場合において、その行為が日本国の法令によれば罪に当たるものでないとき。

三　日本国が行う同種の要請に応ずる旨の要請国の保証がないとき。

4　委員会は、前項の同意をする場合においては、あらかじめ、同項第一号及び第二号に該当しないことについて法務大臣の確認を、同項第三号に該当しないことについて外務大臣の確認を、それぞれ受けなければならない。

（国際約束の誠実な履行等）

第百七十三条　この法律の施行に当たっては、我が国が締結した条約その他の国際約束の誠実な履行を妨げることがないよう留意するとともに、確立された国際法規を遵守しなければならない。

（連絡及び協力）

いよう適切な措置がとられなければならない。

3　委員会は、外国執行当局からの要請があったときは、次の各号のいずれかに該当する場合を除き、第一項の規定により提供した情報を当該要請に係る外国の刑事事件の捜査等に使用することについて同意をすることができる。

一　当該要請に係る刑事事件の捜査等の対象とされている犯罪が政治犯罪であるとき、又は当該要請が政治犯罪について捜査等を行う目的で行われたものと認められるとき。

二　当該要請に係る刑事事件の捜査等の対象とされている犯罪に係る行為が日本国内において行われたとした場合において、その行為が日本国の法令によれば罪に当たるものでないとき。

三　日本国が行う同種の要請に応ずる旨の要請国の保証がないとき。

4　委員会は、前項の同意をする場合においては、あらかじめ、同項第一号及び第二号に該当しないことについて法務大臣の確認を、同項第三号に該当しないことについて外務大臣の確認を、それぞれ受けなければならない。

（国際約束の誠実な履行等）

第七十八条の二　この法律の施行に当たっては、我が国が締結した条約その他の国際約束の誠実な履行を妨げることがないよう留意するとともに、確立された国際法規を遵守しなければならない。

（連絡及び協力）

第百七十四条　内閣総理大臣及びこの法律の施行に関係する行政機関の長（会計検査院長を除く。）は、相互に緊密に連絡し、及び協力しなければならない。

（政令への委任）

第百七十五条　この法律に定めるもののほか、この法律の実施のため必要な事項は、政令で定める。

第八章　罰則

第百七十六条　行政機関等の職員若しくは職員であった者、第六十六条第二項各号に定める業務若しくは第七十三条第五項若しくは第百二十一条第三項の委託を受けた業務に従事している者若しくは従事していた者又は行政機関等において個人情報、仮名加工情報若しくは匿名加工情報の

第八十条　内閣総理大臣及びこの法律の施行に関係する行政機関（法律の規定に基づき内閣に置かれる機関（内閣府を除く。）及び内閣の所轄の下に置かれる機関、内閣府、宮内庁、内閣府設置法第四十九条第一項及び第二項に規定する機関並びに国家行政組織法（昭和二十三年法律第百二十号）第三条第二項に規定する機関をいう。）の長は、相互に緊密に連絡し、及び協力しなければならない。

（政令への委任）

第八十一条　この法律に定めるもののほか、この法律の実施のため必要な事項は、政令で定める。

【行個法】

（政令への委任）

第五十二条　この法律に定めるもののほか、この法律の実施のため必要な事項は、政令で定める。

第七章　罰則

【行個法】

第五十三条　行政機関の職員若しくは職員であった者又は第六条第二項若しくは第四十四条の十五第二項の受託業務に従事している者若しくは従事していた者が、正当な理由がないのに、個人の秘密に属する事項が記録された第二条第六項第一号に係る個人情報ファイル（その全部又は一

取扱いに従事している派遣労働者若しくは従事していた派遣労働者が、正当な理由がないのに、個人の秘密に属する事項が記録された第六十条第二項第一号に係る個人情報ファイル（その全部又は一部を複製し、又は加工したものを含む。）を提供したときは、二年以下の懲役又は百万円以下の罰金に処する。	部を複製し、又は加工したものを含む。）を提供したときは、二年以下の懲役又は百万円以下の罰金に処する。
第百七十七条　第百四十三条の規定に違反して秘密を漏らし、又は盗用した者は、二年以下の懲役又は百万円以下の罰金に処する。	第八十二条　第七十二条の規定に違反して秘密を漏らし、又は盗用した者は、二年以下の懲役又は百万円以下の罰金に処する。
第百七十八条　第百四十八条第二項又は第三項の規定による命令に違反した場合には、当該違反行為をした者は、一年以下の懲役又は百万円以下の罰金に処する。	第八十三条　第四十二条第二項又は第三項の規定による命令に違反した場合には、当該違反行為をした者は、一年以下の懲役又は百万円以下の罰金に処する。
第百七十九条　個人情報取扱事業者（その者が法人（法人でない団体で代表者又は管理人の定めのあるものを含む。第百八十四条第一項において同じ。）である場合にあっては、その役員、代表者又は管理人）若しくはその従業者又はこれらであった者が、その業務に関して取り扱った個人情報データベース等（その全部又は一部を複製し、又は加工したものを含む。）を自己若しくは第三者の不正な利益を図る目的で提供し、又は盗用したときは、一年以下の懲役又は五十万円以下の罰金に処する。	第八十四条　個人情報取扱事業者（その者が法人（法人でない団体で代表者又は管理人の定めのあるものを含む。第八十七条第一項において同じ。）である場合にあっては、その役員、代表者又は管理人）若しくはその従業者又はこれらであった者が、その業務に関して取り扱った個人情報データベース等（その全部又は一部を複製し、又は加工したものを含む。）を自己若しくは第三者の不正な利益を図る目的で提供し、又は盗用したときは、一年以下の懲役又は五十万円以下の罰金に処する。
第百八十条　第百七十六条に規定する者が、その業務に関して知り得た保	【行個法】 第五十四条　前条に規定する者が、その業務に関して知り得た保有個人情

有個人情報を自己若しくは第三者の不正な利益を図る目的で提供し、又は盗用したときは、一年以下の懲役又は五十万円以下の罰金に処する。

第百八十一条　行政機関等の職員がその職権を濫用して、専らその職務の用以外の用に供する目的で個人の秘密に属する事項が記録された文書、図画又は電磁的記録を収集したときは、一年以下の懲役又は五十万円以下の罰金に処する。

第百八十二条　次の各号のいずれかに該当する場合には、当該違反行為をした者は、五十万円以下の罰金に処する。

一　第百四十六条第一項の規定による報告若しくは資料の提出をせず、若しくは虚偽の報告をし、若しくは虚偽の資料を提出し、又は当該職員の質問に対して答弁をせず、若しくは虚偽の答弁をし、若しくは検査を拒み、妨げ、若しくは忌避したとき。

二　第百五十三条の規定による報告をせず、又は虚偽の報告をしたとき。

第百八十三条　第百七十六条、第百七十七条及び第百七十九条から第百八十一条までの規定は、日本国外においてこれらの条の罪を犯した者にも適用する。

報を自己若しくは第三者の不正な利益を図る目的で提供し、又は盗用したときは、一年以下の懲役又は五十万円以下の罰金に処する。

第五十五条　行政機関の職員がその職権を濫用して、専らその職務の用以外の用に供する目的で個人の秘密に属する事項が記録された文書、図画又は電磁的記録を収集したときは、一年以下の懲役又は五十万円以下の罰金に処する。

第八十五条　次の各号のいずれかに該当する場合には、当該違反行為をした者は、五十万円以下の罰金に処する。

一　第四十条第一項の規定による報告若しくは資料の提出をせず、若しくは虚偽の報告をし、若しくは虚偽の資料を提出し、又は当該職員の質問に対して答弁をせず、若しくは虚偽の答弁をし、若しくは検査を拒み、妨げ、若しくは忌避したとき。

二　第五十六条の規定による報告をせず、又は虚偽の報告をしたとき。

第八十六条　第八十二条及び第八十四条の規定は、日本国外においてこれらの条の罪を犯した者にも適用する。

【行個法】

第五十六条　前三条の規定は、日本国外においてこれらの条の罪を犯した

第百八十四条　法人の代表者又は法人若しくは人の代理人、使用人その他の従業者が、その法人又は人の業務に関して、次の各号に掲げる違反行為をしたときは、行為者を罰するほか、その法人に対して当該各号に定める罰金刑を、その人に対して各本条の罰金刑を科する。

一　第百七十八条及び第百七十九条　一億円以下の罰金刑

二　第百八十二条　同条の罰金刑

2　法人でない団体について前項の規定の適用がある場合には、その代表者又は管理人が、その訴訟行為につき法人でない団体を代表するほか、法人を被告人又は被疑者とする場合の刑事訴訟に関する法律の規定を準用する。

第百八十五条　次の各号のいずれかに該当する者は、十万円以下の過料に処する。

一　第三十条第二項（第三十一条第三項において準用する場合を含む。）又は第五十六条の規定に違反した者

二　第五十一条第一項の規定による届出をせず、又は虚偽の届出をした者

三　偽りその他不正の手段により、第八十五条第三項に規定する開示決定に基づく保有個人情報の開示を受けた者

附　則

者にも適用する。

第八十七条　法人の代表者又は法人若しくは人の代理人、使用人その他の従業者が、その法人又は人の業務に関して、次の各号に掲げる違反行為をしたときは、行為者を罰するほか、その法人に対して当該各号に定める罰金刑を、その人に対して各本条の罰金刑を科する。

一　第八十三条及び第八十四条　一億円以下の罰金刑

二　第八十五条　同条の罰金刑

2　法人でない団体について前項の規定の適用がある場合には、その代表者又は管理人が、その訴訟行為につき法人でない団体を代表するほか、法人を被告人又は被疑者とする場合の刑事訴訟に関する法律の規定を準用する。

第八十八条　次の各号のいずれかに該当する者は、十万円以下の過料に処する。

一　第二十六条第二項（第二十六条の二第三項において準用する場合を含む。）又は第五十五条の規定に違反した者

二　第五十条第一項の規定による届出をせず、又は虚偽の届出をした者

【行個法】

第五十七条　偽りその他不正の手段により、開示決定に基づく保有個人情報の開示を受けた者は、十万円以下の過料に処する。

附　則

（行政機関等匿名加工情報に関する経過措置）

第七条　都道府県及び地方自治法第二百五十二条の十九第一項の指定都市以外の地方公共団体の機関並びに地方独立行政法人についての第百十条及び第百十一条の規定の適用については、当分の間、第百十条中「行政機関の長等は、」とあるのは「行政機関の長等は、次条の規定による募集をしようとする場合であって、」と、第百十一条中「ものとする」とあるのは「ことができる」とする。

別表第一（第二条関係）

名称	根拠法
沖縄科学技術大学院大学学園	沖縄科学技術大学院大学学園法（平成二十一年法律第七十六号）
沖縄振興開発金融公庫	沖縄振興開発金融公庫法（昭和四十七年法律第三十一号）
外国人技能実習機構	外国人の技能実習の適正な実施及び技能実習生の保護に関する法律（平成二十八年法律第八十九号）
株式会社国際協力銀行	株式会社国際協力銀行法（平成二十三年法律第三十九号）
株式会社日本政策金融	株式会社日本政策金融公庫法（平成十九年法律第

（内閣府設置法の一部改正）

第七条　内閣府設置法の一部を次のように改正する。

第四条第三項第三十八号の次に次の一号を加える。

三十八の二　個人情報の保護に関する基本方針（個人情報の保護に関する法律（平成十五年法律第五十七号）第七条第一項に規定するものをいう。）の作成及び推進に関すること。

第三十八条第一項第一号中「並びに市民活動の促進」を「、市民活動の促進並びに個人情報の適正な取扱いの確保」に改め、同項第三号中「（昭和四十八年法律第百二十一号）」の下に「及び個人情報の保護に関する法律」を加える。

公庫	五十七号）
株式会社日本貿易保険	貿易保険法（昭和二十五年法律第六十七号）
原子力損害賠償・廃炉等支援機構	原子力損害賠償・廃炉等支援機構法（平成二十三年法律第九十四号）
国立大学法人	国立大学法人法（平成十五年法律第百十二号）
大学共同利用機関法人	国立大学法人法
日本銀行	日本銀行法（平成九年法律第八十九号）
日本司法支援センター	総合法律支援法（平成十六年法律第七十四号）
日本私立学校振興・共済事業団	日本私立学校振興・共済事業団法（平成九年法律第四十八号）
日本中央競馬会	日本中央競馬会法（昭和二十九年法律第二百五号）
日本年金機構	日本年金機構法（平成十九年法律第百九号）
農水産業協同組合貯金保険機構	農水産業協同組合貯金保険法（昭和四十八年法律第五十三号）
放送大学学園	放送大学学園法（平成十四年法律第百五十六号）
預金保険機構	預金保険法（昭和四十六年法律第三十四号）

別表第二（第二条、第五十八条関係）

名称	根拠法
沖縄科学技術大学院大学学園	沖縄科学技術大学院大学学園法

国立研究開発法人	独立行政法人通則法
国立大学法人	国立大学法人法
大学共同利用機関法人	国立大学法人法
独立行政法人国立病院機構	独立行政法人国立病院機構法（平成十四年法律第百九十一号）
独立行政法人地域医療機能推進機構	独立行政法人地域医療機能推進機構法（平成十七年法律第七十一号）
放送大学学園	放送大学学園法

●事項索引

◆ 欧文・数字

◆ あ行

◆ か行

◆ さ行

◆ た行

一問一答 令和3年改正個人情報保護法

2021年11月25日　初版第1刷発行
2022年12月21日　初版第2刷発行

編著者　冨安泰一郎
　　　　中田　響

発行者　石川雅規

発行所　株式会社 商事法務

〒103-0027 東京都中央区日本橋3-6-2
TEL 03-6262-6756・FAX 03-6262-6804〔営業〕
TEL 03-6262-6769〔編集〕
https://www.shojihomu.co.jp/

落丁・乱丁本はお取替えいたします。　印刷／大日本法令印刷

ISBN978-4-7857-2909-7
＊定価はカバーに表示してあります。